O livro por vir

Maurice Blanchot, escritor e ensaísta francês, nasceu em Quain, Saône-et-Loire, em 1907, numa família católica abastada. Entre 1931 e 1944, exerceu o jornalismo no *Journal des Débats*, em *Combat*, em *L'Insurgé* e em *Écoutes*. Foi sobretudo como filósofo e teórico da literatura que mereceu o respeito e a admiração de muitos de seus notáveis contemporâneos. Morreu em 2003, em sua casa, nos arredores de Paris. Entre suas obras de ficção estão *Thomas l'obscur* [Thomas, o obscuro], *Aminadab, Le Très-haut* [O Altíssimo], *L'Arrêt de Mort* [A condenação à morte]. Seus principais livros de ensaios são *A parte do fogo, O espaço literário, O livro por vir, A conversa infinita,* publicados no Brasil, além de *Lautréamont et Sade, L'écriture du désastre* [A escrita do desastre] e *La communauté inavouable* [A comunidade inconfessável].

Maurice Blanchot
O livro por vir

Tradução
LEYLA PERRONE-MOISÉS

SÃO PAULO 2018

Esta obra foi publicada originalmente em francês com o título
LE LIVRE À VENIR por Gallimard, Paris.
Copyright © Éditions Gallimard, 1959.
Copyright © 2005, Livraria Martins Fontes Editora Ltda.,
São Paulo, para a presente edição.

1ª edição *2005*
3ª edição *2018*

Tradução
LEYLA PERRONE-MOISÉS

Acompanhamento editorial
Maria Fernanda Alvares
Índice de autores e de obras
Andréa Stahel M. da Silva
Preparação do original
Maria Fernanda Alvares
Revisões gráficas
Maria Regina Ribeiro Machado
Ana Maria de O. M. Barbosa
Dinarte Zorzanelli da Silva
Produção gráfica
Geraldo Alves
Paginação
Studio 3 Desenvolvimento Editorial

Dados Internacionais de Catalogação na Publicação (CIP)
(Câmara Brasileira do Livro, SP, Brasil)

Blanchot, Maurice, 1907-2003.
O livro por vir / Maurice Blanchot ; tradução Leyla Perrone-Moisés. – 3ª ed. – São Paulo : Editora WMF Martins Fontes, 2018. – (Coleção biblioteca do pensamento moderno)

Título original: Le livre à venir.
ISBN 978-85-469-0242-2

1. Crítica literária 2. Literatura – Filosofia 3. Literatura moderna – História e crítica I. Título.

18-22514   CDD-809

Índices para catálogo sistemático:
1. Literatura : História e crítica 809

Iolanda Rodrigues Biode – Bibliotecária – CRB-8/10014

Todos os direitos desta edição reservados à
Editora WMF Martins Fontes Ltda.
Rua Prof. Laerte Ramos de Carvalho, 133 01325-030 São Paulo SP Brasil
Tel. (11) 3293-8150 e-mail: info@wmfmartinsfontes.com.br
http://www.wmfmartinsfontes.com.br

ÍNDICE

I. O CANTO DAS SEREIAS

I. O encontro do imaginário............................... 3
II. A experiência de Proust................................ 14
  1. O segredo da escrita 14
  2. A espantosa paciência 24

II. A QUESTÃO LITERÁRIA

I. "Não haverá chance de acabar bem"............. 37
II. Artaud... 47
III. Rousseau.. 57
IV. Joubert e o espaço.................................... 69
  1. Autor sem livro, escritor sem escrito.......... 69
  2. Uma primeira versão de Mallarmé............. 79
V. Claudel e o infinito 94
VI. A palavra profética.................................. 113
VII. O segredo do Golem 125
VIII. O infinito literário: o Aleph............................ 136
IX. O malogro do demônio: a vocação 141

III. DE UMA ARTE SEM FUTURO

I. No extremo	155
II. Broch	161
1. *Os sonâmbulos*: a vertigem lógica	161
2. *A morte de Virgílio*: a busca da unidade	169
III. *A volta do parafuso*	184
IV. Musil	196
1. A paixão da indiferença	196
2. A experiência do "outro estado"	206
V. A dor do diálogo	221
VI. A claridade romanesca	234
VII. H.H.	243
1. A busca de si mesmo	243
2. O jogo dos jogos	256
VIII. O diário íntimo e a narrativa	270
IX. A narrativa e o escândalo	279

IV. PARA ONDE VAI A LITERATURA?

I. O desaparecimento da literatura	285
II. A busca do ponto zero	296
III. "Onde agora? Quem agora?"	308
IV. Morte do último escritor	319
V. O livro por vir	327
1. *Ecce liber*	327
2. Um novo entendimento do espaço literário	343
VI. O poder e a glória	360
Índice de autores	371
Índice de obras	381

NOTA À PRESENTE EDIÇÃO

Não desejando sobrecarregar o belo e denso texto de Maurice Blanchot com notas da tradutora, incluímos por extenso o nome dos escritores e críticos citados pelo ensaísta e apresentamos, no fim do livro, um Índice de Autores e um Índice de Obras por ele referidos.

L.P.-M.

Maurice Blanchot, romancista e crítico,
nasceu em 1907. Sua vida foi inteiramente
dedicada à literatura e ao silêncio
que lhe é próprio.

I
O CANTO DAS SEREIAS

CAPÍTULO I
O ENCONTRO DO IMAGINÁRIO

As Sereias: consta que elas cantavam, mas de uma maneira que não satisfazia, que apenas dava a entender em que direção se abriam as verdadeiras fontes e a verdadeira felicidade do canto. Entretanto, por seus cantos imperfeitos, que não passavam de um canto ainda por vir, conduziam o navegante em direção àquele espaço onde o cantar começava de fato. Elas não o enganavam, portanto, levavam-no realmente ao objetivo. Mas, tendo atingido o objetivo, o que acontecia? O que era esse lugar? Era aquele onde só se podia desaparecer, porque a música, naquela região de fonte e origem, tinha também desaparecido, mais completamente do que em qualquer outro lugar do mundo; mar onde, com orelhas tapadas, soçobravam os vivos e onde as Sereias, como prova de sua boa vontade, acabaram desaparecendo elas mesmas.

De que natureza era o canto das Sereias? Em que consistia seu defeito? Por que esse defeito o tornava tão poderoso? Alguns responderam: era um canto inumano – um ruído natural, sem dúvida (existem outros?), mas à margem da natureza, de qualquer modo estranho ao homem, muito baixo e despertando, nele, o prazer extremo de cair, que não pode ser satisfeito nas condições normais da vida. Mas, dizem outros, mais estranho era o encantamento: ele apenas reproduzia o canto habitual dos homens, e porque as Sereias, que eram apenas animais, lindas em razão do reflexo da beleza feminina, podiam cantar como cantam os homens, tornavam o canto tão insólito que faziam nascer, naquele que o ouvia, a suspeita da inumanidade de todo canto humano. Teria sido então por desespero que morreram os homens apaixonados por seu próprio canto? Por um desespero muito próximo do deslumbramento. Havia algo de maravilhoso naquele canto real, canto comum, secreto, canto simples e cotidiano, que os fazia reconhecer de repente, cantado irrealmente por potências estranhas e, por assim dizer, imaginárias, o canto do abismo que, uma vez ouvido, abria em cada fala uma voragem e convidava fortemente a nela desaparecer.

Não devemos esquecer que esse canto se destinava a navegadores, homens do risco e do movimento ousado, e era também ele uma navegação: era uma distância, e o que revelava era a possibilidade de percorrer essa distância, de fazer, do canto, o movimento em direção ao canto, e desse movimento, a expressão do maior desejo. Estranha navegação, mas em busca de que objetivo? Sempre foi possível pensar que todos aqueles que dele se aproximaram apenas chegaram perto, e morreram por impaciência, por haver prematuramente afirmado: é aqui; aqui lançarei âncora. Segundo outros, era, pelo contrário, tarde demais: o objetivo havia sido sempre ultrapassado; o encantamento, por uma promessa enigmática, expunha os homens a serem infiéis a eles mesmos, a seu canto humano e até à essência do canto, despertando a esperança e o desejo de um além maravilhoso, e esse além só representava um deserto, como se a região-mãe da música fosse o único lugar totalmente privado de música, um lugar de aridez e secura onde o silêncio, como o ruído, barrasse, naquele que havia tido aquela disposição, toda via de acesso ao canto. Havia, pois, um princípio malévolo naquele convite às profundezas? Seriam as Sereias, como habitualmente nos fazem crer, apenas vozes falsas que não deviam ser ouvidas, o engano e a sedução aos quais somente resistiam os seres desleais e astutos?

Houve sempre, entre os homens, um esforço pouco nobre para desacreditar as Sereias, acusando-as simplesmente de mentira: mentirosas quando cantavam, enganadoras quando suspiravam, fictícias quando eram tocadas; em suma, inexistentes, de uma inexistência pueril que o bom senso de Ulisses é suficiente para exterminar.

É verdade, Ulisses as venceu, mas de que maneira? Ulisses, a teimosia e a prudência de Ulisses, a perfídia que lhe permitiu gozar do espetáculo das Sereias sem correr risco e sem aceitar as conseqüências, aquele gozo covarde, medíocre, tranqüilo e comedido, como convém a um grego da decadência, que nunca mereceu ser o herói da *Ilíada*, aquela covardia feliz e segura, aliás fundada num privilégio que o coloca fora da condição comum, já que os outros não tiveram direito à felicidade da elite, mas somente ao prazer de ver seu chefe se contorcer de modo ridículo, com caretas de êxtase no vazio, direito também de dominar seu patrão (nisso consiste, sem dúvida, a lição que ouviam, o verdadeiro canto das Sereias para eles): a atitude de Ulisses, a espantosa surdez de quem é surdo porque ouve, bastou para comunicar às Sereias um desespero até então reservado aos homens, e para fazer delas, por desespero, belas moças reais, uma única vez reais e dignas de suas promessas, capazes pois de desaparecer na verdade e na profundeza de seu canto.

Vencidas as Sereias, pelo poder da técnica, que pretenderá sempre jogar sem perigo com as potências irreais (inspiradas), Ulisses não saiu porém ileso. Elas o atraíram para onde ele não queria cair e, escondidas no seio da *Odisséia*, que foi seu túmulo, elas o empenharam, ele e muitos outros, naquela navegação feliz, infeliz, que é a da narrativa, o canto não mais imediato mas contado, assim tornado aparentemente inofensivo, ode transformada em episódio.

A lei secreta da narrativa

Isso não é uma alegoria. Há uma luta muito obscura travada entre toda narrativa e o encontro com as Sereias, aquele canto enigmático que é poderoso graças a seu defeito. Luta na qual a prudência de Ulisses, o que há nele de verdade humana, de mistificação, de aptidão obstinada a não jogar o jogo dos deuses, foi sempre utilizada e aperfeiçoada. O que chamamos de romance nasceu dessa luta. Com o romance, o que está em primeiro plano é a navegação prévia, a que leva Ulisses até o ponto de encontro. Essa navegação é uma história totalmente humana. Ela interessa ao tempo dos homens, está ligada à paixão dos homens, acontece de fato e é suficientemente rica e variada para absorver todas as forças e toda a atenção dos narradores. Quando a narrativa se torna romance, longe de parecer mais pobre, torna-se a riqueza e a amplitude de uma exploração, que ora abarca a imensidão navegante, ora se limita a um quadradinho de espaço no tombadilho, ora desce às profundezas do navio onde nunca se soube o que é a esperança do mar. A palavra de ordem que se impõe aos navegantes é esta: que seja excluída toda alusão a um objetivo e a um destino. Com toda razão, certamente. Ninguém pode pôr-se a caminho com a intenção deliberada de atingir a ilha de Capréia, ninguém pode rumar para essa ilha, e aquele que decidisse fazê-lo só chegaria ali por acaso, um acaso ao qual estaria ligado por um acordo difícil de entender. A palavra de ordem é, portanto: silêncio, discrição, esquecimento.

É preciso reconhecer que a modéstia predestinada, o desejo de nada pretender e de não levar a nada bastariam para fazer de muitos romances livros aceitáveis, e do gênero romanesco o mais simpático dos gêneros, aquele que assumiu a tarefa, por discrição e alegre nulidade, de esquecer o que outros degradam chamando-o de essencial. O entretenimento é seu canto profundo. Mudar constantemente de direção, ir como que ao acaso e evitando qualquer objetivo, por um movimento de inquietação que se transforma em distração feliz, tal foi sua primeira e mais segura justificação. Fazer do tempo humano um jogo e, do jogo, uma ocupação livre, destituída de todo interesse imediato e de toda utilidade, essencialmente superficial e capaz, por esse movimento de superfície, de absorver entretanto todo o ser, não é pouca coisa. Mas é claro que o romance, se não preenche hoje esse papel, é porque a técnica transformou o tempo dos homens e seus meios de diversão.

A narrativa começa onde o romance não vai, mas para onde conduz, por suas recusas e sua rica negligência. A narrativa é, heróica e pretensiosamente, o relato de um único episódio, o do encontro de Ulisses com o canto insuficiente e sedutor das Sereias. Aparentemente, fora dessa grande e ingênua pretensão, nada mudou, e o relato parece, por sua forma, continuar respondendo à vocação narrativa ordinária. Assim, *Aurélia* se apresenta como o simples relato de um encontro, assim como *Estadia no inferno*, assim como *Nadja*. Algo aconteceu, que alguém viveu e depois contou, do mesmo modo que Ulisses precisou viver o acontecimento e a ele sobreviver para se tornar Homero, que o narra. É verdade que a narrativa, em geral, relata um acontecimento excepcional que escapa às formas do tempo cotidiano e ao mundo da verdade habitual, talvez de toda verdade. Eis por que, com tanta insistência, ela rejeita tudo o que poderia aproximá-la da frivolidade de uma ficção (o romance, pelo contrário, que só diz o crível e o familiar, faz questão de passar por fictício). Platão, no *Górgias*, diz: "Escuta uma bela narrativa. Pensarás que é uma fábula, mas a meu ver é um relato. Dir-te-ei como uma verdade aquilo que te direi." Ora, o que ele conta é a história do Juízo Final.

Entretanto, o caráter da narrativa não é percebido quando nele se vê o relato verdadeiro de um acontecimento excepcional, que ocorreu e que alguém tenta contar. A narrativa não é o relato do acontecimento, mas o próprio acontecimento, o acesso a esse acontecimento, o lugar aonde ele é chamado para acontecer, acontecimento ainda por vir e cujo poder de atração permite que a narrativa possa esperar, também ela, realizar-se.

Essa é uma relação muito delicada, sem dúvida uma espécie de extravagância, mas é a lei secreta da narrativa. A narrativa é movimento em direção a um ponto, não apenas desconhecido, ignorado, estranho, mas tal que parece não haver, de antemão e fora desse movimento, nenhuma espécie de realidade, e tão imperioso que é só dele que a narrativa extrai sua atração, de modo que ela não pode nem mesmo "começar" antes de o haver alcançado; e, no entanto, é somente a narrativa e seu movimento imprevisível que fornecem o espaço onde o ponto se torna real, poderoso e atraente.

Quando Ulisses se torna Homero

O que aconteceria se Ulisses e Homero, em vez de serem pessoas distintas partilhando comodamente os papéis, fossem uma única e mesma pessoa? Se a narrativa de Homero não fosse mais do que o movimento realizado por Ulisses, no seio do espaço que lhe abre o Canto das Sereias? Se Homero só tivesse poder de contar na medida em que, sob o nome de Ulisses, um Ulisses livre de entraves embora fixado, fosse em direção daquele lugar que parece prometer-lhe o poder de falar e de narrar, com a condição de ali desaparecer?

Essa é uma das estranhezas, ou melhor, das pretensões da narrativa. Ela só "narra" a si mesma, e essa relação, ao mesmo tempo que se faz, produz o que conta, só é possível como relação se realiza o que nessa relação acontece, pois ela detém então o ponto ou o plano em que a realidade que a narrativa "descreve" pode continuamente unir-se à sua realidade como narrativa, garanti-la e aí encontrar sua fiança.

Mas não é isso uma loucura ingênua? Em certo sentido. Eis por que não há narrativa, eis por que existem tantas.

É ouvindo o Canto das Sereias que Ulisses se torna Homero, mas é somente na narrativa de Homero que se realiza o encontro real em que Ulisses se torna aquele que entra em relação com a força dos elementos e a voz do abismo.

Isso parece obscuro, evoca o embaraço do primeiro homem se, para ser criado, tivesse precisado pronunciar ele mesmo, de maneira totalmente humana, o *Fiat lux* divino capaz de lhe abrir os olhos.

Essa maneira de apresentar as coisas, de fato, as simplifica muito: daí a espécie de complicação artificial ou teórica que dela decorre. É bem verdade que é somente no livro de Melville que Achab encontra Moby Dick; mas é também verdade que só esse encontro permite a Melville escrever o livro, encontro tão imponente, tão desmesurado e tão particular que transborda todos os planos em que ocorre, todos os momentos em que quisermos situá-lo, e parece ter acontecido antes mesmo que o livro começasse, mas também de tal natureza que só pode acontecer uma única vez, no futuro da obra e naquele mar que será a obra transformada num oceano à sua medida.

Entre Achab e a baleia, trava-se um drama que poderíamos chamar de metafísico, utilizando a palavra de forma vaga, a mesma luta que se trava entre as Sereias e Ulisses. Cada uma das partes quer ser tudo, quer ser o mundo absoluto, o que torna impossível sua coexistência com o outro mundo absoluto; e, no entanto, o maior desejo de cada um deles é essa coexistência e esse encontro. Reunir num mesmo espaço Achab e a baleia, as Sereias e Ulisses, eis o voto secreto que faz com que Ulisses seja Homero, e Achab seja Melville, e o mundo que resulta dessa reunião seja o maior, o mais terrível e o mais belo dos mundos possíveis, infelizmente um livro, nada mais do que um livro.

Entre Achab e Ulisses, aquele que tem a maior vontade de potência não é o mais desvairado. Há, em Ulisses, aquela teimosia pensada que conduz ao império universal: sua esperteza consiste em parecer limitar seu poder, em buscar fria e calculadamente o que ele ainda pode, em face da outra potência. Ele será tudo se mantiver um limite, e o intervalo entre o real e o imaginário que, precisamente, o Canto das Sereias o convida a percorrer. O resultado é uma espécie de vitória para ele, e de sombrio desastre para Achab. Não se pode negar que Ulisses tenha

O CANTO DAS SEREIAS

ouvido um pouco do que Achab viu, mas ele se manteve firme no interior dessa escuta, enquanto Achab se perdeu na imagem. Isso quer dizer que um se recusou à metamorfose na qual o outro penetrou e desapareceu. Depois da prova, Ulisses se reencontra tal como era, e o mundo se reencontra talvez mais pobre, mas mais firme e seguro. Achab não se reencontra e, para o próprio Melville, o mundo ameaça constantemente afundar naquele espaço sem mundo ao qual o atrai o fascínio de uma única imagem.

A metamorfose

A narrativa está ligada à metamorfose a que Ulisses e Achab aludem. A ação que ela presentifica é a da metamorfose, em todos os planos que pode atingir. Se, por comodidade – pois esta afirmação não é exata –, dizemos que aquilo que faz avançar o romance é o tempo cotidiano, coletivo ou pessoal, ou mais precisamente o desejo de dar a palavra ao tempo, a narrativa tem, para progredir, aquele *outro* tempo, aquela outra navegação que é a passagem do canto real ao canto imaginário, aquele movimento que faz com que o canto real se torne, pouco a pouco, embora imediatamente (e este "pouco a pouco, embora imediatamente" é o próprio tempo da metamorfose), imaginário, canto enigmático que está sempre à distância e que designa essa distância como um espaço a ser percorrido, e o lugar aonde ele conduz como o ponto onde cantar deixará de ser um logro.

A narrativa quer percorrer esse espaço, e o que a move é a transformação exigida pela plenitude vazia desse espaço, transformação que, exercendo-se em todas as direções, decerto transforma profundamente aquele que escreve, mas transforma na mesma medida a própria narrativa e tudo o que está em jogo na narrativa em que, num certo sentido, nada aconteça, exceto essa própria passagem. E no entanto, para Melville, o que é mais importante do que o encontro com Moby Dick, encontro que ocorre agora e está ao mesmo tempo sempre por vir, de modo que ele não cessa de ir em sua direção, numa busca teimosa e desordenada? Mas já que a busca também se relaciona com a origem, parece remetê-lo igualmente à profundeza do passado: experiência sob cujo fascínio Proust viveu e, em parte, conseguiu escrever.

Objetarão: mas esse acontecimento de que falam pertence primeiramente à "vida" de Melville, de Nerval, de Proust. É porque eles já encontraram Aurélia, porque tropeçaram no calçamento desigual, viram os três campanários, que podem começar a escrever. Eles usam de muita arte para nos comunicar suas impressões reais, e são artistas porque acham um equivalente – de forma, de imagem, de história ou de palavras – para nos fazer participar de uma visão próxima da deles. Infelizmente, as coisas não são tão simples. Toda a ambigüidade vem da ambigüidade do tempo que aqui se introduz, e que permite dizer e experimentar que a imagem fascinante da experiência está, em certo momento, presente, ao passo que essa experiência não pertence a nenhum presente, e até destrói o presente em que parece introduzir-se. É verdade que Ulisses navegava realmente e, um dia, em certa data, encontrou o canto enigmático. Ele pode portanto dizer: agora, isto acontece agora. Mas o que aconteceu agora? A presença de um canto que ainda estava por vir. E o que ele tocou no presente? Não o acontecimento do encontro tornado presente, mas a abertura do movimento infinito que é o próprio encontro, o qual está sempre afastado do lugar e do momento em que ele se afirma, pois ele é exatamente esse afastamento, essa distância imaginária em que a ausência se realiza e ao termo da qual o acontecimento apenas começa a ocorrer, ponto em que se realiza a verdade própria do encontro, do qual, em todo caso, gostaria de nascer a palavra que o pronuncia.

Sempre ainda por vir, sempre já passado, sempre presente num começo tão abrupto que nos corta a respiração e, no entanto, abrindo-se como a volta e o reconhecimento eterno – "*Ah*, diz Goethe, *em tempos outrora vividos, foste minha irmã ou minha esposa*" –, tal é o acontecimento do qual a narrativa é a aproximação. Esse acontecimento transtorna as relações do tempo, porém afirma o tempo, um modo particular de realização do tempo, tempo próprio da narrativa que se introduz na duração do narrador de uma maneira que a transforma, tempo das metamorfoses em que coincidem, numa simultaneidade imaginária e sob a forma do espaço que a arte busca realizar, as diferentes estases temporais.

CAPÍTULO II
A EXPERIÊNCIA DE PROUST

1. O segredo da escrita

Pode haver uma narrativa pura? Toda narrativa, mesmo que apenas por discrição, procura dissimular-se na espessura romanesca. Proust é um dos mestres dessa dissimulação. Tudo acontece, para Proust, como se a navegação imaginária da narrativa, que conduz outros escritores à irrealidade de um espaço cintilante, se sobrepusesse ditosamente à navegação de sua vida real, aquela que o levou, através das ciladas do mundo e pelo trabalho do tempo destruidor, até o ponto fabuloso em que encontra o acontecimento que torna possível qualquer narrativa. Ainda mais, esse encontro, longe de o expor ao vazio do abismo, parece fornecer-lhe o único espaço em que o movimento de sua existência não apenas pode ser compreendido, mas restituído, realmente experimentado e realmente realizado. É somente quando, como Ulisses, ele vislumbra a ilha das Sereias, onde ouve seu canto enigmático, que toda a sua longa e triste vagabundagem se realiza segundo os momentos verdadeiros que a tornam,

O CANTO DAS SEREIAS 15

embora passada, presente. Feliz, espantosa coincidência. Mas então como ele consegue "chegar lá", se é necessário precisamente já estar lá para que a estéril migração anterior se torne o movimento real e verdadeiro capaz de o conduzir a esse ponto?

Ocorre que Proust, por uma confusão fascinante, extrai das singularidades do tempo próprio da narrativa singularidades que penetram sua vida, recursos que lhe permitem também salvar o tempo real. Há, em sua obra, uma intricação, talvez enganosa, mas maravilhosa, de todas as formas do tempo. Nunca sabemos, e muito rapidamente ele mesmo já não é capaz de saber, a qual tempo pertence o acontecimento que evoca, se aquilo acontece somente no tempo da narrativa ou se acontece para que chegue o momento da narrativa, a partir do qual o que aconteceu se torna realidade e verdade. Da mesma forma, falando do tempo e vivendo aquilo de que fala, e só podendo falar através daquele outro tempo que nele é fala, Proust mistura, numa mescla ora intencional, ora onírica, todas as possibilidades, todas as contradições, todas as maneiras pelas quais o tempo se torna tempo. Assim, ele acaba por viver segundo o tempo da narrativa, e encontra então em sua vida as simultaneidades mágicas que lhe permitem contá-la ou, pelo menos, nela reconhecer o movimento de transformação pelo qual ela se orienta em direção à obra e em direção ao tempo da obra em que esta se realizará.

Os quatro tempos

O tempo: palavra única em que são depositadas as mais diversas experiências, que ele distingue, é verdade, com sua probidade atenta, mas que, sobrepondo-se, transformam-se para constituir uma realidade nova e quase sagrada. Lembremos somente algumas dessas formas. Tempo inicialmente real, destruidor, o Moloch assustador que produz a morte e a morte do esquecimento. (Como confiar nesse tempo? Como poderia ele nos conduzir a algo que não fosse um lugar nenhum sem realidade?) Tempo, entretanto o mesmo, que por essa ação destruidora também nos dá o que nos tira, e infinitamente mais, já que nos dá as coisas, os acontecimentos e os seres numa presença irreal que os eleva ao ponto em que nos comovem. Mas isso é ainda apenas a felicidade das lembranças espontâneas.

O tempo é capaz de um truque mais estranho. Certo incidente insignificante, que ocorreu em dado momento, outrora, esquecido, e não apenas esquecido, despercebido, eis que o curso do tempo o traz de volta, e não como uma lembrança, mas como um fato real[1], que acontece de novo, num novo momento do tempo. Assim o passo que tropeça nas pedras mal niveladas do pátio dos Guermantes é de repente – nada é mais súbito – o mesmo passo que tropeçou nas lajes desiguais do Batistério de São Marcos: o mesmo passo, não *um duplo, um eco de uma sensação passada... mas essa própria sensação*. Incidente ínfimo, perturbador, que rasga a trama do tempo e por esse rasgão nos introduz em outro mundo: fora do tempo, diz Proust com precipitação. Sim, afirma ele, o tempo está abolido, já que, numa captura real, fugidia mas irrefutável, agarro o instante de Veneza e o instante de Guermantes, não um passado e um presente, mas uma mesma presença que faz coincidir, numa simultaneidade sensível, momentos

---

1. Trata-se, naturalmente, para Proust e na linguagem de Proust, de um fato psicológico, de uma sensação, como ele diz.

O CANTO DAS SEREIAS 17

incompatíveis, separados por todo o curso da duração. Eis portanto o tempo apagado pelo próprio tempo; eis a morte, essa morte que é obra do tempo, suspensa, neutralizada, tornada vã e inofensiva. Que instante! Um momento *"liberto da ordem do tempo"*, e que recria em mim *"um homem liberto da ordem do tempo"*.

Mas logo, por uma contradição que ele mal percebe, de tão necessária e fecunda, Proust diz, quase por descuido, que esse minuto fora do tempo lhe permitiu *"obter, isolar, imobilizar – na duração de um raio – o que ela nunca apreende: um pouco de tempo em estado puro"*. Por que essa inversão? Por que aquilo que está fora do tempo põe a seu dispor o tempo puro? É que, por essa simultaneidade que fez juntarem-se realmente o passo de Veneza e o passo de Guermantes, o então do passado e o aqui do presente, como dois agoras levados a se sobrepor, pela conjunção desses dois presentes que abolem o tempo, Proust teve também a experiência incomparável, única, da estase do tempo. Viver a abolição do tempo, viver esse movimento, rápido como o "raio", pelo qual dois instantes, infinitamente separados, vêm (*pouco a pouco, embora imediatamente*) ao encontro um do outro, unindo-se como duas presenças que, pela metamorfose do desejo, se identificassem, é percorrer toda a realidade do tempo e, percorrendo-a, experimentar o tempo como espaço e lugar vazio, isto é, livre dos acontecimentos que geralmente o preenchem. Tempo puro, sem acontecimentos, vacância móvel, distância agitada, espaço interior em devir onde as estases do tempo se dispõem numa simultaneidade fascinante, o que é tudo isso, afinal? É o próprio tempo da narrativa, o tempo que não está *fora* do tempo, mas que se experimenta como um *exterior*, sob a forma de um espaço, esse espaço imaginário onde a arte encontra e dispõe seus recursos.

O tempo de escrever

A experiência de Proust sempre pareceu misteriosa pela importância que ele lhe confere, fundamentada em fenômenos aos quais os psicólogos não atribuem nenhum valor de exceção, embora tais fenômenos talvez já tivessem afetado perigosamente Nietzsche. Mas quaisquer que sejam as "sensações" que servem de cifra à experiência que ele descreve, o que a torna essencial é que ela é, para ele, experiência de uma estrutura original do tempo, a qual (ele tem, em certo momento, plena consciência disso) se relaciona com a possibilidade de escrever, como se essa brecha o tivesse introduzido bruscamente no tempo próprio da narrativa, sem o qual pode escrever, e o faz, mas ainda não começou de fato a escrever. Experiência decisiva, que é a grande descoberta do *Tempo redescoberto*, seu encontro com o Canto das Sereias, da qual ele tira, de modo aparentemente absurdo, a certeza de que agora ele é um escritor. Por que esses fenômenos de reminiscência, embora muito felizes e perturbadores, esse gosto de passado e de presente que sente subitamente na boca, poderiam, como ele afirma, livrá-lo das dúvidas que o atormentavam até então acerca de seus dons literários? Não é absurdo, como pode parecer absurdo o sentimento que um dia, na rua, arrebata o desconhecido Raymond Roussel e lhe dá, de um só golpe, a glória e a certeza da glória? *"Como no momento em que eu experimentava a* madeleine, *toda inquietude sobre o futuro, toda dúvida intelectual se dissipavam. Aquelas que me atormentavam havia pouco a respeito da realidade de meus dons literários, e até mesmo a realidade da literatura, achavam-se anuladas como por encanto."* Vê-se que aquilo que lhe é dado, ao mesmo tempo, é não apenas a certeza de sua vocação, a afirmação de seus

O CANTO DAS SEREIAS 19

dons, mas a própria essência da literatura que ele tocou, experimentou em estado puro, sentindo a transformação do tempo num espaço imaginário (espaço próprio das imagens), naquela ausência móvel, sem acontecimentos que a dissimulem, sem presença que a obstrua, naquele vazio sempre em devir: o longe e a distância que constituem o meio e o princípio das metamorfoses e do que Proust chama de metáforas, ali onde não se trata mais de fazer psicologia, mas onde, pelo contrário, já não há interioridade, pois tudo o que é interior se abre para o exterior, tomando ali a forma de uma imagem. Sim, nesse tempo tudo se torna imagem, e a essência da imagem é estar toda para fora, sem intimidade, e no entanto mais inacessível e mais misteriosa do que o pensamento do foro interior; sem significação, mas chamando a profundidade de todo sentido possível; irrevelada e, no entanto, manifesta, como a presença-ausência que constitui o atrativo e o fascínio das Sereias.

Que Proust tenha consciência de ter descoberto – e, diz ele, antes de escrever – o segredo da escrita; que ele pense, por um movimento de distração que o desviou do curso das coisas, ter-se colocado no tempo da escrita em que parece ser o próprio tempo que, em vez de perder-se em acontecimentos, vai começar a escrever, é o que ele mostra ainda quando tenta encontrar em outros escritores que admira, Chateaubriand, Nerval, Baudelaire, experiências análogas. Entretanto, vem-lhe uma dúvida, quando do ele acredita ter, durante a recepção dos Guermantes, uma espécie de experiência invertida (já que ele verá o tempo "exteriorizar-se" nos rostos em que a idade põe o disfarce de uma máscara de comédia). Ocorre-lhe o pensamento doloroso de que, se ele entrou em contato decisivo com a essência da literatura graças à intimidade transformada do tempo, também deve ao tempo destruidor, cujo formidável poder de alteração ele contempla, uma ameaça mais constante ainda, a de ser privado, de um momento para outro, do "tempo" de escrever.

Dúvida patética, dúvida que ele não aprofunda, pois essa morte em que ele percebe de repente o principal obstáculo ao acabamento de seu livro, morte que ele sabe estar, não apenas no termo de sua vida, mas agindo em todas as intermitências de sua pessoa, estaria talvez também no centro da imaginação que ele chama de divina, o que evita indagar. E nós mesmos chegamos a outra dúvida, a outra interrogação que concerne às condições nas quais acaba de realizar-se a experiência tão importante à qual toda a sua obra está ligada. Onde ocorreu essa experiência? Em que "tempo"? Em que mundo? E quem é que a viveu? Proust, o Proust real, o filho de Adrien Proust? Ou o Proust já escritor, contando, nos quinze volumes de sua obra grandiosa, como se formou sua vocação, de maneira progressiva, graças à maturação que transformou o menino angustiado, sem vontade e particularmente sensível, naquele homem estranho, energicamente concentrado, absorto na pena à qual se comunica tudo o que ele ainda tem de vida e de infância preservada? Nada disso, sabemos. Nenhum desses Proust está em causa. As datas, se necessárias, o provariam, já que a revelação à qual *O tempo redescoberto* alude, como sendo o acontecimento decisivo que fará deslanchar a obra que ainda não foi escrita, ocorre – no livro – durante a guerra, numa época em que *Swann* já está publicado e grande parte da obra, composta. Então Proust não diz a verdade? Mas ele não nos deve essa verdade, e seria mesmo incapaz de dizê-la. Ele só poderia exprimi-la, torná-la real, concreta e verdadeira, projetando-a no próprio tempo em que ela é realizada e do qual a obra depende: o tempo da narrativa na

O CANTO DAS SEREIAS

qual, embora ele diga "Eu", não é mais o Proust real nem o Proust escritor que tem o poder de falar, mas sua metamorfose na sombra que é o narrador tornado "personagem" do livro, o qual, na narrativa, escreve uma narrativa que é a própria obra e produz, por sua vez, as outras metamorfoses dele mesmo que são os diversos "Eus" cujas experiências ele conta. Proust tornou-se inacessível porque ficou inseparável da metamorfose quádrupla que é apenas o movimento do livro em direção à obra. Da mesma forma, o acontecimento que ele descreve é não apenas acontecimento que ocorre no tempo da narrativa, na sociedade dos Guermantes que só tem a verdade da ficção, mas acontecimento e advento da própria narrativa, e realização, na narrativa, do tempo narrativo original cuja estrutura fascinante ele cristaliza, do poder que faz coincidir, num mesmo ponto fabuloso, o presente, o passado e até, embora Proust pareça negligenciá-lo, o futuro, porque nesse ponto todo o futuro da obra está presente, está dado com a literatura.

Imediatamente, embora pouco a pouco

É preciso acrescentar que o livro de Proust é bem diferente do *Bildungsroman* com o qual seríamos tentados a confundi-lo. Sem dúvida, os quinze volumes de *O tempo redescoberto* retraçam a formação daquele que os escreve, e descrevem as peripécias dessa vocação. *"Assim toda a minha vida, até o dia de hoje, poderia e não poderia ser resumida sob este título: Uma vocação. Não poderia, porque a literatura não tinha tido nenhum papel em minha vida. E poderia, porque essa vida, as lembranças de suas tristezas e alegrias formavam uma reserva semelhante ao albúmen alojado no óvulo das plantas e no qual este suga seu alimento, para transformá-lo em grão...*" Mas, se nos ativermos estritamente a essa interpretação, negligenciaremos o que é, para ele, essencial: a revelação pela qual, de repente, imediatamente, embora pouco a pouco, pela captura de um tempo outro, ele é introduzido na intimidade transformada do tempo, ali onde ele dispõe do tempo puro como do princípio das metamorfoses e do imaginário como de um espaço que já é a realidade do poder de escrever.

Foi certamente necessário todo o tempo da vida de Proust, todo o tempo da navegação real, para que ele chegasse ao momento único com o qual começa a navegação imaginária da obra e que, na obra, marcando o cume ao qual ela chega e no qual termina, marca também o ponto muito baixo em que aquele que deve escrevê-la precisa empreendê-la, em face do nada que o chama e da morte que já devasta seu espírito e sua memória. É necessário todo o tempo real para chegar a esse momento irreal, mas, embora haja uma relação talvez imperceptível, que em todo caso Proust renuncia a agarrar, entre as duas formas de devir, o que ele também afirma, é que essa revelação não é absolutamente o efeito necessário de um desenvolvimento progressivo: ela tem a irregularidade do acaso, a força graciosa de um dom imerecido, que não recompensa em nada um longo e ponderado trabalho de aprofundamento. *O tempo redescoberto* é a história de uma vocação que deve tudo à duração, mas só lhe deve tudo por ter a ela escapado bruscamente, por um salto imprevisível, e ter encontrado o ponto em que a intimidade pura do tempo, tornada espaço imaginário, oferece a todas as coisas a *"unidade transparente"* na qual, *"perdendo seu primeiro aspecto de coisas"*, elas podem vir *"postar-se umas ao lado das outras numa espécie de ordem, penetradas pela mesma luz..."*, *"... convertidas numa mesma substância, nas vastas superfícies de uma cintilação monótona. Nenhuma impu-*

reza restou. As superfícies se tornaram refletoras. Todas as coisas nelas se desenham, mas por reflexo, sem alterar sua substância homogênea. Tudo o que era diferente foi convertido e absorvido"[2].

A experiência do tempo imaginário feita por Proust só pode ocorrer num tempo imaginário, e fazendo daquele que a ela se expõe um ser imaginário, uma imagem errante, sempre ali, sempre ausente, fixa e convulsiva, como a beleza de que falou André Breton. A metamorfose do tempo transforma primeiramente o presente em que ela parece ocorrer, atraindo-o para a profundeza indefinida onde o "presente" recomeça o "passado", mas onde o passado se abre ao futuro que ele repete, para que aquilo que vem volte sempre, e novamente, de novo. É verdade que a revelação ocorre agora, aqui, pela primeira vez, mas a imagem que se nos apresenta aqui pela primeira vez é presença de um "já numa outra vez", e ela nos revela o que "agora" é "outrora", e aqui, ainda outro lugar, um lugar sempre outro onde aquele que acredita poder assistir de fora a essa transformação só pode transformá-la em poder se deixar que ela o tire fora de si, e o arraste no movimento em que uma parte dele mesmo, e primeiramente a mão que escreve, torna-se como que imaginária.

Deslizamento que Proust, por uma decisão enérgica, tentou transformar num movimento de ressurreição do passado. Mas o que ele reconstituiu? O que salvou? O passado imaginário de um ser já todo imaginário e separado dele mesmo por toda uma série vacilante e fugidia de "Eus", que pouco a pouco o despojaram de si, libertaramno também do passado e, por esse sacrifício heróico, pu-

---

2. *Le Balzac de M. de Guermantes*, em que Proust opõe a Balzac seu próprio ideal estético.

seram-no à disposição de um imaginário do qual ele pode, então, dispor.

O apelo do desconhecido

Entretanto ele não aceitou reconhecer que esse movimento vertiginoso não lhe dá trégua nem repouso, e que, quando ele parece se fixar sobre determinado instante do passado real, unindo-o, por uma relação de identidade cintilante, a determinado instante do presente, é também para colocar o presente fora do presente, e o passado fora de sua realidade determinada – arrastando-nos, por essa relação aberta, cada vez mais longe, em todas as direções, entregando-nos ao longínquo e entregando-nos o longínquo onde tudo é dado e tudo é retirado, incessantemente. No entanto, pelo menos uma vez, Proust se encontrou diante desse apelo do desconhecido, quando, diante das três árvores que ele olha e não consegue relacionar com a impressão ou lembrança que sente prestes a despertar, acede à estranheza do que não poderá jamais recuperar, e que está porém ali, nele, em sua volta, mas que ele só acolhe por um movimento infinito de ignorância. Aqui, a comunicação fica inacabada, permanece aberta, deceptiva e angustiante para ele, mas talvez seja então menos enganadora do que qualquer outra, e mais próxima da exigência de toda comunicação.

2. A espantosa paciência

Foi notado que o esboço de livro publicado sob o título de *Jean Santeuil* continha uma narrativa comparável à da experiência final de *O tempo redescoberto*. Concluiu-se até que tínhamos ali o protótipo do acontecimento, tal como ele foi realmente vivido por Proust, filho de Adrien Proust – tão grande é a necessidade de situar o insituável. Aquilo aconteceu, pois, não longe do lago de Genebra, quando, durante um tedioso passeio, Jean Santeuil avista, de repente, na extremidade dos campos e onde reconhece, com um sobressalto de felicidade, o mar de Bergmeil perto do qual ele tinha outrora passado uma temporada, e que não era então, para ele, mais do que um espetáculo indiferente. Jean Santeuil se interroga sobre essa felicidade nova. Não vê naquilo o simples prazer de uma lembrança espontânea, pois não se trata de uma lembrança, mas da *"transmutação da lembrança numa realidade captada diretamente"*. Conclui que se trata de algo muito importante, de uma comunicação que não é a do presente, nem do passado, mas o surgimento da imaginação cujo campo se estende entre um e outro; e toma a decisão de só escrever, dali por diante, para fazer reviver tais instantes, ou para responder à inspiração que lhe dá aquela reação de alegria.

Isso é impressionante, de fato. Quase toda a experiência de *O tempo redescoberto* se encontra aqui: o fenômeno de reminiscência, a metamorfose que ele anuncia (transmutação do passado em presente), o sentimento de que há ali uma porta aberta para o território próprio da imaginação, enfim a resolução de escrever à luz de tais instantes e para os trazer à luz.

Poderíamos, portanto, perguntar ingenuamente: por que Proust, que possui desde aquele instante a chave da arte, escreveu apenas *Jean Santeuil* e não sua obra verdadeira – e, nesse sentido, continua não escrevendo? A resposta só pode ser ingênua. Ela está nesse esboço de obra que Proust, tão desejoso de produzir livros e de ser con-

26   *O LIVRO POR VIR*

siderado escritor, não hesita em rejeitar, até em esquecer, como se ela não tivesse acontecido, assim como ele tem o pressentimento de que a experiência de que fala ainda não aconteceu, enquanto ela não o atraiu em seu infinito movimento. *Jean Santeuil* está talvez mais próximo do Proust real, quando este o escreve, do que estará o narrador de *O tempo redescoberto*, mas essa proximidade é somente o sinal de que ele permanece na superfície da esfera, e que não se empenhou verdadeiramente no tempo novo que lhe fez entrever a cintilação de uma sensação vacilante. É por isso que escreve, mas é sobretudo Saint-Simon, La Bruyère, Flaubert que escrevem em seu lugar, ou pelo menos o Proust homem de cultura, aquele que se apóia, como é necessário, na arte dos escritores anteriores, em vez de se entregar arriscadamente à transformação exigida pelo imaginário e que deve primeiramente atingir sua linguagem.

O malogro da narrativa pura

Entretanto, essa página de *Jean Santeuil* nos mostra outra coisa. Parece que Proust concebe então uma arte mais pura, concentrada unicamente nos instantes, sem acréscimos, sem recurso às lembranças voluntárias nem às verdades de ordem geral, formadas ou reformuladas pela inteligência, às quais, mais tarde, ele concederá um largo espaço em sua obra: em suma, uma narrativa "pura", feita unicamente dos pontos em que ela se origina, como um céu onde, fora as estrelas, só houvesse o vazio. A página de *Jean Santeuil* que analisamos afirma mais ou menos isto: "*Pois o prazer que ela* [a imaginação] *nos dá é um sinal da superioridade, sinal em que me fiei suficientemente*

O CANTO DAS SEREIAS 27

para não escrever nada do que via, pensava, raciocinava ou me lembrava, para só escrever quando um passado ressuscitava repentinamente num odor, numa visão que ele fazia explodir, e acima do qual palpitava a imaginação, e quando essa alegria me inspirava." Proust só quer escrever para responder à inspiração, que lhe é dada na alegria provocada pelos fenômenos de reminiscência. Essa alegria que o inspira é também, segundo ele, sinal da importância desses fenômenos, de seu valor essencial, sinal de que neles a imaginação se anuncia e capta a essência de nossa vida. A alegria que lhe dá o poder de escrita não o autoriza, portanto, a escrever qualquer coisa, mas somente a comunicar esses instantes de alegria e a verdade que *"palpita"* por detrás deles.

A arte aqui visada só pode ser feita de momentos breves: a alegria é instantânea e os instantes que ela valoriza são apenas instantes. Fidelidade às impressões puras, eis o que Proust exige então da literatura romanesca, não por apegar-se às certezas do impressionismo habitual, já que ele só quer entregar-se a certas impressões privilegiadas, aquelas nas quais, pela volta da sensação passada, a imaginação se põe em movimento. Mas o impressionismo, que admira nas outras artes, não deixa de oferecer-se para ele como um exemplo. O que fica, sobretudo, é que ele desejaria escrever um livro do qual seria excluído tudo o que não fosse os instantes essenciais (o que confirma, em parte, a tese de Feuillerat, para quem a versão inicial da obra incluía muito menos desenvolvimentos e "dissertações psicológicas", e pretendia ser uma arte que só buscaria seus recursos no encantamento momentâneo das lembranças involuntárias). Proust tinha certamente a esperança de escrever, com *Jean Santeuil*, um livro desse tipo. É pelo menos o que nos lembra uma frase tirada do manuscrito e posta em exergo: *"Posso chamar este livro de romance? É menos, talvez, e muito mais a essência de minha vida recolhida sem nada misturar nela, nas horas de rompimento em que ela escorre. O livro nunca foi feito, ele foi colhido."* Cada uma dessas expressões corresponde à concepção que a página de *Jean Santeuil* nos propôs. Narrativa pura, porque "sem mistura", sem outra matéria senão o essencial, a essência que se comunica à escrita nos momentos privilegiados em que a superfície convencional do ser se rompe. E Proust, por um desejo de espontaneidade que evoca a escrita automática, pretende excluir tudo o que faria, de seu livro, o resultado de um trabalho: não será um livro habilmente arranjado, mas uma obra recebida como um dom, vinda dele e não produzida por ele.

Mas *Jean Santeuil* corresponde a esse ideal? De maneira alguma e talvez principalmente porque tenta corresponder. Por um lado, ele continua dando maior espaço ao material romanesco habitual, às cenas, às figuras e às observações gerais que a arte do memorialista (Saint-Simon) e a arte do moralista (La Bruyère) o convidam a tirar de sua existência, aquela que o conduziu ao liceu, aos salões, que fez dele uma testemunha do caso Dreyfus etc. Mas, por outro lado, ele procura claramente evitar a unidade exterior e "pronta" de uma história; nisso, acredita estar sendo fiel à sua concepção. O caráter picado do livro não decorre apenas do fato de termos um livro em farrapos: esses fragmentos em que aparecem e desaparecem as personagens, em que as cenas não buscam ligar-se a outras cenas, respondem ao desígnio de evitar o impuro discurso romanesco. Aqui e ali, também, algumas páginas "poéticas", reflexos dos instantes encantados dos quais ele quer ao menos aproximar-nos fugitivamente.

O que impressiona no malogro desse livro é que, tendo procurado tornar-nos sensíveis aos "instantes", ele os pintou como cenas e, em vez de surpreender os seres em suas aparições, fez exatamente o contrário: retratos. Mas sobretudo: se quiséssemos, em poucas palavras, distinguir esse esboço da obra que o seguiu, poderíamos então dizer que *Jean Santeuil*, para nos dar o sentimento de que a vida é feita de horas separadas, contentou-se com uma concepção fragmentada, em que o vazio não é figurado mas, pelo contrário, permanece vazio. A *Busca*, obra maciça, ininterrupta, conseguiu acrescentar, aos pontos estrelados, o vazio como plenitude, e fazer então cintilar maravilhosamente as estrelas, porque não lhes falta mais a imensidão do espaço vazio. De modo que é pela continuidade mais densa e mais substancial que a obra consegue representar o que há de mais descontínuo, a intermitência dos instantes de luz dos quais lhe vem a possibilidade de escrever.

O espaço da obra, a esfera

Por que isso? De que depende esse êxito? Podemos dizê-lo também em poucas palavras: é que Proust – e tal parece ter sido sua progressiva penetração de experiência – pressentiu que os instantes nos quais, para ele, brilha o intemporal, exprimiam no entanto, pela afirmação de uma volta, os movimentos mais íntimos da metamorfose do tempo, eram o "tempo puro". Ele descobriu então que o espaço da obra, que devia comportar ao mesmo tempo todos os poderes da duração, que devia também ser apenas o movimento da obra em direção a ela mesma e a busca autêntica de sua origem, que devia, enfim, ser o lugar do imaginário, Proust sentiu pouco a pouco que o espaço de tal obra devia aproximar-se, se nos contentarmos aqui com uma figura, da essência da *esfera*. E, de fato, o livro todo, sua linguagem, seu estilo de curvas lentas, de peso fluido, de densidade transparente, sempre em movimento, maravilhosamente feito para exprimir o ritmo infinitamente variado da giração volumosa, figura o mistério e a espessura da esfera, seu movimento de rotação, com o alto e o baixo, seu hemisfério celeste (paraíso da infância, paraíso dos instantes essenciais) e seu hemisfério infernal (Sodoma e Gomorra, o tempo destruidor, o desnudamento de todas as ilusões e de todas as falsas consolações humanas), mas duplo hemisfério que, em certo momento, se reverte, de modo que aquilo que estava no alto se abaixa e que o inferno e até mesmo o niilismo do tempo podem por sua vez tornar-se benéficos e exaltar-se em puras fulgurações bem-aventuradas.

Proust descobre pois que os instantes privilegiados não são pontos imóveis, uma única vez reais, de modo que deveriam ser figurados como uma única e fugitiva evanescência, mas que, da superfície da esfera a seu centro, eles passam e repassam, indo incessantemente, embora por intermitência, para a intimidade de sua verdadeira realização, indo de sua irrealidade à sua profundidade oculta, que eles atingem quando chegam ao centro imaginário e secreto da esfera, a partir do qual esta parece engendrar-se novamente ao acabar. Além disso, Proust descobriu a lei de crescimento de sua obra, a exigência de espessamento, de inchaço esférico, a superabundância e, como ele diz, a superalimentação que ela exige e que lhe permite introduzir os materiais mais "impuros", as "verdades relativas às paixões, aos caracteres, aos costumes", mas que de fato ele não introduz como "verdades", afirmações estáveis e imóveis, mas, também elas, como aquilo que não cessa de se desenvolver, de progredir por um len-

O CANTO DAS SEREIAS

to movimento de envoltura. Canto dos possíveis girando incansavelmente por círculos cada vez mais próximos, em volta do ponto central que deve ultrapassar toda possibilidade, sendo o único e soberano real, o instante (mas o instante que é, por sua vez, a condensação de toda a esfera).

Nesse sentido, Feuillerat, para quem as adições progressivas ("dissertações psicológicas") e os comentários intelectuais teriam alterado gravemente o desígnio original, que era o de escrever um romance de instantes poéticos, pensa o que pensava ingenuamente Jean Santeuil, mas desconhece o segredo da maturidade de Proust, maturidade da experiência para a qual o espaço do imaginário romanesco é uma esfera, engendrada, graças a um movimento infinitamente retardado, por instantes essenciais sempre por vir e cuja essência não é serem pontuais, mas a duração imaginária que Proust, no fim de sua obra, descobre ser a própria substância dos misteriosos fenômenos de cintilação.

Em *Jean Santeuil*, o tempo está quase ausente (mesmo que o livro termine por uma evocação do envelhecimento que o jovem observa sobre o rosto de seu pai; no máximo, como em *A educação sentimental*, os brancos deixados entre os capítulos poderiam lembrar-nos que, por detrás do que acontece, acontece outra coisa), mas está sobretudo ausente nos instantes radiosos que a narrativa apresenta de maneira estática, e sem nos fazer pressentir que ele próprio só pode realizar-se indo na direção de tais instantes, como em direção à sua origem, e tirando deles o único movimento que faz avançar a narração. Proust jamais renunciou a interpretar também os instantes como sinais do intemporal; verá sempre, neles, uma presença liberada da ordem do tempo. O choque maravilhoso que sente ao experimentá-los, a certeza de ter se encontrado depois de se ter perdido, o reconhecimento é a verdade mística que ele não quer pôr em causa. É sua fé e sua religião, de tal forma que tende a crer que existe um mundo de essências intemporais que a arte pode ajudar a representar.

Dessas idéias, poderia ter resultado uma concepção romanesca muito diferente da sua, na qual a preocupação com o eterno teria (como às vezes em Joyce) ocasionado um conflito entre uma ordem de conceitos hierarquizados e o esboroamento das realidades sensíveis. Não foi o que aconteceu, porque Proust, mesmo a contragosto, permaneceu dócil à verdade de sua experiência, que não apenas o desliga do tempo comum mas o introduz num tempo *outro*, o tempo "puro" em que a duração nunca pode ser linear, nem se reduz aos acontecimentos. É por isso que a narrativa exclui o desenrolar simples de uma história, assim como ela se concilia mal com as "cenas" excessivamente delimitadas e figuradas. Proust tem um certo gosto pelas cenas clássicas, às quais nem sempre renuncia. Mesmo a grandiosa cena final tem um relevo excessivo, que não corresponde à dissolução do tempo de que ele nos quer persuadir. Mas, precisamente, o que nos mostra *Jean Santeuil*, assim como as diferentes versões conservadas em seus *Carnês*, é o extraordinário trabalho de transformação que ele não cessou de prosseguir, para atenuar as arestas muito vivas de seus quadros e para entregar ao devir as cenas que, pouco a pouco, em vez de serem vistas fixas e imóveis, espicham-se no tempo, enfiam-se e fundem-se no conjunto, arrastadas por um lento e incansável movimento, movimento não de superfície mas profundo, denso, volumoso, em que se sobrepõem os mais variados tempos, assim como nele se inscrevem os poderes e as formas contraditórias do tempo. Desse modo, certos episódios – os jogos nos Champs-Elysées – parecem ser vividos, ao mesmo tempo, em idades muito diversas, vividos e revividos na simultaneidade intermitente de toda uma vida, não como puros momentos, mas na densidade móvel do tempo esférico.

O adiamento

A obra de Proust é uma obra acabada-inacabada. Quando lemos *Jean Santeuil* e as inúmeras versões intermediárias em que se desgastam os temas a que ele quer dar forma, ficamos maravilhados com o socorro que ele encontrou no tempo destruidor que, nele e contra ele, foi o cúmplice de sua obra. Era de uma realização apressada que esta estava permanentemente ameaçada. Quanto mais ela demora, mais se aproxima dela mesma. No movimento do livro, discernimos esse adiamento que o retém, como se, pressentindo a morte que estaria em seu termo, ele tentasse, para evitá-la, reverter o seu curso. A preguiça, em primeiro lugar, combate em Proust as ambições fáceis; depois, a preguiça se faz paciência, e a paciência se torna trabalho incansável, a impaciência febril que luta com o tempo quando o tempo é contado. Em 1914, a obra está próxima de seu acabamento. Mas 1914 é a guerra, é o início de um tempo estranho, que, livrando Proust do autor complacente que ele traz em si, dá-lhe a chance de escrever sem fim e de fazer de seu livro, por um trabalho constantemente recomeçado, o lugar da volta que ele deve figurar (de modo que o que há de mais destruidor no tempo, a guerra, colabora da maneira mais íntima com a obra, emprestando-lhe como auxiliar a morte universal contra a qual ela quer edificar-se).

Jean Santeuil é o primeiro termo dessa espantosa paciência. Por que Proust, que se apressa em publicar *Os prazeres e os dias*, livro bem menos importante, consegue interromper aquele esboço (que já tem três volumes), esquecê-lo, enterrá-lo? Aqui se mostra a profundidade de sua inspiração, e sua decisão de segui-la e sustentá-la em seu movimento infinito. Se *Jean Santeuil* tivesse sido acabado e publicado, Proust estaria perdido, sua obra teria se tornado impossível e o Tempo definitivamente desbaratado. Há, pois, não-sei-quê de maravilhoso nesse escrito que foi devolvido à luz, que nos mostra como os maiores escritores são ameaçados, e o quanto precisam de energia, de inércia, de desocupação, de atenção, de distração, para ir até o fim daquilo que a eles se propõe. É por esse aspecto que *Jean Santeuil* nos fala verdadeiramente de Proust, da experiência de Proust, da paciência íntima, secreta, pela qual ele deu a si mesmo o tempo.

II
A QUESTÃO LITERÁRIA

CAPÍTULO I
"NÃO HAVERÁ CHANCE DE ACABAR BEM"

"Para mim, pensava o jovem Goethe, não haverá chance de acabar bem." Mas, depois de *Werther*, veio-lhe a certeza contrária: ele não estava destinado a soçobrar e, seja porque experimentou seu acordo com o que chamava de potências demoníacas, seja por razões mais secretas, cessou de acreditar em sua decadência. Isso já é singular, mas eis o mais estranho: assim que teve certeza de escapar ao naufrágio, mudou de atitude com relação às suas forças poéticas e intelectuais; até então pródigo sem medida, tornou-se econômico, prudente, atento em não desperdiçar nada de seu gênio e em não pôr mais em risco a existência feliz que, entretanto, lhe garantia a intimidade do destino.

Podemos encontrar explicações para essa anomalia. Podemos dizer que o sentimento de estar salvo estava ligado à lembrança da ruína que o ameaçava no momento de *Werther*. Podemos dizer que, antes de *Werther*, ele não precisava prestar contas à sua própria lei interior, impetuosidade que não quer ser justificada. Tudo lhe foi dado ao mesmo tempo: o abalo de ver chegar a ruína radical, nessa prova a certeza de seu gênio feliz, impotente para soçobrar, e logo o respeito por essa impotência, de que ele se sentiu doravante responsável. Foi o pacto. O demônio foi, para Goethe, este limite: impotência de perecer; esta negação: recusa de deixá-lo decair; donde lhe veio a certeza de triunfar, que ele precisou pagar com outra decadência.

A obscura exigência

Entretanto, o essencial permanece obscuro. A obscuridade nos empenha aqui numa região onde as regras nos abandonam, onde a moral se cala, onde não há mais direito nem dever, onde a boa ou a má consciência não trazem nem consolo, nem remorso. Desde sempre foi implicitamente reconhecido que aqueles implicados, de alguma forma, com a palavra literária tinham um estatuto ambíguo, um certo jogo relativamente às leis comuns, como que para deixar lugar, por esse jogo, a outras leis mais difíceis e mais incertas. Isso não quer dizer que aqueles que escrevem tenham o direito de escapar às conseqüências. Quem matou por paixão não pode alterar a paixão, invocando-a como desculpa. Aquele que se chocou, escrevendo, com uma verdade que escrever não podia respeitar, é talvez irresponsável, mas deve responder ainda mais por essa irresponsabilidade. Deve responder por ela sem a pôr em causa, sem a trair, este é o próprio segredo com relação a ele mesmo: a inocência que preserva não é sua; é a do lugar que ele ocupa, erradamente, e com o qual não coincide.

Não basta dividir a vida do artista em várias partes irredutíveis. Também não é sua conduta que importa, sua

A QUESTÃO LITERÁRIA

maneira de se proteger por seus problemas ou, ao contrário, de cobri-los por sua existência. Cada um responde como pode e como quer. A resposta de um não convém a nenhum outro, ela é inconveniente, responde àquilo que necessariamente ignoramos e é, nesse sentido, indecifrável, jamais exemplar. A arte nos oferece enigmas mas, felizmente, nenhum herói.

O que importa, então? O que pode ensinar-nos a obra de arte acerca das relações humanas em geral? Que espécie de exigência nela se anuncia, de modo que não possa ser captada por nenhuma das formas morais em curso, sem tornar culpado quem a ignora, nem inocente quem pensa realizá-la, livrando-nos de todas as injunções do "Eu devo", de todas as pretensões do "Eu quero", para nos deixar livres? Entretanto, nem livres, nem privados de liberdade, como se ela nos atraísse a um ponto onde, esgotado o ar do possível, oferece-se a relação nua que não é um poder, que precede até mesmo a toda possibilidade de relação.

Como resgatar essa exigência, palavra que introduzimos porque é incerta, e porque a exigência é aqui sem exigência? É certamente mais fácil mostrar que a obra poética não pode receber a lei sob nenhuma de suas formas, quer ela seja política, moral, humana ou não, provisória ou eterna, nenhuma decisão que a limite, nenhuma intimação que lhe imponha um domicílio. A obra de arte não teme nenhuma lei. Aquilo que a lei atinge, proscreve ou perverte é a cultura, é o que se pensa da arte, são os hábitos históricos, é o curso do mundo, são os livros e os museus, por vezes os artistas, mas por que escapariam eles à violência? Aquilo que um regime tem de duro com relação à arte pode fazer-nos temer por esse regime, mas não pela arte. A arte é também o que há de mais duro –

indiferença e esquecimento – para com suas próprias vicissitudes históricas.

Quando André Breton nos lembra o manifesto que escreveu com Trotsky, e que exprime a *"vontade deliberada de apoiar-se na fórmula: toda licença em arte"*, isso é naturalmente essencial, e o encontro desses dois homens, sua escrita unida na mesma página em que se afirma essa fórmula, permanece, depois de tantos anos, um sinal exaltante[1]. Mas *"toda licença em arte"* é ainda apenas a primeira necessidade. É dizer que todas as palavras – quer sejam de uma ordem humana a ser realizada, de uma verdade a ser sustentada ou de uma transcendência a ser preservada – nada podem fazer em prol da palavra sempre mais original da arte, elas só podem deixá-la livre, simplesmente porque não a encontram nunca, definindo, pelo menos na história presente, uma ordem de relações que só entra em jogo quando a relação mais inicial, manifesta na arte, está já apagada ou recoberta. A palavra liberdade não é ainda suficientemente livre para nos fazer pressentir essa relação. A liberdade está ligada ao possível, ela sustenta o extremo do poder humano. Mas trata-se aqui da relação que não é um poder, a da comunicação ou da linguagem, que não se realiza como poder.

Rilke desejava que o jovem poeta pudesse perguntar a si mesmo: *"Sou verdadeiramente obrigado a escrever?"*, a fim de ouvir a resposta: *"Sim, é preciso."* *"Então*, concluía ele, *edifique sua vida segundo essa necessidade."* Esse ainda é um subterfúgio para elevar até a moral o impulso de escrever. Infelizmente, a escrita é um enigma, mas não fornece oráculos, e ninguém está em condições de lhe fazer perguntas. *"Sou verdadeiramente obrigado a escrever?"*

---

1. André Breton, *La Clé des champs*.

A QUESTÃO LITERÁRIA   41

Como poderia interrogar-se assim aquele a quem falta toda linguagem inicial para dar forma a essa pergunta, e que só pode encontrá-la através de um movimento infinito que o põe à prova, o transforma, o desaloja daquele "Eu" seguro, a partir do qual ele acredita poder questionar sinceramente? *"Entre em você mesmo, busque a necessidade que o faz escrever."* Mas a pergunta só pode fazê-lo sair de si mesmo, arrastando-o à situação em que a necessidade seria antes a de escapar àquilo que é sem direito, sem justiça e sem medida. A resposta *"é preciso"* pode, de fato, ser ouvida, ela é mesmo constantemente ouvida, mas aquilo que no *"é preciso"* não se ouve é resposta a uma pergunta que não se descobre, cuja aproximação suspende a resposta e a torna desnecessária.

"É um mandato. Não posso, segundo minha natureza, deixar de assumir um mandato que ninguém me conferiu. É nessa contradição, é sempre apenas numa contradição que posso viver."[2] A contradição que aguarda o escritor é ainda mais forte. Não é um mandato, ele não o pode assumir, ninguém lho conferiu; é preciso que ele se torne ninguém para o acolher. Contradição na qual ele não pode viver. Eis por que nenhum escritor, mesmo que seja Goethe, pode pretender reservar a liberdade de sua vida à obra que o pressente; ninguém, sem ser ridículo, pode decidir consagrar-se à sua obra, e ainda menos salvaguardar-se por ela. A obra exige muito mais: que não nos preocupemos com ela, que não a busquemos como um objetivo, que tenhamos com ela a relação mais profunda da despreocupação e da negligência. Aquele que foge de Frédérique não o faz para ficar livre, ele nunca foi menos livre do que naquele instante, pois aquilo que o libera dos laços o en-

---

2. Kafka.

trega à fuga, movimento mais perigoso do que os projetos de suicídio. Atribuir à fidelidade criadora a infidelidade aos juramentos é, pois, simples demais. Da mesma forma, quando Lawrence, vendo uma menina brincando diante da catedral, se pergunta o que ele desejaria salvar, em caso de destruição, e se espanta por haver escolhido a menina, esse espanto revela toda a confusão que introduz, em arte, o recurso aos valores. Como se não pertencesse à realidade própria do monumento – e de todos os monumentos e de todos os livros juntos – a prerrogativa de ser sempre mais leve, no prato da balança, do que a menina que brinca; como se, nessa leveza, nessa ausência de valor, não se concentrasse o peso infinito da obra.

Mais do que a ele mesmo

Desde o Renascimento até o Romantismo, houve um esforço impressionante e muitas vezes sublime para reduzir a arte ao gênio, a poesia ao subjetivo, e dar a entender que aquilo que o poeta exprime é ele mesmo, sua mais genuína intimidade, a profundidade escondida de sua pessoa, seu "Eu" longínquo, informulado, informulável. O pintor se realiza em sua pintura, como o romancista encarna, em personagens, uma visão na qual se revela. A exigência da obra seria, então, a dessa intimidade a ser expressa: o poeta tem seu canto para fazer ouvir, o escritor, sua mensagem a transmitir. "Tenho algo a dizer", eis finalmente o grau mais baixo das relações do artista com a exigência da obra, e o mais alto parece ser a tormenta da impetuosidade criadora, cuja razão se desconhece.

A idéia de que, no poema, é Mallarmé que se exprime, que nos *Girassóis* Van Gogh se manifesta (mas não o

A QUESTÃO LITERÁRIA

43

Van Gogh da biografia), parece poder explicar-nos o que a exigência da obra tem de absoluto, e no entanto o caráter privado, irredutível a toda obrigação geral de tal exigência. Aquilo acontece entre o artista e ele mesmo, ninguém de fora pode intervir; é secreto, é como a paixão que nenhuma autoridade exterior pode julgar nem compreender.

Mas será mesmo assim? Podemos contentar-nos em acreditar que a paixão taciturna, obstinada e casmurra, que obriga Cézanne a morrer com o pincel na mão e a não perder um dia para enterrar sua mãe, não tenha outra fonte senão a necessidade de se exprimir? Mais do que a ele mesmo, é ao quadro que ele busca que o segredo diz respeito, e esse quadro, ao que tudo indica, não teria nenhum interesse para Cézanne se ele só lhe falasse de Cézanne, e não da pintura, da essência da pintura cuja aproximação é para ele inacessível. Essa exigência, chamemo-la então pintura, chamemo-la obra ou arte, mas assim chamá-la não nos revela de onde ela tira sua autoridade, nem por que essa "autoridade" nada pede àquele que a suporta, atraindo-o todo e abandonando-o todo, exigindo dele mais do que pode ser exigido por qualquer moral, de qualquer homem, e ao mesmo tempo não o obriga a nada, não se relaciona com ele embora o solicite para sustentar essa relação – e assim o atormenta e agita com uma alegria desmedida.

Uma das atribuições de nosso tempo é a de expor o escritor a uma espécie de vergonha prévia. É preciso que ele tenha má consciência, é preciso que ele se sinta em falta antes de qualquer outra iniciativa. Assim que ele começa a escrever, é alegremente interpelado: "Pois bem, agora você está perdido." – "Devo então parar?" – "Não, se você parar estará perdido." Assim fala o demônio que também falou a Goethe, e fez dele o ser impessoal cuja vida já não pertencia a ele mesmo, impotente de soçobrar porque o poder supremo lhe foi retirado. A força do demônio reside no fato de que, por sua voz, falam instâncias muito diversas, de modo que não se sabe jamais o que significa o "Você está perdido". Ora é o mundo, o mundo da vida cotidiana, a necessidade de agir, a lei do trabalho, o cuidado com os homens, a busca das carências. Falar enquanto o mundo perece só pode despertar, naquele que fala, a suspeita de sua frivolidade, ou pelo menos o desejo de se aproximar, por suas palavras, da gravidade do momento, pronunciando palavras úteis, verdadeiras e simples. "Você está perdido" significa: "Você fala sem necessidade, para se eximir da necessidade; palavra vã, enfatuada e culpada; palavra de luxo e de indigência" – "Devo então parar?" – "Não, se você parar estará perdido".

É então um outro demônio, mais escondido: nunca familiar, mas nunca ausente; próximo, de uma proximidade que se assemelha a um erro; que entretanto não se impõe, que se deixa esquecer com facilidade (mas esse esquecimento é o mais grave), que é sem autoridade, não ordena, não condena, não absolve. Comparada à da lei do mundo, é uma voz aparentemente tranqüila, de uma doce intimidade, e o próprio "Você está perdido" tem sua doçura: é também uma promessa, o convite a deslizar num declive insensível – para subir? para descer? não se sabe. "Você está perdido" é uma fala alegre e leve, que não se dirige a ninguém, e pela qual aquele que é interpelado, escapando à solidão do que chamam de si mesmo, entra na outra solidão, na qual, precisamente, falta toda solidão pessoal, todo lugar próprio e toda finalidade. Ali, é verdade, não há mais erro, mas também não há mais inocência, nada que possa ligar-me, desligar-me, nada pelo que "eu" deva responder, pois o que se pode pedir àquele

A QUESTÃO LITERÁRIA

que depôs o possível? Nada – exceto isto, que é a mais estranha exigência: que através dele fale aquilo que é sem poder, que a partir dali a fala se anuncie ela mesma como ausência de poder, aquela nudez, impotência, mas também impossibilidade, que é o primeiro movimento da comunicação.

Fala de poeta, e não de mestre

Que pode um homem? perguntava Monsieur Teste. Isso é interrogar o homem moderno. No mundo, a linguagem é poder por excelência. Aquele que fala é o poderoso e o violento. Nomear é a violência que afasta o que é nomeado, para o ter sob a forma cômoda de um nome. Nomear é o que faz do homem essa estranheza inquietante e perturbadora, que estorva os outros seres vivos e até mesmo os deuses solitários que dizem ser mudos. Nomear só foi dado a um ser capaz de não ser, capaz de fazer desse nada um poder, e desse poder, a violência decisiva que abre a natureza, que a domina e força. É assim que a linguagem nos joga na dialética do mestre e do escravo, que nos obceca. O mestre adquiriu direito à fala porque foi até o extremo do risco de morte; só o mestre fala, uma fala que é comando. O escravo apenas ouve. Falar, eis o que é importante; aquele que só pode ouvir depende da fala, e vem somente em segundo lugar. Mas a escuta, o lado desfavorecido, subordinado e secundário, revela-se finalmente como o lugar do poder e o princípio da verdadeira autoridade.

Somos tentados a crer que a linguagem do poeta é a do mestre. Quando o poeta fala, é uma fala soberana, fala daquele que se lançou no risco, diz o que jamais foi dito, nomeia o que não entende, apenas fala, de modo que ele também não sabe o que diz. Quando Nietzsche afirma: *"Mas a arte é terrivelmente séria!... Nós vos cercamos de imagens que vos fazem estremecer. Temos esse poder! Tapai as orelhas: vossos olhos verão nossos mitos, nossas maldições vos atingirão!"*, isso é fala de poeta que é fala de mestre, e talvez seja inevitável, talvez a loucura que se apodera de Nietzsche esteja ali para fazer da fala mestra uma fala sem mestre, uma soberania sem escuta. Assim o canto de Hölderlin, depois do estouro violento do hino, volta a ser, na loucura, o da inocência das estações.

Mas interpretar assim a fala da arte e da literatura é afinal traí-la. É desconhecer a exigência que nela reside. É buscá-la, não mais na fonte, mas quando, atraída pela dialética do mestre e do escravo, ela já se tornou instrumento de poder. É preciso pois tentar situar, na obra literária, o lugar da relação nua, estranho a todo mando e a toda servidão, linguagem que fala somente àquele que não fala para ter ou para poder, para saber e possuir, para se tornar mestre e mestre de si mesmo, isto é, a um homem muito pouco homem. É certamente uma busca difícil, embora estejamos, pela poesia e pela experiência poética, no bom rumo dessa busca. Pode até mesmo ser que nós, homens da necessidade, do trabalho e do poder, não tenhamos os meios de alcançar uma posição que nos permita pressentir sua aproximação. Talvez se trate de algo muito simples. Talvez essa simplicidade esteja sempre presente em nós, ou pelo menos uma simplicidade igual.

CAPÍTULO II
ARTAUD

Aos vinte e sete anos, Artaud envia alguns poemas a uma revista. O diretor dessa revista os recusa polidamente. Artaud tenta então explicar por que ele insiste nesses poemas defeituosos: é que ele sofre de tal abandono de pensamento que não pode negligenciar as formas, mesmo que insignificantes, conquistadas a partir dessa inexistência central. O que valem os poemas assim obtidos? Segue-se uma troca de cartas, e Jacques Rivière, o diretor da revista, propõe-lhe subitamente publicar as cartas escritas em torno desses poemas não publicáveis (mas agora parcialmente admitidos, para serem publicados como exemplos e testemunho). Artaud aceita, com a condição de não falsear a realidade. É a célebre correspondência com Jacques Rivière um acontecimento de grande significação.

Jacques Rivière terá percebido essa anomalia? Os poemas, que ele julga insuficientes e indignos de publicação, deixam de o ser quando são completados pela narrativa da experiência de sua insuficiência. Como se o que lhes faltava, seu defeito, se tornasse plenitude e acabamento pela expressão aberta do que falta e pelo aprofundamento de sua necessidade. Mais do que pela própria obra, é certamente pela experiência da obra, pelo movimento que conduz a ela, que Jacques Rivière se interessa, e pelo rastro anônimo, obscuro, que ela representa inabilmente. Ainda mais: o malogro, que no entanto não o atrai tanto quanto atrairá mais tarde aqueles que escrevem e aqueles que lêem, torna-se o sinal sensível de um acontecimento central do espírito, sobre o qual as explicações de Artaud lançam uma luz surpreendente. Estamos pois na vizinhança de uma questão à qual parecem ligadas a literatura e a arte em geral: se não há poema que não tenha por "assunto", tácito ou manifesto, sua realização como poema, e se o movimento do qual provém a obra é aquilo com vistas a que a obra é por vezes realizada, por vezes sacrificada.

Lembremos aqui a carta de Rilke, escrita uns quinze anos antes: *"Quanto mais longe se vai, mais pessoal e única se torna a vida. A obra de arte é a expressão necessária, irrefutável, definitiva, dessa realidade única... Nisso reside a ajuda prodigiosa que ela dá àquele que é forçado a produzi-la... Isso explica, de modo certo, que devemos nos prestar às provas mais extremas, mas também, ao que parece, nada dizer antes de mergulhar em nossa obra, não diminuí-la falando dela: pois o único, o que ninguém mais poderia compreender e não teria o direito de compreender, essa espécie de desvario que nos é próprio, só poderia tornar-se válido inserindo-se em nosso trabalho para revelar sua lei, desenho original que torna visível apenas a transparência da arte."*

Rilke decide, portanto, jamais comunicar diretamente a experiência da qual nos viria a obra: a prova extrema, que só tem valor e verdade quando inserida na obra em que aparece, visível-invisível sob a luz distante da arte. Mas o próprio Rilke terá sempre mantido essa reserva? E não a teria formulado precisamente para rompê-la, salvaguar-

A QUESTÃO LITERÁRIA

dando-a porém, sabendo além disso que nem ele nem ninguém teria o poder de infringi-la, mas somente de se manter em relação com ela? Essa espécie de desvario que nos é próprio...

A impossibilidade de pensar que é o pensamento

A compreensão, a atenção, a sensibilidade de Jacques Rivière são perfeitas. Mas, no diálogo, a parte de mal-entendido é evidente, embora difícil de delimitar. Artaud, que naquela época ainda era muito paciente, vigia constantemente esse mal-entendido. Ele vê que seu correspondente procura tranqüilizá-lo, prometendo-lhe, no futuro, a coerência que lhe falta, ou então mostrando-lhe que a fragilidade do espírito é necessária ao espírito. Mas Artaud não quer ser tranqüilizado. Ele está em contato com algo tão grave que não pode suportar sua atenuação. Sente, também, a relação extraordinária e, para ele, quase incrível entre o desabar de seu pensamento e os poemas que consegue escrever, apesar dessa *"verdadeira perda"*. Por um lado, Jacques Rivière desconhece o caráter excepcional do acontecimento e, por outro, desconhece o que há de extremo nas obras do espírito produzidas a partir da ausência de espírito.

Quando escreve a Rivière, com uma argúcia calma que impressiona seu correspondente, Artaud não se surpreende de ser, ali, mestre do que deseja dizer. Somente os poemas o expõem à perda central do pensamento, que o aflige. Angústia que ele evoca mais tarde com expressões agudas e, por exemplo, sob esta forma: *"Aquilo de que falo é da ausência de buraco, de uma espécie de sofrimento frio e sem imagens, sem sentimento, e que é como um choque in-*

50 — *O LIVRO POR VIR*

descritível de abortos." Por que, então, escreve poemas? Por que não se contentar em ser um homem usando a língua para fins comuns? Tudo indica que a poesia, ligada para ele "*a essa espécie de erosão, ao mesmo tempo essencial e fugaz, do pensamento*", empenhada portanto essencialmente nessa perda central, lhe dá também a certeza de poder ser sua única expressão, e lhe promete, em certa medida, salvar seu pensamento na qualidade de perdido. Assim, ele dirá, num impulso de impaciência e soberba: "*Sou aquele que melhor sentiu a estupefaciente perturbação da língua, em suas relações com o pensamento... Na verdade, perco-me em meu pensamento como quem sonha, como quem volta subitamente para dentro de seu pensamento. Sou aquele que conhece os recantos da perda.*"

Não lhe importa "*pensar corretamente, ver corretamente*", ter pensamentos bem encadeados, apropriados e bem expressos, aptidões que ele sabe ter. E fica irritado quando os amigos lhe dizem: mas você pensa muito bem, é um fenômeno corrente sentir falta das palavras. ("*Vêem-me por vezes demasiadamente brilhante na expressão de minhas insuficiências, de minha deficiência profunda e da impotência que acuso, para acreditar que ela não seja imaginária e inteiramente forjada.*") Ele sabe, com a profundidade que a experiência da dor lhe confere, que pensar não é ter pensamentos, e que os pensamentos que tem fazem-no somente sentir que "*ainda não começou a pensar*". Esse é o grave tormento em que ele se retorce. É como se tivesse tocado, inadvertidamente e por um erro patético que provoca seus gritos, o ponto em que pensar já é sempre não poder ainda pensar. É um "impoder", diz ele, que parece essencial ao pensamento mas transforma-o numa falta extremamente dolorosa, uma falha que brilha a partir desse centro e, consumindo a substância física do que

A QUESTÃO LITERÁRIA 51

ele pensa, divide-se em todos os níveis como impossibilidades particulares.

Que a poesia esteja ligada a essa impossibilidade de pensar que é o pensamento, eis a verdade que não pode ser descoberta, pois ela escapa sempre, e obriga-o a experimentá-la abaixo do ponto em que a experimentaria verdadeiramente. Não é apenas uma dificuldade metafísica, é o arrebatamento de uma dor, e a poesia é essa dor perpétua, ela é *"a sombra"* e *"a noite da alma"*, *"a ausência de voz para gritar"*.

Numa carta escrita cerca de vinte anos mais tarde, depois de ter passado por provações que fizeram dele um ser difícil e resplandecente, ele diz, com a maior simplicidade: *"Estreei na literatura escrevendo livros para dizer que não podia escrever nada. Meu pensamento, quando eu tinha algo a escrever, era o que mais me faltava."* E ainda: *"Nunca escrevi senão para dizer que jamais fiz nada, que nada poderia fazer e que, ao fazer alguma coisa, na realidade eu não fazia nada. Toda a minha obra foi construída, e só poderia sê-lo, sobre o nada..."* O senso comum perguntará: mas por que, se ele não tem nada a dizer, não pára afinal de dizer? É que podemos nos contentar em dizer nada quando nada é apenas quase nada. Mas aqui parece tratar-se de uma nulidade tão radical que, pela desmedida que ela representa, pelo perigo que ela beira e a tensão que provoca, exige, como que para libertar-se, a formação de uma fala inicial com a qual serão afastadas as palavras que dizem alguma coisa. Como aquele que não tem nada a dizer deixaria de se esforçar para começar a falar e a se exprimir? *"Pois bem! É minha fraqueza e minha* absurdidade *querer escrever a qualquer preço, e me exprimir. Sou um homem que sofreu muito do espírito, e por isso tenho o direito de falar."*

Descrição de um combate

Desse vazio que sua obra – naturalmente, não é uma obra[3] – vai exaltar e denunciar, atravessar e preservar, que ela vai preencher e que a preenche, Artaud se aproximará por um movimento cuja autoridade lhe é própria. No começo, antes desse vazio, ele ainda busca agarrar alguma plenitude em que acredita e que o poria em contato com sua riqueza espontânea, a integridade de seu sentimento e uma adesão tão completa à continuidade das coisas que já se cristaliza, nele, como poesia. Ele tem ou acredita ter essa *"facilidade profunda"*, assim como a abundância de formas e de palavras próprias a exprimi-la. Mas *"no momento em que a alma se dispõe a organizar sua riqueza, suas descobertas, essa revelação, no minuto inconsciente em que a coisa está prestes a emanar, uma vontade superior e malévola ataca a alma como um vitríolo, ataca a massa palavra-e-imagem, ataca a massa do sentimento, e me deixa trôpego como na própria porta da vida"*.

Podemos dizer que Artaud é, aqui, vítima da ilusão do imediato; é fácil; mas tudo começa com a maneira como ele é afastado desse imediato que chama de *"vida"*: não por um nostálgico desmaio ou pelo abandono insensível de um sonho, mas, ao contrário, por uma ruptura tão evidente que introduz, no centro dele mesmo, a afirmação de um perpétuo seqüestro, que se torna o que ele tem de mais próprio, como a surpresa atroz de sua verdadeira natureza.

Assim, por um aprofundamento seguro e doloroso, ele acaba por inverter os termos do movimento, colocando em

---

3. *"E eu já lhe disse: nem obra, nem língua, nem fala, nem espírito, nada. Nada, senão um belo Pesa-Nervos."*

A QUESTÃO LITERÁRIA 53

primeiro lugar o despojamento, e não a *"totalidade imediata"* da qual esse despojamento parecia ser, antes, uma simples falta. O que é primeiro não é a plenitude do ser, é a fenda e a fissura, a erosão e o dilaceramento, a intermitência e a privação corrosiva. Ser é não ser, é essa falta do ser, falta viva que torna a vida desfalecente, inacessível e inexprimível, exceto pelo grito de uma feroz abstinência.

Quando acreditava ter a plenitude da *"realidade inseparável"*, talvez Artaud nunca tivesse feito mais do que discernir a espessura de sombra projetada atrás dele por esse vazio, pois a plenitude total só dá testemunho da formidável potência que a nega, negação desmedida, sempre ativa e capaz de uma infinita proliferação de vazio. Pressão tão terrível que ela o exprime, ao mesmo tempo que exige dele uma dedicação integral para produzi-la e manter sua expressão.

Entretanto, na época da correspondência com Jacques Rivière, enquanto ainda escrevia poemas, ele conserva claramente a esperança de se tornar igual a si mesmo, igualdade que os poemas deveriam restaurar, no momento em que a arruínam. Ele diz então que *"pensa num nível inferior"*; *"estou abaixo de mim mesmo, sei disso, e sofro"*. Mais tarde, ele dirá ainda: *"É essa antinomia entre minha facilidade profunda e minha dificuldade exterior que cria o tormento de que morro."* Nesse instante, se está ansioso e se sente culpado, é por pensar abaixo de seu pensamento, que ele mantém atrás de si na certeza de sua integridade ideal, de tal modo que, se o exprimisse, nem que fosse por uma só palavra, ele se revelaria em sua verdadeira grandeza, testemunha absoluta dele mesmo. O tormento decorre de ele não poder se isentar de seu pensamento, e a poesia permanece nele como a esperança de quitar essa dívida, que no entanto ela só pode estender muito além dos limites da existência. Temos às vezes a impressão de que a correspondência com Jacques Rivière, o pouco interesse deste pelas poesias e seu interesse pela perturbação central que Artaud está disposto a descrever deslocam o centro da escrita. Artaud escrevia contra o vazio e para escapar a ele. Escreve agora expondo-se a ele, tentando exprimi-lo e tirar dele uma expressão.

Esse deslocamento do centro de gravidade (que representam *L'Ombilic des limbes* [O umbigo dos limbos] e *O Pesa-Nervos*) é a exigência dolorosa que o obriga, abandonando toda ilusão, a permanecer atento a um único ponto. "*Ponto de ausência e de inanidade*" em torno do qual ele erra, com uma espécie de lucidez sarcástica, de bom senso esperto, e depois empurrado por movimentos de dor, gritando sua miséria como somente Sade soube outrora gritar, e também como Sade, sem jamais consentir, com uma força combatente que é sempre proporcional a esse vazio que ele abraça. "*Queria ultrapassar esse ponto de ausência, de inanidade. Essa estagnação que me torna enfermo, inferior a tudo e a todos. Não tenho vida, não tenho vida! Minha efervescência interna está morta... Não consigo* pensar. *Vocês entendem esse oco, esse intenso e durável nada?... Não posso avançar nem recuar. Estou fixado, localizado em volta de um ponto sempre o mesmo e que todos os meus livros traduzem.*"

Não se deve cometer o erro de ler como análises de um estado psicológico as descrições precisas, seguras e minuciosas que ele nos propõe. Descrições sim, mas de um combate. O combate lhe é parcialmente imposto. O "vazio" é um "vazio ativo". O "não consigo pensar" é o apelo dirigido a um pensamento mais profundo, pressão constante, esquecimento que não se deixa esquecer mas exige um esquecimento mais perfeito. Pensar é, desde en-

A QUESTÃO LITERÁRIA

tão, o passo que é sempre dado para trás. O combate, em que ele é sempre vencido, é constantemente retomado num nível mais baixo. A impotência nunca é impotente o bastante, o impossível não é o impossível. Mas, ao mesmo tempo, o combate é também aquele que Artaud quer continuar, pois nessa luta ele não renuncia ao que chama de *"vida"* (o jorro, a vivacidade fulgurante), cuja perda não pode tolerar, que quer unir a seu pensamento e que, por uma obstinação grandiosa e horrível, se recusa a distinguir do pensamento. Ora, este não é mais do que a *"erosão"* daquela vida, a *"emaciação"* daquela vida, a intimidade de ruptura e de perda em que não há vida nem pensamento, mas o suplício de uma falta fundamental através da qual já se afirma a exigência de uma negação mais decisiva. E tudo recomeça. Pois Artaud nunca aceitará o escândalo de um pensamento separado da vida, nem mesmo quando está entregue à experiência mais direta e mais selvagem que jamais foi feita, da essência do pensamento entendida como separação, da impossibilidade que ela afirma contra ela mesma como o limite de sua potência infinita.

Sofrer, pensar

Seria tentador aproximar aquilo que nos diz Artaud do que nos dizem Hölderlin ou Mallarmé: que a inspiração é primeiramente o ponto em que ela falta. Mas é preciso resistir a essa tentação das afirmações demasiadamente gerais. Cada poeta diz o mesmo, e no entanto não é o mesmo, é o único, nós o sentimos. A parte de Artaud lhe é própria. O que ele diz é de uma intensidade que não deveríamos suportar. Aqui fala uma dor que recusa toda profundidade, toda ilusão e toda esperança, mas que, nessa recusa, oferece ao pensamento *"o éter de um novo espaço"*. Quando lemos essas páginas, aprendemos o que não conseguimos saber: que o fato de pensar só pode ser perturbador; que aquilo que existe para ser pensado é, no pensamento, o que dele se afasta, e nele se exaure inesgotavelmente; que sofrer e pensar estão ligados de uma maneira secreta, pois se o sofrimento, quando se torna extremo, é tal que destrói o poder de sofrer, destruindo sempre à frente dele mesmo, no tempo, o tempo em que ele poderia ser retomado e acabado como sofrimento, o mesmo acontece, talvez, com o pensamento. Estranhas relações. Será que o extremo pensamento e o extremo sofrimento abrem o mesmo horizonte? Será que sofrer é, finalmente, pensar?

CAPÍTULO III
ROUSSEAU

Não sei se, durante sua vida, Rousseau foi persegui-do como acreditou. Mas já que tudo indica que ele não cessou de o ser depois de morto, atraindo para si paixões hostis e, até esses últimos anos, o ódio, o furor deforman-te e a injúria de homens aparentemente sensatos, é pre-ciso admitir que havia alguma verdade na conjuração de hostilidade de que ele se sentiu, inexplicavelmente, víti-ma. Os inimigos de Rousseau demonstram um zelo que justifica Rousseau. Maurras, o julgador, se entrega à mes-ma impura alteração de que o culpa. Quanto àqueles que só lhe querem bem e se sentem imediatamente como seus companheiros, vemos, pelo exemplo de Jean Guéhen-no, como é difícil fazer-lhe justiça. Dir-se-ia que há nele algo de misteriosamente falsificado, que enfurece os que não gostam dele e incomoda os que não desejam preju-dicá-lo, sem que consigam ter certeza desse defeito e, pre-cisamente, porque não podem estar certos dele.

Sempre suspeitei do vício profundo e inatingível de considerá-lo como aquele a quem devemos a literatura. Rousseau, o homem do começo, da natureza e da verdade,

58   *O LIVRO POR VIR*

é aquele que só pode efetuar essas relações escrevendo; escrevendo, só pode fazê-las desviar da certeza que tem delas; nesse desvio de que sofre, que recusa com ímpeto e desespero, ajuda a literatura a tomar consciência dela mesma, desligando-se das convenções antigas, e a formar, na contestação e nas contradições, uma nova retidão.

É claro que todo o destino de Rousseau não se explica por isso. Mas o desejo e a dificuldade que ele teve de ser verdadeiro, a paixão pela origem, a felicidade do imediato e a infelicidade decorrente, a necessidade de comunicação invertida em solidão, a busca do exílio, depois a condenação à vagabundagem, enfim a obsessão pela estranheza, fazem parte da essência da experiência literária e, através dessa experiência, parecem-nos mais legíveis, mais importantes, mais secretamente justificados.

O notável ensaio de Jean Starobinski parece confirmar esse ponto de vista e ressaltá-lo com uma riqueza de reflexões que nos esclarecem não apenas acerca de Rousseau mas também das singularidades da literatura que nasce com ele[4]. Isso já é manifesto: num século em que não há quase ninguém que não seja grande escritor, e que não escreva com uma feliz maestria, Rousseau é o primeiro a escrever com tédio[5], e com o sentimento de uma falta que tem de agravar continuamente para tentar evitá-la. Diz ele: "... *e desde aquele instante eu estava perdido*". Palavras cujo excesso não nos deixa incrédulos. Ao mesmo tempo, se toda a sua vida infeliz parece-lhe decorrer do instante de desvario em que teve a idéia de concorrer para a Academia, toda a riqueza de sua vida renovada tem origem naquele momento de alteração em que ele "*viu*

---

4. Jean Starobinski, *Jean-Jacques Rousseau, la transparence et l'obstacle.*
5. "*Nada me cansa tanto como escrever, a não ser pensar.*"

outro universo e se tornou outro homem". A iluminação de Vincennes, o *"fogo verdadeiramente celestial"* de que se sente inflamado, evoca o caráter sagrado da vocação literária. Por um lado, escrever é o mal, pois é entrar na mentira da literatura e na vaidade dos costumes literários; por outro lado, é tornar-se capaz de uma mudança encantadora e entrar numa nova relação de entusiasmo *"com a verdade, a liberdade e a virtude"*. Isso não é muito precioso? Sem dúvida, mas é ainda se perder, já que, tornado outro, diferente do que era – outro homem, em outro universo –, ei-lo doravante infiel à sua verdadeira natureza (a preguiça, a despreocupação, a diversidade instável que ele prefere) e obrigado a empenhar-se numa busca que, no entanto, não tem outro objeto a não ser ele mesmo. Rousseau é espantosamente consciente da alienação acarretada pelo ato de escrever, alienação má, mesmo se é uma alienação que visa ao Bem, e muito infeliz para aquele que a suporta; todos os Profetas, antes dele, se queixaram ao Deus que lhes impunha tal alienação.

Jean Starobinski nota perfeitamente que Rousseau inaugura o tipo de escritor que quase todos nos tornamos, de uma forma ou de outra: obstinado em escrever contra a escrita, "homem de letras se queixando das letras", em seguida mergulhando na literatura por esperança de sair dela, e depois não parando mais de escrever porque perdeu toda possibilidade de comunicar alguma coisa.

A paixão errante

O que é impressionante é que essa decisão, no começo muito clara e deliberada, revela-se ligada a uma potência de estranheza sob cuja ameaça ele perderá, pouco a pouco, toda relação estável com si mesmo. Na paixão errante que é a sua, ele passa por várias etapas características. Depois de ser o caminhante inocente da juventude, ele é o itinerante glorioso que vai de castelo a castelo, sem conseguir se fixar no sucesso, que o expulsa e persegue. Essa vagabundagem da celebridade – como a de Valéry, indo de salão a salão – é tão contrária à revelação que o levou a escrever que ele quer abandoná-la, retirando-se numa fuga exemplar e espetacular: a fuga mundana para fora do mundo, a retirada pública em direção da vida na Floresta. Tentativa de "reforma pessoal" para a qual é fácil encontrar motivos suspeitos – e afinal por que essa ruptura e essa solidão de aparência? Para continuar escrevendo, fazendo novos livros, estabelecendo novos laços com a sociedade. *"O livro que eu empreendia só podia ser executado num retiro absoluto."*

Usar a mentira literária para denunciar a mentira social é, de fato, um antiqüíssimo privilégio herdado dos céticos e dos cínicos. Mas Rousseau, ao tomar de empréstimo aos Antigos uma tradição que conhece, não deixa de pressentir que, com ele e pelo desafio solitário a que ela o destina, a literatura vai empreender uma nova aventura e revelar estranhos poderes. No exílio cujo partido ele toma, por uma decisão metódica e quase pedagógica, ele já está sob o constrangimento da força infinita de ausência e da comunicação por ruptura que é a presença literária: ele, que almeja o ser da transparência, só pode alcançá-lo escondendo-se e tornando-se obscuro, estranho não somente para os outros, como protesto contra a estranheza deles, mas logo para si mesmo. *"A decisão que tomei de escrever e de me esconder..."* Se, mais tarde, essa decisão de ruptura se torna uma separação maleficamente imposta, se o mundo do qual se ausentou, de maneira um tanto arbitrária, volta a ele como o mundo viciado da ausência e do afastamento, se enfim, tendo brincado de falar para fazer ouvir sua singularidade silenciosa, ele se choca com o *"silêncio profundo, universal"*, *"silêncio aterrador e terrível"* que lhe rouba o mistério em que se transformou, não é proibido ver nesse episódio, sem dúvida anormal, a verdade extrema do movimento que ele precisou prosseguir e o sentido da necessidade errante, que ele foi o primeiro a tornar inseparável da experiência literária.

Quem melhor do que ele representou a série de imprudências e a responsabilidade sempre mais grave que resultam da irresponsável leveza da escrita? Não há nada que comece tão facilmente. Escreve-se para instruir o mundo, ao mesmo tempo que se recebe um agradável renome. Depois, entra-se no jogo, renuncia-se um pouco ao mundo, pois é preciso escrever e só se pode escrever escondendo-se e afastando-se. Por fim, *"nada mais é possível"*: a vontade de despojamento se transforma numa espoliação involuntária, o orgulhoso exílio torna-se a infelicidade da migração infinita, os passeios solitários, a incompreensível necessidade de sempre ir e vir, sem parar. Nesse *"labirinto imenso onde só o deixam ver, nas trevas, falsos caminhos que o despistam cada vez mais"*, qual é o último desejo desse homem tão tentado a ser livre? *"Ousei desejar e propor que me mantivessem numa cativeiro perpétua, em vez de me fazerem errar incessantemente sobre a terra, expulsando-me sucessivamente de todos os asilos que escolhi."* Confissão rica de significação: aquele que se encantava com a maior liberdade, dispondo imaginariamente de tudo por uma realização sem trabalho, suplica que o detenham e o cerquem, mesmo que seja para fixá-lo numa eterna prisão, que lhe parece menos insuportável do que seu excesso

62   *O LIVRO POR VIR*

de liberdade. Ou então ele deverá se virar e revirar no espaço de sua solidão, a qual só pode ser o eco infinitamente repetido da fala solitária: *"Entregue a mim mesmo, sem amigo, sem conselho, sem experiência, em país estrangeiro..."; "Sozinho, estrangeiro, isolado, sem apoio, sem família..."; "Sozinho, sem amigo, sem defesa..."; "Estrangeiro, sem parentes, sem apoio, sozinho..."*[6].

"Inventar uma nova linguagem"

É quando ele decide, por uma iniciativa cujo caráter inovador o enche de orgulho, falar de si de modo verdadeiro, que Rousseau vai descobrir a insuficiência da literatura tradicional e a necessidade de inventar uma outra, tão nova quanto seu projeto[7]. O que tem isso de singular? É que ele não pretende fazer a narrativa ou o retrato de sua vida. Entrando em contato imediato consigo mesmo, ele quer, por meio de uma narração no entanto histórica, revelar esse imediato de que tem o incomparável sentimento, trazer-se inteiramente à luz, passar para o dia e para a transparência do dia que é sua íntima origem. Nem Santo Agostinho, nem Montaigne, nem os outros tentaram algo semelhante. Santo Agostinho se confessa com relação a Deus e à Igreja; tem essaVerdade como mediadora, e não cometeria a falta de falar imediatamente de si. Montaigne não tem mais certeza sobre a verdade de fora do que sobre sua verdadeira intimidade; o imediato

---

6. Starobinski nota que a própria forma dessas estâncias obsessivas dá "concretamente a impressão da falta de apoio, da ausência de influência positiva sobre as coisas".

7. *"Para o que tenho a dizer, seria necessário inventar uma linguagem tão nova quanto meu projeto."*

não está provavelmente em parte alguma; somente a incerteza pode nos revelar a nós mesmos. Mas Rousseau nunca duvidou da felicidade do imediato, nem da luz inicial que lhe aparece, felicidade que ele deve desvendar para prestar testemunho de si mesmo e, ainda mais, da transparência em si. Daí o pensamento de que aquilo que ele empreende é sem exemplo, e talvez sem esperança. Como falar de si, como falar de si de modo verdadeiro, como, ao falar, ater-se ao imediato, fazer da literatura o lugar da experiência original? O malogro é inevitável, mas os meandros do malogro são reveladores, pois essas contradições são a realidade do esforço literário.

Em suas *Confissões*, Rousseau quer, necessariamente, dizer tudo. Tudo é primeiramente toda a sua história, toda a sua vida, aquilo que o incrimina (e pode desculpá-lo), o ignóbil, o baixo, o perverso, mas também o insignificante, o incerto, o nulo. Tarefa insensata que ele apenas inicia, embora o começo já provoque escândalo, e pela qual ele sente que deveria romper com todas as regras do discurso clássico. Ao mesmo tempo, ele tem consciência de que dizer tudo não é esgotar sua história, nem seu caráter, num impossível relato integral, mas também buscar em seu ser ou na linguagem o momento da simplicidade primitiva, em que tudo é dado de antemão, em que o todo é possível. Se ele não cessa de escrever sobre si mesmo, recomeçando incansavelmente sua autobiografia, sempre interrompida em certo momento, é porque está, incessante e febrilmente, em busca do começo que falha sempre ao ser expresso, enquanto, antes de qualquer expressão, ele tem a calma e a feliz certeza do começo. "*Quem sou eu?*" – assim começam as *Confissões*, em que ele quer não apenas mostrar-se "*por inteiro ao público*" mas também manter-se "*incessantemente sob seus próprios olhos*", o que o obrigará a nunca parar de escrever, a fim de tornar impossível *"a menor lacuna"*, *"o menor vazio"*. Depois vêm seus *Diálogos*, em que aquele que "disse tudo", como se não tivesse dito nada, recomeça a dizer tudo, sob esta condição: *"Se calo algo, não me conhecerão de modo algum."* Depois vêm os *Devaneios* [*de um caminhante solitário*]: *"O que sou eu mesmo? Eis o que me falta buscar."* Se escrever é a estranha paixão do incessante, quem o revela mais do que aquele homem cansado de escrever, perseguido pela palavra e desafiado a calar-se, lançando ainda *"às pressas, sobre o papel, algumas palavras interrompidas"* que mal tem *"tempo de reler, e ainda menos de corrigir"*?

O que importa não é pois o tudo, tal como ele se desenrola e desenvolve em sua história, não é nem mesmo o tudo do coração; é o tudo do imediato e da verdade desse tudo. Aqui, Rousseau faz uma descoberta que o ajuda perigosamente. A verdade da origem não se confunde com a verdade dos fatos. No nível em que deve ser captada e dita, ela é o que ainda não é verdadeiro, o que, pelo menos, não tem garantia de conformidade com a firme realidade exterior. Portanto nunca teremos a certeza de ter dito essa espécie de verdade e, pelo contrário, estaremos sempre certos de precisar dizê-la novamente, mas de modo algum convencidos da falsidade, se por acaso a exprimimos alterando-a e inventando-a, pois ela é mais real no irreal do que na aparência de exatidão em que se imobiliza, perdendo sua claridade própria. Rousseau descobre a legitimidade de uma arte sem semelhança, reconhece a verdade da literatura que reside em seu próprio erro, e seu poder, que não é o de representar, mas de tornar presente pela força da ausência criativa. *"Estou persuadido de que somos sempre bem pintados quando nos pintamos nós mesmos, inclusive quando o retrato não é nada semelhante."*

Não estamos mais no domínio da verdade, nota Starobinski, estamos doravante no da autenticidade. E eis seu notável comentário: "A palavra autêntica é uma palavra que não se restringe à imitação de um dado preexistente; ela é livre para deformar e inventar, com a condição de permanecer fiel à sua própria lei. Ora, essa lei interior escapa a todo controle e a toda discussão. A lei da autenticidade não proíbe nada, mas nunca está satisfeita. Ela não exige que a palavra *reproduza* uma realidade prévia, mas que *produza* sua verdade, num desenvolvimento livre e ininterrupto."

Mas qual literatura, abrigando essa palavra, poderá preservar sua espontaneidade criativa? Não importa mais escrever bem, com cuidado, numa forma constante, igual e regrada, segundo o ideal clássico que comanda a fatura dos livros. *"Aqui é de meu retrato que se trata, e não de um livro. Quero trabalhar, por assim dizer, na câmara obscura... Decido acerca do estilo como acerca das coisas. Não me preocuparei com torná-lo uniforme; terei sempre aquele que me vier, e mudarei de estilo sem escrúpulo, segundo meu humor, direi cada coisa como a sentir, como a vir, sem rebuscamento, sem constrangimento, sem me embaraçar com os matizes... Meu estilo desigual e natural, ora rápido e ora difuso, ora sensato e ora louco, ora grave e ora alegre, fará, ele mesmo, parte de minha história."* Esta última indicação é admirável. Rousseau vê perfeitamente que a literatura é a maneira de dizer que diz pela maneira, assim como vê que existe um sentido, uma verdade e algo como um conteúdo da forma, no qual se comunica, apesar das palavras, tudo aquilo que dissimula sua enganosa significação.

Escrever sem cuidado, sem entraves e sem capricho não é tão fácil, Rousseau o mostra por seu exemplo. Será preciso esperar que, segundo a lei da reduplicação da his-

66   *O LIVRO POR VIR*

tória, o Jean-Jacques cômico suceda ao Jean-Jacques trági-co, para que a falta de cuidado, o à-vontade e a tagarelice ocupem seu lugar na literatura, em companhia de Restif de la Bretonne; o resultado não será convincente. O que atrapalhou Rousseau em seu projeto de entregar a maté-ria bruta de sua vida, deixando a cargo do leitor fazer des-ses elementos uma obra – desígnio essencialmente mo-derno[8] – foi que, involuntariamente, no processo incom-preensível em que sua existência se transformou, sob a ameaça de uma condenação inaceitável, ele não podia deixar de defender e de usar as qualidades oratórias da li-teratura clássica (quando se está diante de um juiz que se quer convencer, é preciso usar a linguagem desse juiz, que é sua bela retórica). A menos que, no caso de Rous-seau, tão dotado para a eloqüência, seja preciso inverter a situação e dizer que – em certa medida, claro – a idéia de um processo intentado contra ele, de um julgamento ao qual está sujeito e de um tribunal diante do qual ele pre-cisa se justificar constantemente, contando sem parar, lhe seja imposta pela forma da literatura em que ele é peri-to, e cujas exigências processuais seu pensamento sofre até a obsessão. Nesse sentido, trata-se realmente da du-plicação, da discórdia entre a palavra literária, ainda clás-sica e ciceroniana, justificativa, ciosa e orgulhosa de ser justa – e a palavra original, imediata, injustificada mas in-dependente de qualquer justiça, por isso fundamental-mente inocente, que expõe o escritor a se sentir ora Rous-seau, ora Jean-Jacques, e depois ao mesmo tempo um e outro, numa dualidade que ele encarna com uma admi-rável paixão.

---

8. "*É ele* [o leitor] *que deve juntar esses elementos e determinar o ser que eles compõem: o resultado deve ser obra dele.*"

A QUESTÃO LITERÁRIA   67

A fascinação dos extremos

Um dos melhores livros consagrados recentemente a Rousseau é o de Pierre Burgelin[9]. A dificuldade encontrada por todos os comentadores – alegrando-se ou procurando resolvê-la – em dar coerência a um conjunto de pesquisas que tem apenas a aparência de ser sistemático explica-se, como se vê nesse livro, de muitas maneiras. Creio que uma das explicações é que os pensamentos de Rousseau ainda não são pensamentos. Sua profundidade, sua inesgotável riqueza e o ar de sofisma que neles via Diderot se devem ao fato de provirem, no nível de literatura em que se afirmam, do momento mais original, ligado à realidade literária, a exigência de anterioridade que os impede de se desenvolverem em conceitos, que lhes recusa a clareza ideal e, cada vez que eles tentam organizar-se numa síntese feliz, detém-nos e entrega-os à fascinação dos extremos. Sentimos constantemente que uma interpretação dialética das idéias de Rousseau é possível: no *Contrato* [*social*], em *Emílio* e até mesmo em *Julie*. Mas pressentimos sempre que a revelação do imediato e a desnaturalização da vida refletida só têm sentido pela oposição em que elas se definem, num conflito sem saída. Dirão que é a doença que imobiliza o pensamento de Rousseau numa antítese imóvel. Direi que essa doença é também a literatura na qual, com uma firme clarividência e uma grande coragem, ele discerniu todas as pretensões contraditórias, absurdas quando pensadas, insustentáveis quando as acolhemos. O que pode ser mais insensato do que desejar fazer da linguagem a sede do imediato e o lugar de uma mediação, a captura da origem e

---

9. Pierre Burgelin, *La Philosophie de l'existence de J.-J. Rousseau.*

o movimento da alienação ou da estranheza, a certeza daquilo que está apenas começando e a incerteza daquilo que sempre recomeça, a verdade absoluta daquilo que, no entanto, ainda não é verdadeiro? Podemos tentar compreender essa desrazão e colocá-la em ordem, podemos realizá-la em belos livros, podemos vivê-la numa estranha paixão. No mais das vezes, esses três papéis são distintos. Rousseau, que foi o primeiro a concebê-los, é um dos únicos que conseguiram reuni-los, tornando-se então suspeito como pensador e como escritor, por ter desejado, imprudentemente, *ser* um pelo outro.

CAPÍTULO IV
JOUBERT E O ESPAÇO

1. Autor sem livro, escritor sem escrito

Que pensemos em Joubert como um escritor próximo de nós, mais próximo do que os grandes nomes literários que foram seus contemporâneos, não é apenas por causa da obscuridade, aliás distinta, em que ele viveu, morreu e depois sobreviveu. Não basta ser em vida um nome mais ou menos brilhante para resplandecer, como esperava Stendhal, um ou dois séculos mais tarde. Não basta nem mesmo que uma obra seja grande e se afirme isoladamente para que a posteridade, um dia agradecida, a recoloque em plena luz. Pode ser que um dia a humanidade conheça tudo, os seres, as verdades e os mundos, mas haverá sempre alguma obra de arte – talvez a arte toda – para cair fora desse conhecimento universal. Este é o privilégio da atividade artística: o que ela produz até mesmo um deus deve muitas vezes ignorar.

É bem verdade que muitas obras se esgotam prematuramente por serem admiradas demais. Essa grande fogueira de glória com que se regozijam os escritores e os artistas ao envelhecer, e que lança suas últimas chamas quando morrem, queima neles uma substância que faltará doravante à sua obra. O jovem Valéry buscava, em todo livro ilustre, o erro que o tornara famoso: julgamento de aristocrata. Mas temos freqüentemente a impressão de que a morte trará enfim o silêncio e a calma à obra deixada a si mesma. Durante sua vida, o escritor mais desapegado e mais negligente luta ainda por seus livros. Ele vive, isso basta; mantém-se atrás deles, por essa vida que lhe resta e que ele lhes dá. Mas sua morte, mesmo que despercebida, restabelece o segredo e encerra o pensamento. Ficando sozinho, esse pensamento irá expandir-se ou restringir-se, desfazer-se ou realizar-se, achar-se ou perder-se? E ficará ele sempre só? Nem mesmo o esquecimento recompensa sempre os que parecem tê-lo merecido, pelo dom da grande discrição que havia neles.

Joubert teve esse dom. Nunca escreveu um livro. Apenas preparou-se para escrever um, buscando com resolução as condições justas que lhe permitiriam escrevê-lo. Depois esqueceu até mesmo esse propósito. Mais precisamente, o que ele buscava, a fonte da escrita, o espaço para escrever, a luz para circunscrever no espaço, exigiu dele, fortaleceu nele disposições que o tornaram impróprio para qualquer trabalho literário comum, ou fizeram com que o evitasse. Ele foi, assim, um dos primeiros escritores completamente modernos, preferindo o centro à esfera, sacrificando os resultados à descoberta de suas condições, e não escrevendo para acrescentar um livro a outro, mas para se tornar mestre do ponto de que lhe pareciam sair todos os livros e que, uma vez encontrado, o dispensaria de escrever.

Seríamos entretanto injustos para com ele atribuindo-lhe, como uma intenção clara e unicamente perseguida, esse pensamento que ele só descobre pouco a pouco, que perde ou muitas vezes obscurece, e que só pode manter, mais tarde, transformando-o em sabedoria. Eis por que é tão fácil confundi-lo com um daqueles fabricantes de máximas que Nietzsche amava em nossa literatura. Quase todos os editores, até mesmo os de hoje, apresentando-nos as reflexões de seus *Carnês* em disposições sentenciosas, sob títulos gerais tirados da filosofia mais vazia e mais vaga – família e sociedade; sabedoria e virtude; verdade e erros; vida e morte; julgamentos literários –, favoreceram o mal-entendido e desconheceram o que havia de essencialmente novo, e mesmo de futuro, em sua busca: o caminhar de um pensamento que ainda não pensa, ou de uma linguagem de poesia que tenta voltar-se para si mesma.

Joubert não é nem Chamfort, nem Vauvenargues, nem La Rochefoucauld. Ele não produz ditos espirituosos com pensamentos curtos. Não troca em miúdos uma filosofia. Não se arroga, por fórmulas concisas, o poder abrupto de afirmar que os moralistas altivos, céticos e amargos usam para tornar categórica sua dúvida. O que ele escreveu, escreveu-o quase diariamente, datando-o e sem dar a si mesmo outra referência a não ser essa data, nem outra perspectiva a não ser o movimento dos dias que o havia trazido até ele. É assim que deve ser lido. Não é apenas porque André Beaunier nos propôs, pela primeira vez, a publicação integral de suas reflexões (mais ou menos alteradas pelos editores precedentes, mas nunca de modo grave: somente agrupadas segundo uma ordem que as falseava), que tivemos então a revelação de um Joubert muito diferente. É porque ele lhes devolveu o caráter diário, pensamentos cotidianos que ainda tocam a vida do dia, destacando-se dele e tirando dele um outro dia, uma outra claridade que transparece aqui e ali. Essa perspectiva muda tudo. Enquanto as numerosas coletâneas de "Pensamentos" de Joubert parecem afirmar uma sabedoria preciosa, cautelosa mas indiferente, os *Carnês*, tal como foram redigidos ao longo de toda uma vida e tal como nos são restituídos, misturados ao acaso e à pressão da vida, oferecem-se a uma leitura apaixonante, arrastando-nos, por seu movimento arriscado, para um objetivo que só se descobre em raros momentos, no breve rasgão de uma abertura do tempo.

"Diário íntimo de Joubert": esse subtítulo dado aos *Carnês* não é enganador, mesmo se ele nos tapeia. Trata-se de fato de uma narrativa da intimidade mais profunda, da busca dessa intimidade, do caminho para atingi-la e do espaço de palavras com o qual ela deve finalmente confundir-se. *"E que tudo saia das entranhas, tudo até a menor expressão. É talvez um inconveniente, mas é uma necessidade: eu a sinto."* Joubert sofreu por causa dessa necessidade. Ele gostaria de não ser *"um daqueles espíritos que mergulham ou penetram muito fundo no que pensam"*, defeito que é, diz ele, o de seu século, mas defeito privilegiado cuja linguagem ele tenta, às vezes, preservar. Depois, um dia, deve anotar tristemente: *"Não tenho mais superfície."* O que, para um homem que deseja escrever, que sobretudo só pode escrever como arte, pelo contato com as imagens e pelo espaço onde elas se põem em contato, é uma afirmação penosa. Como falar a partir somente da profundeza, nesse estado de afundamento em que tudo é árduo, áspero, irregular? Coisa interior, coisa afundada. *"Quando se pinta uma coisa interior, pinta-se uma coisa afundada. Ora, o afundamento, por mais que seja iluminado, nunca pode oferecer a claridade viva e uniforme de uma superfície."* E Joubert ama essa claridade da superfície, e nunca

A QUESTÃO LITERÁRIA 73

cessará de tentar conceber algo como uma outra superfície, infinitamente acrescentada a ela mesma, a grande profundidade à qual ele desce, e onde ele se eleva.

Nesse Diário, há poucos detalhes pertencentes àquilo que chamamos de vida íntima ou vida pública, e no entanto, em determinados pontos, algumas alusões discretas que têm sempre certa força de evocação. Em 1801: *"Esse rapaz que vocês chamam de Bonaparte."* Por ocasião da morte de sua mãe: *"Às dez horas da noite, minha pobre mãe! minha pobre mãe!"* No mês de janeiro: *"As manchas brancas de neve, dispersas aqui e ali sobre a grama, no degelo."* No mês de maio, em Hyères: *"O frescor durante o verão."* No mês de outubro: *"O grito do limpa-chaminés; o canto da cigarra."* Às vezes, esboços de pensamentos que ainda estão mesclados às circunstâncias: *"Prazer de ser visto de longe"*; *"A ocupação de olhar o tempo fluindo"*. Ou espécies de imagens, impregnadas de sua origem secreta: *"Os cabelos negros no túmulo"*; *"O caminho móvel das águas... Um rio de ar e de luz... Lençóis de claridade... E é deste ponto da Terra que minha alma alçará vôo"*. Ele fala assim de si mesmo, não do que faz ou do que lhe acontece, mas do que está no fundo dele, das exigências de seu espírito e, por detrás de seu espírito, do que ele intitula sua alma. Intimidade que entretanto quase não é sua, que permanece sempre à distância dele mesmo, e à distância dessa distância, obrigando-o a observar-se freqüentemente na terceira pessoa e, depois de ter anotado: *"Não tenho um espírito paciente"*, a corrigir logo: *"Ele não tem..."* Ainda mais raras, embora haja numerosas notas, secas mas precisas, acerca de sua saúde, que o preocupava permanentemente, as expressões de aflição quando ele parece tocar suas fronteiras, embora julgue necessário deter sempre seu espírito antes de seus limites, para impedir que este seja

74   *O LIVRO POR VIR*

limitado; pequenas anotações em que nos detemos: *"Não tenho mais pensamentos vastos"*; *"... incapaz de escrever"*; *"(Não agüentando mais)"*. Isso entre parênteses, pouco tempo antes de morrer.

Por que ele não escreve?

Por que Joubert não escreve livros? Desde cedo, ele só se interessou por aquilo que se escreve e por escrever. Jovem, ele se aproxima de Diderot; um pouco mais tarde, de Restif de la Bretonne, ambos literatos da abundância. A idade madura lhe dá como amigos escritores ilustres, com os quais ele vive tratando de literatura, e que, além disso, conhecendo seu grande talento de pensamento e de forma, impelem-no suavemente para fora de seu silêncio. Enfim, ele não é absolutamente um homem paralisado pelos embaraços da expressão. Suas cartas, numerosas, extensas, são escritas com uma aptidão escritural que parece ser o dom do século, e à qual ele acrescenta nuances de espírito e encantos de frase que o mostram sempre feliz de falar e feliz de fala. Entretanto, esse homem extremamente capaz e que tem sempre, junto a si, um carnê em que escreve, não publica nada e não deixa nada para ser publicado. (Pelo menos, segundo os costumes de seu tempo; até mesmo a publicação póstuma de alguns dos pensamentos de Chateaubriand é uma edição privada, reservada a amigos. Em nosso tempo, talvez ele não tivesse resistido às solicitações exteriores, como as de Valéry a Gide. Fontanes lhe escrevia, em 1803: "Eu o exorto a escrever todas as noites, ao voltar à casa, as meditações de seu dia. Você escolherá, ao cabo de algum tempo, nessas fantasias de seu pensamento, e ficará sur-

A QUESTÃO LITERÁRIA

preso de haver feito, quase sem querer, um livro muito belo." O mérito de Joubert foi o de ter se recusado a fazer esse livro muito belo.)

Poderiam responder que ele é um daqueles escritores cujo Diário esteriliza, dando-lhes o prazer de uma falsa abundância e de uma aparência de escrita nas quais eles se comprazem, sem comedimento. Mas nada lhe é mais alheio. Seu Diário, embora apoiado em seus dias, não é o reflexo destes; ele está voltado para algo diverso. Aliás, é tardiamente que ele adquire esse hábito dos carnês, e ainda mais tardiamente que lhes dá a importância e a direção que, através das vicissitudes de reflexões muito variadas, afirmam a constância de sua preocupação. Tudo indica que, até os quarenta anos, ele se sente pronto para produzir belos escritos, como tantos outros: sobre a Benevolência Universal, sobre Pigalle, sobre Cook, e até mesmo um romance, projetos de que temos fragmentos. Até então, nenhum Carnê ou poucos deles, os quais só se impõem a ele quando começa a *pensar* em escrever e quando, nesse pensamento, ele reconhece sua vocação, a atração que deverá sentir, o movimento no qual se realizará, às vezes melancolicamente, com o pesar de não ter "esvaziado sua casca", mas também sem pesar, seguro de suas preferências e de lhes ter sido fiel.

"Mas, de fato, que arte é a minha? Que fim ela se propõe? O que ela produz? O que faz com que ela nasça e exista? O que pretendo e quero fazer ao exercê-la? Será escrever e assegurar-me de ser lido? Única ambição de tanta gente! será isso o que desejo?... É o que devo examinar atentamente, longamente, e até que eu o saiba." Isso foi escrito no dia 22 de outubro de 1799, quando Joubert tinha quarenta e cinco anos. Um ano mais tarde, no dia 27 de outubro: *"Quando? você pergunta. Respondo: – Quando eu tiver circunscrito minha*

esfera." Essa interrogação prossegue dia a dia, por meses e anos, durante toda a sua existência, mas estaríamos enganados se fizéssemos dele um outro Amiel, que se esgota em exames. Ele sabe perfeitamente – e é um dos primeiros a sabê-lo – que o movimento ao qual deve responder é um movimento sobre o qual raciocinar é insuficiente e perigoso, acerca do qual não convém nem mesmo dizer coisas verdadeiras, pois ele se situa como que fora da estrita verdade, pondo em causa a parte de ilusão e o ambiente do imaginário que a dura e firme razão não leva em consideração. Joubert, que parece redigir apenas reflexões muito abstratas, não duvida entretanto, autor sem livro e escritor sem escrito, de já estar na pura dependência da arte. *"Aqui, estou fora das coisas civis e na pura região da Arte."* Ele tem seus momentos de dúvida, mas o que impressiona é sobretudo a segurança de seu procedimento, e a certeza de que, mesmo se não responde, por nenhuma obra visível, ao *"Quando?"* de seus amigos, é porque está ocupado com algo de mais essencial e que interessa mais essencialmente à arte do que uma obra[10].

O que, então, o ocupa? Talvez não gostasse de que se pudesse dizer que ele o sabe. Ele sabe que busca o que ignora, e que daí vem a dificuldade de suas pesquisas e a felicidade de suas descobertas: *"Mas como buscar no lugar certo quando se ignora até mesmo o que se procura? e é o que sempre acontece quando se compõe e quando se cria. Felizmente, extraviando-nos assim, fazemos várias descobertas e temos encontros felizes..."* Temos freqüentemente a impressão de que, se ele tem então uma obra em mente, é para envolver e dissimular, a seus próprios olhos, o desígnio mais secreto desse desígnio comum, desígnio di-

---

10. *"É necessário assemelhar-se à arte sem assemelhar-se a nenhuma obra."*

A QUESTÃO LITERÁRIA 77

fícil de captar e de traduzir, do qual ele se sente encarregado. Obra quase mítica a que se faz alusão, por vezes, e cuja natureza, diz ele, é tal *"que o próprio nome do assunto não deve constar no título"*. Depois do que, acrescenta: *"Eu o intitularei: 'Do homem'."* Ou então responde às reprimendas que lhe fazem os amigos, ou talvez seu espírito realizador. Reprimenda por ser pouco variado e por só ter interesse numa única coisa: *"Se ele gira no mesmo círculo? É o horizonte de seu assunto. Acrescentem: o círculo da imensidade."* Reprimenda por não saber acabar: *"Acabar! Que palavra! Não acabamos quando paramos ou quando declaramos ter terminado."* Reprimenda mais grave, por ter terminado antes de qualquer começo: *"Quando a última palavra é sempre aquela que se oferece primeiro, a obra se torna difícil."* Dificuldade de dar a suas "idéias" uma morada que a elas se assemelhe, que seja feita de sua própria liberdade, que respeite e preserve nelas sua simplicidade de imagens, sua figura de indivisibilidade e sua recusa de se associarem umas às outras como razões: *"Minhas idéias! É a casa para abrigá-las que me custa construir."*

Traduzir as coisas no espaço

Uma obra cujo assunto seja completamente diverso do assunto manifesto, que não deva ser acabada nem possa ser começada, obra que esteja como que em falta com relação a ela mesma, à distância daquilo que exprime e para que aquilo que exprime desabroche nessa distância, ali se deposite, se preserve e finalmente desapareça. Em 1812 – com quase sessenta anos –, eis como ele designa a casa que, sete anos antes, lhe custava construir: *"Não tendo encontrado nada melhor do que o vazio, ele deixa o es-*

paço vacante." No limiar da velhice, será esse um atestado de abandono, a confissão de um malogro ao qual sua exigência excessiva o teria conduzido? Talvez não seja uma afirmação triunfante, mas tudo indica que ele não a considera negativa e que, se ele se resigna a ela, é porque prefere apegar-se rigorosamente a essa descoberta em vez de a desenvolver por aproximações que a trairiam. *O espaço*, eis, de fato, o coração de sua experiência, o que ele encontra quando pensa em escrever e junto a qualquer escrita, a maravilha de intimidade que faz, de sua palavra literária, ao mesmo tempo um pensamento e o eco desse pensamento (isto é, para ele, não um pensamento enfraquecido, mas mais profundo, sendo mais tênue, embora redobrado, mais longínquo, mais próximo da lonjura que ele designa e da qual flui); voltado ao mesmo tempo para a reserva de facilidade e de indeterminação que está em nós e que é nossa alma, e para a trama de luz, de ar e de infinito que está acima de nós, e que é o céu, e que é Deus.

É difícil saber qual foi o ponto de partida dessa "experiência" de Joubert. De certo modo, ele pensa sempre tudo ao mesmo tempo, sobretudo porque precisa exprimir-se em pensamentos isolados, no intervalo dos quais talvez não exista. Entretanto, parece que aquele que, desde sua primeira maturidade, escrevia: "*Os poetas devem ser o grande estudo do filósofo que deseja conhecer o homem*", recebeu primeiro da poesia e, mais precisamente, da estranheza da escrita literária, a surpresa daquilo que ele precisará pensar durante toda a sua vida, esfera cuja forma suas reflexões mais variadas sobre o homem, a física, a cosmologia ou a teologia desposarão, ao mesmo tempo que a ajudarão a manter-se em movimento. Quando anota: "*... representar com o ar, circunscrever em pouco es-*

A QUESTÃO LITERÁRIA 79

paço grandes vazios ou grandes plenos, que digo? a própria imensidade e a matéria toda, tais são as maravilhas incontestáveis e fáceis de verificar que se operam perpetuamente pela palavra e pela escrita", ele designa, ainda confusamente, mas já com segurança, o ponto ao qual voltará incessantemente: esse poder de representar pela ausência e de manifestar pelo distanciamento, que está no centro da arte, poder que parece afastar as coisas para dizê-las, mantê-las à distância para que elas se esclareçam, poder de transformação, de tradução, em que é esse próprio afastamento (o espaço) que transforma e traduz, que torna visíveis as coisas invisíveis, transparentes as coisas visíveis, torna-se assim visível nelas e se descobre então como o fundo luminoso de invisibilidade e de irrealidade de onde tudo vem e onde tudo acaba.

Experiência surpreendente que, por vezes, parece confundir-se com a de Rilke, que é também como que uma antecipação da busca de Mallarmé, da qual entretanto, quando tentamos manter ambas numa mesma visão, ela se afasta, sobretudo porque dela se aproxima, por nuances que nos esclarecem talvez acerca do centro de gravidade de uma e de outra.

2. Uma primeira versão de Mallarmé

Georges Poulet, falando de Joubert em um de seus melhores ensaios, evocou a experiência de Mallarmé para a qual, de fato, o pensamento de Joubert nos orienta freqüentemente[11]. Entre as duas figuras, quantas relações: a

---

11. Georges Poulet, *La Distance intérieure*. Georges Poulet também não deixa de assinalar os desacordos.

mesma discrição, uma espécie de esvaecimento da pessoa, a raridade da inspiração, mas toda a força dessa aparente fraqueza e um grande rigor na busca, uma obstinação lúcida em dirigir-se para o objetivo ignorado, uma extrema atenção às palavras, à sua aparência, à sua essência e, enfim, o sentimento de que a literatura e a poesia são o lugar de um segredo que talvez se deva preferir a tudo, até mesmo à glória de fazer livros. Acontece que, em certas frases dos *Carnês*, é quase a voz de Mallarmé que imaginamos ouvir. Em 8 de junho de 1823, menos de um ano antes de sua morte: "*Espaços... eu diria quase... imaginários, de tal modo sua existência é...*" Mallarmé teria sem dúvida parado em "imaginários", mas não é já ele quem fala, com essa palavra suspensa, esses silêncios que modelam o ar e esse jeito de reter a palavra para que ela escape e se eleve, por ela mesma, em seu ponto de evidência? Isso é perturbador.

O que nos importa, entretanto, nessa presença antecipada de Mallarmé, é que tal semelhança de figuras e de pensamentos nos força a vê-los sobretudo no que eles têm de diferente, e a nos perguntar por que meditações aparentadas, o pressentimento dos mesmos caminhos e o apelo das mesmas imagens os conduzem tão longe um do outro. Os pontos de partida são quase os mesmos. Ambos têm uma experiência profunda da "distância" e da "separação" que nos permitem falar, imaginar e pensar. Ambos sentem que a força da comunicação poética não vem do fato de que ela nos faria participar imediatamente das coisas, mas do fato de que ela nos dá as coisas fora de seu alcance. Somente Joubert, espírito menos exclusivo e talvez privado de certas exigências que fazem de Mallarmé um poeta, não separou as duas regiões: pelo contrário, ele viu na separação – essa trama de ausência

A QUESTÃO LITERÁRIA   81

e de vazio que chama de espaço – a parte comum das
coisas, das palavras, dos pensamentos e dos mundos, do
céu no alto e da transparência em nós que, às vezes, são
pura extensão de luz. Quando ele descobre que, na literatura, todas as coisas se dizem, se mostram e se revelam
em sua verdadeira face e sua secreta medida, assim que
elas se afastam, se espaçam, se atenuam e finalmente se
expandem no vazio incircunscrito e indeterminado de
que a imaginação é uma das chaves, conclui ousadamen-
te que esse vazio e essa ausência são o próprio fundo das
realidades mais materiais, a tal ponto que, diz ele, se es-
premêssemos o mundo para fazer sair dele o vazio, ele
não encheria nossa mão.

Pelo longínquo e pelo vazio

"*Este globo é uma gota d'água; o mundo é uma gota de ar.
O mármore é ar tornado espesso*"; "*Sim, o mundo é de gaze,
e mesmo de uma gaze clara. Newton suputou que o diamante tinha [...] vezes mais vazios do que plenos, e o diamante é
o mais compacto dos corpos*"; "*Com suas gravitações, suas
impenetrabilidades, suas impulsões, e todas essas forças cegas
que os cientistas apregoam..., o que é toda a matéria senão um
grão de metal esvaziado, um grão de vidro tornado oco, uma
bolha de ar bem soprada na qual o claro-obscuro faz seu jogo;
uma sombra, enfim, em que nada pesa senão sobre si mesma,
que só é impenetrável para si mesma...*". Há, em Joubert,
toda uma física e uma cosmologia de sonho (que talvez
não estejam tão longe das afirmações de uma ciência mais
moderna) nas quais ele se aventura, premido pela necessidade de reconciliar o real e o imaginário, e que tendem
menos a negar a realidade das coisas do que a fazê-las

existir a partir de quase nada – um átomo de ar, uma faísca de luz, ou mesmo apenas o vazio do lugar que ocupam: "*Observem que, em toda parte e em tudo, o que é sutil sustenta o que é compacto, e o que é leve mantém suspenso tudo o que é pesado.*" Vê-se bem, então, por que a palavra poética pode suscitar as coisas e, traduzindo-as no espaço, torná-las manifestas por seu distanciamento e seu vazio: é que esse longínquo as habita, esse vazio já está nelas, por elas é possível captá-los, e as palavras têm por vocação extraí-los como o centro invisível de sua verdadeira significação. É pela sombra que se toca o corpo, é pela penumbra dessa sombra e quando se chegou ao limite oscilante em que, sem se apagar, ela se franja e se penetra de luz. Mas, naturalmente, para que a palavra atinja esse limite e o represente, é preciso que se torne "*uma gota de luz*", e seja a imagem do que designa, imagem dela mesma e do imaginário, para confundir-se finalmente com a extensão indeterminada do espaço, elevando à redondez de uma esfera perfeita o momento que, em sua extrema leveza, ele carrega e, por sua transparência, define.

"*O transparente, o diáfano, o ralo, o mágico; a imitação do divino que fez todas as coisas com pouco e, por assim dizer, com nada; eis um dos caracteres essenciais da poesia*"; "*É preciso que haja, em nossa linguagem escrita, voz e alma, espaço e ar, palavras que subsistem sozinhas e que levam com elas seu lugar*"; "*A força de comunicação... Existe uma que é sutil, fina, cuja existência se faz sentir e não se mostra. Como a do éter na eletricidade*"; "*Um vapor poético, uma nuvem que se resolve em prosa*".

É preciso ver que, por mais etérea que a linguagem deva tornar-se para ele, Joubert não a investe nunca do poder de negação – ultrapassagem no, pelo e para o nada – que a poesia encarregou Mallarmé de explorar. Se o pu-

A QUESTÃO LITERÁRIA

dor da palavra estabelece entre nós e as coisas essa distância, sem a qual estaríamos expostos à mudez e ao sufocamento, não é *negando* as coisas, mas abrindo-as e, por essa abertura, liberando a parte de luz e o intervalo que as constituem, ou ainda, é tornando sensível o que existe para além do corpo, consentindo a esse além pelo qual todo corpo se afirma, acolhendo o antes-do-corpo que é *"o secreto prolongamento de sua substância"*. A palavra não nega mas consente, e se ela parece às vezes cúmplice do nada, esse *"nada"*, diz Joubert, nada mais é do que *"a plenitude invisível do mundo"*, cuja evidência cabe à palavra trazer à luz, vazio que não se faz ver mas é presença luminosa, fissura pela qual se expande a invisibilidade.

Por volta de 1804, primeiro sob a influência de Malebranche, pela analogia que ele percebe entre a linguagem desse filósofo e a sua, e depois pelo prolongamento de sua experiência literária numa experiência religiosa, Joubert, tendo levado tão longe quanto pôde o esvaziamento das coisas e a escavação do real, encontra em Deus o termo e o suporte de todo esse vazio, e faz dele o espaço do espaço, como outros o pensamento do pensamento. Seria fácil julgar que o nome de Deus vem aqui, comodamente, tapar o grande buraco que, em seu desejo de tornar mais leve e mais claro, ele acaba por reconhecer e estabelecer em todas as coisas. Sem esse nome, e se fosse apenas um nome, tudo não despencaria no nada que ele beira, aprisiona e saboreia como o contato inefável de toda certeza visível e invisível? Poderia ser assim. Mas acolhamos sua experiência tal como ele a viveu e representou. O que é preciso notar, para julgá-la adequadamente, é que ele tem um sentimento tão forte do impalpável, e um entendimento tão seguro do vazio que chama de espaço, que nunca parece temer que tudo ali

84   *O LIVRO POR VIR*

se disperse e se anule. Da imensidão do espaço, como nota muito bem Georges Poulet, ele não tira, como Pascal, a angústia, mas a exaltação de uma alegria calma, e, se Deus vem a ele, não é como o termo de uma cadeia de razões, mas como a extremidade dessa alegria da qual, em seguida, Deus se tornará o único objeto.

O livro, o céu

Em suas noites de insônia, Joubert sai e contempla o céu. *"Insomni nocte"*; *"Insônia, 5 horas da manhã"*[12]. O que lhe trazem essas considerações noturnas? Aquilo mesmo que está nele, mas realizado fora: o livro supremo que aparentemente nunca será escrito, e que ele escreve quase sem o saber, *pensando* em escrevê-lo. Lá em cima há o espaço e, de longe em longe, uma condensação de espaço em luz, uma solidão unida e ordenada de pontos que parecem ignorar-se uns aos outros, embora ele componha com alguns deles certas figuras que se pressentem, e com todos o infigurável conjunto de sua dispersão. Os astros agradam a Joubert, mas mais do que os astros, que cintilam às vezes com brilho excessivo, agrada-lhe o grande espaço resplandecente, a luz difusa que ali se revela e ali revela a simultaneidade natural de perfeições distintas, composição do vago e do preciso. Numa nota de sua primeira maturidade, vemo-lo tentar compor uma cosmologia bastante próxima da de Cyrano de Bergerac e dos autores antigos, em que os astros são apenas buracos no céu, vazios pelos quais o enigma de uma luz escon-

---

12. Essas contemplações só ocorrem no mês de agosto. Esse gênio friorento não vai meditar no inverno, fora de si mesmo.

A QUESTÃO LITERÁRIA

85

dida se condensa e se derrama: ocos de espaço, espaço não mais condensado mas subtraído e diminuído até a ruptura em que ele se torna claridade.

Essas contemplações metafóricas que nos remetem ao espaço noturno como a um grande texto de silêncios, e ao livro como a um céu imóvel de astros em movimento, podem parecer ao alcance de qualquer um, mas, sobre Joubert, elas se abrem como a expressão exigente do que ele deve realizar[13]. Modelo de ambição que, no entanto, não esmaga esse gênio modesto, pois o que está escrito lá em cima lhe garante poder figurá-lo por meio da arte, se é verdade que, retirados de nós mesmos, encontramos em nós a mesma intimidade de espaço e de luz à qual nossa vida deverá esforçar-se por corresponder, nosso pensamento por preservar e nossas obras por tornar visível.

"... E todas as minhas estrelas num céu... Todo o espaço é minha tela. II. Caem-me estrelas do espírito."

Seria tentador, e glorioso para Joubert, imaginar nele uma primeira edição não transcrita do Lance de dados que, como disse Valéry no dia em que foi iniciado nos pensamentos secretos de Mallarmé, elevou "enfim uma página à potência de um céu estrelado". Há, entre os sonhos de Joubert e a obra realizada um século mais tarde, o pressentimento de exigências aparentadas: em Joubert como em Mallarmé, o desejo de substituir a leitura ordinária, na qual se deve ir de parte em parte, pelo espetáculo de uma fala simultânea em que tudo seria dito ao mesmo tempo, sem confusão, num "brilho total, pacífico, íntimo e

---

13. "1º de agosto (insomni nocte). Eu gostaria que os pensamentos se sucedessem num livro como os astros no céu, com ordem, com harmonia, mas à vontade e com intervalos, sem se tocarem, sem se confundirem."

enfim uniforme"[14]. O que supõe tanto um pensamento completamente diverso daquele dos raciocinadores, que caminha de prova em prova, quanto uma linguagem totalmente distinta da do discurso (preocupações essenciais do autor dos *Carnês*). O que supõe, mais profundamente, o encontro ou a criação daquele espaço de vacância onde, nenhuma coisa particular vindo romper o infinito, tudo está como que presente na nulidade, *lugar onde nada terá lugar senão o lugar*, objetivo último desses dois espíritos.

Mas aqui cessa a comunidade dos desígnios. Mesmo olhado apenas de fora, o poema [de Mallarmé], na imobilidade de sua afirmação, está entregue a um movimento prodigioso que Joubert faria tudo para evitar: movimentos de *"retiradas"*, de *"prolongamentos"*, de *"fugas"*, movimentos que se aceleram e se retardam, se dividem e se sobrepõem por uma animação abundante, árdua para o espírito pelo fato de não se desenrolar, não se desenvolver e que, recusando o abrandamento da sucessão, obriga-nos a suportar ao mesmo tempo, num efeito maciço embora espaçado, todas as formas da inquietude do movimento. Nada poderia atentar mais gravemente contra a visada espiritual de Joubert do que essa abundância no âmago da ausência, esse vai-e-vem infinitamente recomeçado que é o vazio do espaço indeterminado.

Sem dúvida, no *Lance de dados* como no céu, há uma ordem secreta que Joubert poderia acolher, mas essa ordem imita o acaso, pretende entrar na intimidade do jogo do acaso, talvez para descobrir suas regras, talvez para levar o rigor das palavras e a precisão dos pensamentos ao ponto em que o extremo determinado pode integrar a indeterminação. Sem dúvida, há nesse céu que é o poema o brilho ainda futuro e sempre incerto da *"Constela-*

---

14. *Carnês*, 7 de fevereiro de 1805.

A QUESTÃO LITERÁRIA

87

ção", que será talvez também o poema, na altitude da exceção. Mas Joubert jamais aceitaria o naufrágio prévio em que nada deve ser dado, para que *seja* algo diverso e mais puro do que aquilo que é. Ele nunca consideraria como a descida em direção à *"neutralidade idêntica do abismo"* o movimento de irrealização pelo qual, em todas as coisas, buscamos um vazio para encontrar a luz.

Até mesmo a palavra acaso lhe é estranha. E a conjunção dramática do lance de dados com o acaso parece-lhe incapaz de representar o pensamento no nível em que este se encontra com a poesia. É exatamente aí que sua reflexão é mais firme. Joubert deseja que o pensamento não seja determinado como pode ser a razão. Deseja que ele se eleve acima do constrangimento dos raciocínios e das provas, que seja pensamento finito a partir do infinito, assim como quer que a palavra poética, em sua perfeição e seu acabamento, porte e suporte o vago, a duplicidade e a ambigüidade de vários sentidos, a fim de figurar o entre-sentido e o além do sentido para o qual ela está sempre orientada. Mas essa indeterminação não é o acaso. O acaso se liga à parte de realidade, muito vã e muito aparente, que a razão – aquela que só se contenta com provas e quer reduzir tudo a contas – procura dominar pelo cálculo[15]. O espaço ao qual chega Joubert é sem acaso e sem determinação, e a literatura, que é o espaço transformado em poder de comunicar, é o céu ordenado de astros onde o infinito do céu está presente em cada estrela, e onde a infinidade de estrelas não estorva, mas torna sensível a liberdade da extensão infinitamente vazia.

Tal é a firme contradição que ele vê harmoniosamente resolvida lá no alto, contradição na qual ele mesmo

_____

15. *"Newton. Ele foi dotado da facilidade de saber o 'quanto' em todas as coisas"; "Newton só inventou os quantos".*

88   *O LIVRO POR VIR*

esbarra e que, sem reduzi-lo ao silêncio, o afastará de qualquer obra acabada. É mérito seu ter reconhecido antes de tudo, na arte e na poesia, um modo de afirmação que nem a razão demasiadamente mediata nem a sensibilidade por demais imediata podem reivindicar. A poesia e a arte fazem-no pressentir uma possibilidade diversa, que ele buscará esclarecer durante toda a sua vida: uma necessidade de relações ainda mais rigorosas do que as da razão, mais puras, leves e livres; um contato com a intimidade profunda mais agudo do que o da sensibilidade, e no entanto distanciado, pois o que é intimamente tocado por esse ponto único é a própria distância experimentada como nossa intimidade, e o longínquo em nós como nosso centro. Relações que escapam, portanto, ao que há de regularidade temporal nas relações lógicas da razão, mas que nem por isso escapam aos choques da presença sensível: comunicação, à distância e pela distância, do imediato; afirmação finita e como que pontual da imensidade infinita.

Mas como passar do céu à estrela, do poema, trama ilimitada de espaço, à palavra pura e única em que ele deve encerrar-se, do belo que é indeterminado ao rigor da perfeição do belo[16]? Mais do que as soluções que Joubert às vezes se propõe[17] é o cuidado que ele sempre teve

---

16. *"Tudo o que é belo é indeterminado"*; *"É sempre o que termina ou limita uma coisa que constitui seu caráter, sua precisão, sua nitidez, a perfeição."*

17. Uma é aquela que o simbolismo aplicará até o abuso: a música. *"É necessário que os pensamentos se sucedam e se liguem como os sons na música, somente por sua relação – harmonia – e não como os elos de uma cadeia."* Joubert lamenta, de maneira comovente mas ingênua, os pensamentos desconhecidos cuja expressão a pintura ou a música o fizeram pressentir: *"Ah! se eu pudesse me exprimir pela música, pela dança, pela pintura, como me exprimo pela palavra, quantas idéias que não tenho eu teria, e quantos sentimentos que serão sempre desconhecidos para mim."*

A QUESTÃO LITERÁRIA 89

de não ultrapassar a necessidade oposta desses dois movimentos, mesmo em prejuízo próprio, que o torna importante e por vezes exemplar. Aparentemente, ele fracassou. Mas preferiu esse malogro ao compromisso do êxito. Fora de qualquer projeto de realização, certamente sofreu muito por devotar-se à *intermitência* que para ele é o fundo *contínuo* da alma, mas que precisa experimentar em si, como uma cessação do espírito, uma interrupção dolorosa de todo poder, queda no vácuo e não mais no belo vazio significante. As confidências que fez são raras, mas conhecidas (sobretudo nas cartas; a Molé, a Fontanes, a Mme. de Vintimille). E os *Carnês* recolheram as imagens sob as quais ele tentava aproximar-se dessas dificuldades: *"Confesso que sou como uma harpa eólica, que produz alguns belos sons mas que não toca nenhuma melodia"*; *"Sou uma harpa eólica. Nenhum vento soprou sobre mim"*. A harpa eólica: compreende-se que ele acolha essa figura vinda da moda de Ossian, pois ela é como o próprio espaço que se torna instrumento e música, instrumento que tem toda a extensão e a continuidade do grande espaço, mas música feita de sons sempre descontínuos, desunidos e desligados. Em outra parte, ele explica os cortes de sua meditação e os brancos que interrompem suas frases pela tensão em que deve manter suas cordas, para soar convenientemente, pela distensão que resulta dessa harmonia e pelo longo tempo de que necessita para *"recompor-se e tornar-se novamente tenso"*.

Essa colaboração do tempo, esse encontro do espaço de dentro com o de fora, necessário para que ele possa escrever, eis o que o conduziu a pensar somente no âmbito de um Diário, apoiando-se no movimento dos dias e pedindo a esse movimento a passagem de si mesmo a si mesmo – da qual ele é a espera paciente, freqüente-

90   *O LIVRO POR VIR*

mente frustrada, assim como a harpa é a espera silenciosa do vento. Respondendo, uma vez mais, à impaciência de seus amigos, dá a seu atraso esta nova razão: *"... E, além disso, é preciso deixar que minhas nuvens se acumulem e se condensem."* É exatamente o problema do céu e da estrela, o grande enigma do *Lance de dados*, que deve ser ao mesmo tempo a neutralidade idêntica do abismo, a alta vacância do céu e a constelação que, na altitude de um talvez, nele se projeta. E, para que as nuvens se acumulem e se condensem, é preciso tempo, é necessário um duplo trabalho de transformação pelo tempo. Primeiro, é preciso que o tempo transmute os acontecimentos e as impressões no longínquo das lembranças (e Joubert diz: *"Não devemos nos exprimir como sentimos, mas como nos lembramos"*); depois, que ele concentre o longínquo vago da memória na essência estelar de um momento puro, que não é mais real e que não é fictício (e Joubert diz: *"Minha memória não conserva mais do que a essência do que leio, do que vejo e até mesmo do que penso"*). Metamorfose que ele não pode apressar pela pressão de sua vontade, pois ela não depende daquele eu autoritário que ela deve precisamente aligeirar e esvaziar, para que nele se encontrem, num contato único, a intimidade exterior e o espaço interior. Joubert fica pois à espera, esperando do tempo a passagem ao espaço, esperando ainda do tempo a concentração do espaço em puro momento essencial, na gota de luz que se fará palavra e que, na transparência fechada da palavra, reunirá num dizer único toda a extensão de toda linguagem[18]. Espera pela qual, ao mesmo tempo, ele não deve desinteressar-se, com a qual deve cooperar

---

18. *"Atormentado pela maldita ambição de colocar sempre um livro inteiro numa página, uma página numa frase e essa frase numa palavra. Isso sou eu."*

A QUESTÃO LITERÁRIA

por um trabalho interior de que toda a sua vida participa e, mais ainda, por uma grande intimidade com as palavras, já que talvez seja nelas – limite de tempo e de espaço – que podemos agir, ali onde, diz ele profundamente, *"há... ao mesmo tempo potência e impossibilidade"*.

O repouso na luz

Se Joubert não cedeu em nada do que lhe parecia necessário, é preciso no entanto acrescentar que ele soube interpretar essa situação de modo que encontrasse nela, finalmente, sabedoria, calma e talvez pacificação. Nisso, ele seguiu a inclinação de seu gênio prudente, sem perturbar muito a tendência de sua busca. Quando ele escreve: *"A revolução expulsou meu espírito do mundo real, ao torná-lo horrível demais"* (ele foi de início revolucionário – sem excesso – e ateu – sem drama de consciência), designa assim a razão pela qual sempre procurou estabelecer, entre ele e as coisas, a "zona de recolhimento" *"onde tudo passa, se acalma, se torna mais lento, se tranqüiliza e depõe seus próprios excessos"*. Não é mais, então, como a uma dura exigência que ele se expõe à separação e ao longínquo, mas para criar uma *"clausura"* que o protege, uma quietude que *"acolchoa as muralhas"*, *"uma alcova"*, uma defesa *"para amortecer os choques"* e *"pôr o coração em repouso"*. A palavra "repouso" acompanhou-o durante toda a sua vida. Revolucionário, ele busca o repouso na negação. Diz a Mme. de Beaumont: *"Tenha o repouso no amor, na veneração."* Depois, o grande tema sobre o qual concentrará seu pensamento será este: "O repouso na luz." Ele o formulou no começo dos *Carnês*. Ele o diz no fim e, por vezes, o repete dia a dia, como uma oração ou

92   *O LIVRO POR VIR*

uma fórmula mágica: "*(Cáustico. Dores cáusticas.) A sabe-doria é o repouso na luz*" (22 de outubro de 1821). 24 de outubro: "*E pela última vez, assim espero. A sabedoria é o repouso na luz.*" Por que essa volta obsessiva? Porque aí se juntam, na densidade de poucas palavras, as duas inclinações de seu espírito, e também a ambigüidade de um pensamento com duas inclinações, pois o repouso na luz talvez tenda a ser a paz pela luz, luz que se acalma e que dá a paz, mas é também o repouso – privação de toda ajuda e impulsão exteriores – para que nada venha perturbá-lo, nem pacificar o puro movimento da luz[19].

Necessidade de luz, grande necessidade do dia, dessa abertura espaçosa que é o dia ("*Sem espaço não há luz*"), e do ponto de claridade única que constitui o dia e que o dá ("*Ponto luminoso. Buscá-lo em tudo. Nunca está senão numa palavra numa frase, numa idéia num discurso.*"). Aversão por tudo o que é obscuro, impenetrável, opaco: "*Um ponto obscuro em seu espírito é-lhe tão insuportável quanto um grão de areia no olho*"; "*Estreita? Sim, é estreita a parte de minha cabeça destinada a receber idéias que não sejam claras.*" Estreita demais, talvez, pois é esse afastamento da obscuridade que o faz também evitar o dia, o que há de demasiadamente vivo no dia que começa, ao qual ele prefere, dirá num pensamento revelador, o amanhecer: "*O amanhecer é encantador, porque é um dia acomodado e diminuído. Mas a alvorada é menos encantadora, porque ainda não é um dia. É ainda apenas um começo ou, como se diz bem, a 'ponta' do dia.*" O que ele quer é "*uma luz mediana*", expressão em que se detém para confirmar seu gosto pela

---

19. "*... O repouso não é um nada para ela* [a alma]. *Representa um estado em que ela está entregue unicamente a seu próprio movimento, sem impulsões estranhas.*"

medida, mas que busca também aprofundar, chamando-a de mediana, não só porque ela é comedida, mas também porque, dela, falta-nos sempre a metade: luz então dividida e que nos divide, de modo que é nessa divisão dolorosa de nós mesmos que devemos pôr nosso contentamento.

O repouso na luz: será a calma suave trazida pela luz? será a dura privação de si mesmo e de todo movimento próprio, posição na luz sem repouso? Um nada separa aqui duas experiências infinitamente diversas. O interesse de Joubert reside ainda em nos lembrar, por seu exemplo privilegiado, o quanto é essencial, mas difícil, manter firmemente esse *nada* que separa o pensamento.

CAPÍTULO V
CLAUDEL E O INFINITO

Não sei qual é esse Claudel de que nos fala sua glória: esse homem simples, muito antigo, indissoluvelmente ligado a uma fé inabalável, sem segredo e sem dúvida, gênio elementar que se afirma impetuosamente nos limites de um funcionário coberto de honrarias.

Muito antigo? É um homem quase que exageradamente moderno. Todo o pensamento moderno, de Descartes a Hegel e a Nietzsche, é uma exaltação do querer, um esforço para fazer o mundo, acabá-lo e dominá-lo. O homem é uma grande potência soberana, capaz do universo e, pelo desenvolvimento de sua ciência, pelo entendimento dos recursos desconhecidos que existem nele, capaz de fazer tudo e de fazer o todo. Essas fórmulas carregadas de audácia, e diante das quais hoje recuamos, foram-lhe familiares até o fim (nisso, ele foi mais Renan do que o próprio Renan), e quando Amrouche o interroga acerca de sua necessidade de ser compreendido, "integrado" na criação, Claudel lhe responde rudemente: "Pois bem, sempre pensei que não somos feitos para sermos compreendidos, como você diz, na criação, mas para vencê-la... É antes uma luta: parece-me perfeitamente possível e natural levar a melhor, não ser compreendido por ela mas sobrepujá-la." O homem que assim fala, do fundo dele mesmo, é um homem no qual a Idade Média se calou há alguns séculos.

Ele não quer ser vencido. Tem um grande horror, não impiedoso, mas quase amedrontado, quase doentio, dos vencidos. Os que malogram e se perdem despertam nele algo como uma lembrança vergonhosa, e um sentimento de mal-estar que o faz estremecer: Nietzsche, Villiers, Verlaine e, mais perto dele, sua irmã, e ainda mais perto, nele mesmo, o malogro sempre possível para o homem sobre o qual recaiu a infelicidade de ser um artista. Como se malograr fosse o verdadeiro pecado, o mal essencial. Triunfar é a lei de seu ser e o signo da plenitude de sua afirmação. Ele não é nem o homem do Renascimento, feliz de ser um eu brilhante e passageiro, e ainda menos o romântico, que se contenta em desejar em vão e aspirar sem fruto. É o homem moderno, que só tem certeza daquilo que toca, não cuida de si mas daquilo que faz, não quer sonhos mas resultados, para quem só conta a obra e a plenitude decisiva da obra. Desse triunfo, ele exige provas. Não é homem que brigue por elas, mas sofre se elas lhe faltam. Não ficaria satisfeito com uma certeza interior: o que é uma obra-prima que todos ignoram? Fica pois ofendido com o silêncio, atingido pela incompreensão, feliz com a evidência da glória, mas ainda mais feliz com o que ela tem de sólido e de palpável. Os bens, as honrarias, tudo o que o liga à realidade e o ajuda a fazer daquilo que fez um mundo seguro, acabado, verificável, é isso que lhe importa, e não os grandes encantamentos da vaidade literária e as apoteoses que acolhe, mas que só lhe agradam durante um curto lapso de tempo.

O êxito simplifica. À diversidade inapreensível de Gide alguns opuseram, e Gide antes de todos, o bloco maciço, o ser sem emendas e quase sem partes que, a todo momento, faria de Claudel uma violência estacionária e um arrebatamento imóvel. Ele mesmo gostava dessa imagem? Não poderia ela ser mais pitoresca, nem mais falsa. O que impressiona nele é uma discordância essencial, o choque poderoso, contido, mal contido, de movimentos sem harmonia, uma formidável mistura de necessidades contrárias, de exigências opostas, de qualidades desemparelhadas e de aptidões inconciliáveis. Impetuoso mas muito lento; tão privado de paciência quanto dotado de obstinação; tão abrupto quanto prudente; sem método e intimamente ordenado; sem medidas e a desmesura lhe é insuportável; o homem das crises: num instante, em sua vida, tudo se trama e tudo se destrama; num instante, ele se converte; mais tarde, quando quer romper com sua carreira e sua obra, um único instante, uma só palavra, o "Não" que ele acredita ouvir, bastam para lançá-lo de volta ao mundo; pouco depois, o encontro de Ysé, a paixão, o júbilo do pecado, toda a história tem a rapidez de uma tempestade: é a decisão do raio, o golpe cortante de um só momento. É o homem das crises que nunca volta atrás, que convertido de uma vez por todas precisa de quatro anos para começar a aprender que o é, doze para tomar posse dessa mudança e se expor à ruptura radical que essa conversão exige. Da mesma maneira, o que se joga em alguns instantes, no convés do navio, exigirá vinte e cinco anos para ser apropriado como acontecimento e conseguir acalmar sua violência. E, certamente, poeta essencialmente inspirado, que espera e surpreende a vinda selvagem da Musa indisciplinada, sem a qual ele nada pode; e, no entanto, é com a maior regularidade que es-

A QUESTÃO LITERÁRIA 97

creve, com a aplicação de um homem que executa comportadamente seu dever e quase, como ele o diz, com a segurança de um burocrata.

Gênio tempestuoso, extremamente dividido, no entanto ele não parece dilacerado. O que o divide o engrandece e, mais ainda, aumenta sua fé em si mesmo, em seu crescimento. Mas será sem luta? Sem dificuldades? Sem sofrimento? Será ele apenas esse homem seguro, de um otimismo inabalável, que aparenta ser? Uma grande parte de sua vida foi desprovida de felicidade e de graça. Ele disse que sua juventude foi muito infeliz, marcada pelo conhecimento da morte e o sentimento de abandono. Disse que, infinitamente ávido de percorrer o mundo e de romper os laços com sua família e a vizinhança, sofreu entretanto com essa ruptura e, tendo partido, ficou desde então sempre exilado, em casa como alhures. É um homem profundamente só, *"sem mulher e sem filho"*, por muito tempo incapaz de entrar em relação social com os outros e talvez consigo mesmo. Em *Tête d'or* [Cabeça de ouro], só ouvimos o canto da exaltação do querer e do jovem desejo, canto, efetivamente, do entusiasmo conquistador; mas esse entusiasmo é sombrio, a essência desse querer é estranha à imensidão feliz que ele atinge inutilmente. *Partage de midi* [Partilha do sul] nos deixa a imagem de um homem separado, *"sinistro"*, que não encontra laços sociais com os homens, não está de acordo consigo mesmo e permanece na rigidez embaraçada de suas grandes forças sem emprego, de sua grande avidez inútil, afastando-se de maneira selvagem, orgulhosa e pobre, sem saber que deve ser quebrado para tornar-se ele mesmo.

Se ele dá a impressão de que apenas os sentimentos impessoais lhe são próximos, de que é, como a natureza, uma força viva quase privada de intimidade e sempre

98   *O LIVRO POR VIR*

ocupada em exprimir esse movimento da vida e em senti-lo, não como um sofrimento, mas como uma plenitude infinitamente crescente; se ele parece, de modo surpreendente, estranho à consciência dilacerada que manifesta, há cento e cinqüenta anos, nosso tempo, nosso tempo crente e nosso tempo descrente, isso não significa que tenha sabido, desde a origem, viver e falar sem dificuldades e sem divisões, homem de fé para quem todos os problemas estão resolvidos, poeta que o instinto e o dom sustentam maravilhosamente. Não é isso o que ocorre. Mas é verdade que, longe de se manter de bom grado junto a si mesmo, ele se afasta, pelo contrário, de si mesmo, por uma aversão resoluta. Não se olha sofrendo, não quer que os outros o olhem. Tem horror desse olhar que é como a visão do vazio e a visibilidade do nada. Parece saber que bastaria o poder destruidor da consciência, sua intervenção inoportuna, sua curiosidade atormentada e atormentadora, para provocar sua própria ruína, e que aquilo que chama, com uma fé obstinada, o "indilacerável", o fundo simples dele mesmo, se desfaria sob o impacto de suas potencialidades contrárias, violentamente desunidas. Esse é um de seus segredos. Os problemas, as dificuldades, os sofrimentos, ele os porta em si mais do que os reflete ou experimenta; agüenta seu peso, sua pressão e seu impacto; deixa que eles se desenvolvam por eles mesmos e se desenvolve neles. A natureza deve trabalhar em paz, ou ser ajudada apenas por aquele outro trabalho natural que é a obra poética, na qual sempre se juntam, como figuras diferentes que se suscitam, se provocam e se chocam, as diversas formas em luta de seu vasto Eu dividido, do qual ele não quer subtrair nada e nada recusar.

É evidente que, mais do que qualquer outro, mais do que Gide, menos ameaçado pela flexibilidade de sua na-

A QUESTÃO LITERÁRIA

99

tureza fluida, ele precisou de um sistema capaz de colo-cá-lo em ordem consigo mesmo. É então fácil pensar que, se ele se mantém inabalavelmente num dogmatis-mo religioso que surpreende até os mais crentes dos con-temporâneos, é por causa dessa coerência que ele aí en-contra. Sem dúvida. Mas pensemos também nesse ho-mem que ele é, dotado das maiores forças possessivas, animado por uma extrema energia, que não se contenta de modo algum com as promessas de um vago além, mas que deseja ver tudo, ter tudo e apropriar-se de tudo, que é ligado à terra, que tem *"na medula e nos ossos"* *"aquela obstinação com a terra"*, *"o gosto frio da terra"*, a exigência das coisas visíveis e do universo presente, que não quer sacrificar nada de si mesmo, que repele com todas as suas forças a derrota e, com todas as suas forças, aspira à vitória e ao domínio – e o que se oferece a ele? Uma re-ligião de fraqueza, a dos humilhados e vencidos, que reco-menda a ascese, a privação, o sacrifício de si mesmo, o abandono do mundo e o desejo do infinito. Como irá ele lidar com esse dom? Dom grandioso, mas que deveria primeiramente arrebatá-lo radicalmente a si mesmo, e isso na aurora da vida, quando ainda não pôde assegu-rar-se por meio de provas daquilo que era e daquilo que valia. Um homem menos natural teria logo respondido, por um impulso súbito, a esse súbito apelo. Mas ele per-manece como que imóvel, parece não responder, respon-de pelo silêncio, por uma espécie de sono que o deixa in-tacto. As obras que então escreve quase não trazem a marca dessa mudança fundamental. *Tête d'or* rejeita toda fé num além, toda ilusão sobre-humana. *Connaissance de l'Est* [Conhecimento do Leste] deixa adivinhar a lentidão dos procedimentos que ele tem de realizar para chegar ao ponto em que deverá se colocar e pôr tudo em jogo. Es-sas prosas de descrição, belas, mas duras e imperiosas, es-

100 *O LIVRO POR VIR*

condem um combate extremo, e escondem-no de fato. Temos às vezes a impressão de que Claudel é menos convertido do que tenta converter sua conversão aos recursos de sua poderosa natureza: árvore atingida pelo raio, mas que não arde, que deseja apenas reverdecer pelo fogo. Mas será isso possível? A crise é inevitável.

"O Infinito, Palavra horrível"

A crise é inevitável porque Claudel tem dentro de si, ao lado da grande força possessiva, uma aversão excepcional pelo ilimitado e pelo indefinido. E isso num grau extraordinário. É tanto mais notável que, não sendo fraco, mas poderoso, ele deveria ser preferencialmente tolhido pelas fronteiras, e aspirar à destruição de todos os limites. E é bem verdade que ele quer tudo, mas não mais do que isso, e, nesse tudo, somente cada coisa, uma a uma, e já formada, já criada, realidade sólida de que ele pode se apropriar e que pode conhecer. Quer tudo, a certeza de tudo, não a origem, não o que ainda não é, mas o universo presente, o mundo em seus limites, fechado e circunscrito, onde nada se perde, e que ele poderá enumerar, medir e confirmar por sua palavra permanente. Mesmo estando ligado ao desejo, Claudel é primeiro o homem presente e o homem do presente; só fala no presente; sempre há, para ele, no que está ali, existência suficiente para que possa contentá-lo, para que possa ser glorificado e provocado, por sua linguagem, a existir ainda mais. Mas o que é esse presente ao qual ele deseja corresponder por um impulso tumultuoso? Será o instante, "a hora que está entre a primavera e o verão", que a *Cantata* [*a três vozes*] cantará? Será o presente do gozo? A felicidade que se agarra e se saboreia, na despreocupação do êxtase? Nada

A QUESTÃO LITERÁRIA

lhe é mais contrário, sabemos bem. Porque quer o presente para estar presente nele, não para nele se perder. Como tem horror do indeterminado, tem horror e nojo do mergulho panteísta; e o presente não é feito apenas para que nos absorvamos nele e com ele nos contentemos, mas para que nos alimentemos dele, para que o desenvolvamos e o ultrapassemos, por um crescimento progressivo e um desabrochamento circular. Poderá, então, contentar-se com uma apropriação espiritual, possuindo cada coisa presente em sua forma ou tocando apenas sua superfície? Ele quer mais: não quer apenas ver, mas ter, possuir com todo o seu ser o ser inteiro, até sua substância. Torna-se, então, o poeta do elementar. *"O próprio elemento! A matéria-prima! É do mar, digo, que preciso"* – e a terra sólida, primordial, a *"Terra da Terra, a abundância do seio"*, *"o ardente sangue obscuro"*, *"o plasma que trabalha e destrói, que carrega e molda"*, a afluência volumosa, tudo o que é enorme, e não apenas a água clara e corrente, mas *"a vaga turfosa"*, *"impregnada da substância da Terra"*, que os rios da China lhe revelaram, *"corrente que, com maior peso, foge em direção ao centro mais profundo de um círculo mais alargado"* (o que corresponde exatamente à definição do presente que lhe é próprio: o presente, para ele, não é um ponto, é o alargamento circular do ser em perpétua vibração).

Mas, cedendo a esse movimento, não corre ele o risco de se atolar no informe, de ter tudo, mas dissolvido no coração de tudo, *"o Caos que não recebeu o Evangelho"*? Ele não deseja a distinção inicial, assim como não deseja o nada. Esse gênio profundo não pretende, no fundo, consentir nem ao abismo do vazio nem à incerteza da origem: nada perder da composição das coisas, mantidas todas juntas pelo poderoso acordo da simultaneidade poética, e de modo que ele as possa enumerar em sua unidade e em suas relações, como um patriarca bíblico contando a multidão de seus rebanhos, nos quais louva a coincidência da riqueza terrestre com a bênção celestial. Claudel é uma mistura muito surpreendente de compreensão elementar e, no entanto, de preferência formal: ora profundo – e ele tende a *"prender-se ao próprio elemento"*, ora somente vasto e buscando alcançar um ponto suficientemente elevado (pela imagem ou pela fé), não para perder de vista a realidade finita mas, pelo contrário, para poder considerá-la em seu conjunto e em seus pormenores, e, com *"o olho fixo como um corvo"*, estudar *"o relevo e a conformação da terra, a disposição de seus declives e de seus planos"*. No entanto, parece que, nele, o vasto predomina sobre o profundo: no compacto e no elementar, há uma possibilidade de deslizamento, uma perda da proporção que ele nunca acolherá sem mal-estar.

O *"Infinito"*, *Palavra horrível que não condiz com a vida e as bravas atitudes do poder da alegria e do amor.* O que diz Coventry Patmore, na tradução feita por Claudel, é esse horror pelo infinito que foi por ele sentido e expresso com uma constância e uma força impressionantes. *"O infinito é sempre para o espírito a mesma abominação e o mesmo escândalo"*; *"Sede bendito, meu Deus... que fizestes de mim um ser finito... Pusestes em mim a relação e a proporção uma vez por todas"*. E a Amrouche: *"Tudo o que é desmesurado é destruidor."* Da mesma forma, o objetivo da poesia não é o que Baudelaire gostaria que fosse: mergulhar no fundo do infinito[20] para encontrar o novo, mas *"mergulhar no fundo do definido para aí encontrar o inesgotável"*.

---

20. Escapou a Claudel que Baudelaire, nesse verso entretanto ilustre, tinha dito: *No fundo do Desconhecido.* Seu engano sugere que, no desconhecido que ele evita, é ainda o infinito que recusa. A palavra infinito pertence, é verdade, à linguagem própria de Baudelaire.

A QUESTÃO LITERÁRIA

103

Naturalmente, Claudel corrige, pelas palavras, o que sua recusa do Infinito tem de incômodo para a religião: *"Falo do Infinito nas coisas que são de natureza finita."* Mas o sentimento persiste. A angústia, a experiência da noite e mesmo a experiência da luz pura, como do puro Espaço, eis o que encontra em sua natureza uma resistência que parece inquebrantável. E, nisso, ele se furta ao extremo da poesia como ao extremo da fé. De modo que, depois de sua conversão e até a hora da crise, o que parece mantê-lo afastado daquilo em que crê é, coisa estranha, a própria certeza de sua crença, o medo de se perder, o medo de entrar em contato com o Mal e, em suma, a ignorância daquela morte que é o pecado. Da religião, ele tem então tendência a só acolher as certezas fortificantes, e não o abalo e as contestações ruinosas: o ser, e não o ser cujo rosto é o nada.

Os textos em prosa de *Connaissance de l'Est* mostram como, pouco a pouco, ele vai ser obrigado, não sem grande hesitação interior, a abordar e explorar as temíveis regiões noturnas e os não menos temíveis ardores da nudez luminosa. A prova do mar, com o qual se sente em cumplicidade, representa um papel nessa luta contra ele mesmo. *"Pensamento no mar"*, *"Risco no mar"*, *"A terra deixada"*, *"Dissolução"*, esses títulos marcam as etapas do itinerário secreto pelo qual aprende a conhecer o exílio, o exílio exterior, interior, e a descobrir-se *"intruso no inabitável"*[21]. Conhecimento da nulidade pelo mar: *"Levado, atropelado no desmoronamento e na confusão do Mar incompreensível, perdido no marulho do Abismo, o homem mortal busca, com todo o seu peso, algo de sólido a que se agarrar"*;

---

21. *"Novembro"*, *"Ardor"*, *"A descida"*, *"O sedentário"*, *"Horas do jardim"* nos falam de sua aproximação da luz.

"*Não há em minha volta nenhuma solidez, estou situado no caos, perdido no interior da Morte... Perdi minha proporção, viajo através do Indiferente. Estou à mercê das elações da profundidade e do Vento, a força do Vazio*". Um pouco mais tarde, é no seio do obscurecimento que ele estará prestes a entrar, ali onde "*a noite nos tira nossa prova*", quando "*não sabemos mais onde estamos*" e onde "*nossa visão não tem mais o visível como limite, mas o invisível como cárcere, homogêneo, imediato, indiferente, compacto*"; o indeterminado, pois, pelo qual ele experimenta repulsa e angústia, angústia que só se revela nele pela recusa e a dissimulação da angústia. Essa prova dele mesmo de que a noite o priva é exatamente o momento importante, pois a prova – a possibilidade de fixar a qualquer momento sua posição – conta muito para ele. E, sem dúvida, "*o risco do mar*" nada mais faz do que reconduzi-lo à vida, ao agradecimento por não ter morrido e não ter bebido a Água amarga. (É preciso notar, também, o quanto sua linguagem, mesmo quando ela se aproxima da cessação em que tudo está dissolvido, permanece firme, fechada, ainda mais categórica porque deve servir de receptáculo à dissipação sem limite e sem forma.) Claudel não se abandona facilmente e, aliás, todos esses movimentos são secretos, quase invisíveis sob o tecido de uma prosa dura e objetiva. E a própria crise, por mais que a conheçamos em seus contornos, permanece ainda hoje recoberta e escondida.

"Sou o impossível"

Em certo momento, Claudel toma a decisão de acabar com sua carreira e mesmo com sua obra, de renunciar

A QUESTÃO LITERÁRIA

105

ao mundo cuja conquista ele mal começou a empreender. Decisão extraordinária da parte de um homem que nunca acreditou na virtude do tudo ou nada. Mas o mais extraordinário é que essa decisão impressionante não é o essencial na autotransformação à qual ele se expõe. O que, afinal, o perturba, o arranca àquilo que ele é, o deixa *"com um coração atingido, uma força faltante"*, é que esse grande sacrifício não *dá certo*, choca-se com um "Não" superior que ressoa nele como a expressão de sua derrota íntima. Pode-se dizer que, pela primeira vez, ele conhece o fracasso. Uma decisão na qual ele se pusera por inteiro, talvez com uma vontade demasiadamente pessoal, ainda demasiadamente conquistadora[22], não chega a seu termo e lhe revela que ele não foi capaz de ir até o fim do que desejava. Assim, descobre a penúria e o desamparo, não por ter se separado de tudo, mas por não ter podido separar-se de si mesmo: conhecimento amargo da impotência, do nada para o qual está mal preparado.

Entretanto, tudo isso é ainda apenas trevas passivas, de uma falta que, deixando-o desamparado mas intacto, conserva a forma de sua poderosa personalidade. O acontecimento decisivo será o que conhecemos bem: a paixão tempestuosa e proibida pela qual Mesa, fechado sobre o bem como sobre um tesouro de que ele acredita ser, orgulhosamente, o depositário, será atacado pelas trevas ativas, *"as trevas que saltam sobre nós como a pantera"*, e, num só movimento, agarrado pela perdição, se tornará culpado e amante. O que é maravilhoso nessa história, o que mostra a magnificência da natureza claudeliana, acusada por muitos de farisaísmo, é que, longe de cair nas enfa-

---

22. *"Eu havia arranjado tão bem meu retiro, minha saída para longe dos homens, estava feito!"*

donhas ruminações do remorso, por ter cometido a falta maior de se apoderar de uma mulher casada com outro, o poeta que há nele e, ao que parece, o crente que há nele, experimenta um sentimento intenso de jubilação e de triunfo. Ele fez o que jamais havia podido fazer antes. Enfrentou a noite, rompeu os limites, jogou-se no abismo, aceitando perder-se para juntar-se a outra pessoa.

> *E eu também encontrei, por fim, a morte que me convinha!*
> *Conheci essa mulher. Conheci a morte da mulher.*
> *Possuí a interdição.*

Palavras de plenitude, mais puras do que as do "Cântico de Mesa", em que ainda há traços de devoção a si mesmo[23]. "*Possuí a interdição.*" Eis o ponto em que tudo começa, em que a poesia também pode começar, voltar à sua fonte, refluindo em direção ao espaço aberto e vazio, "*o puro Espaço em que o próprio chão é luz*".

"*O que você teme em mim, já que sou o impossível? Você tem medo de mim? Sou o impossível.*" É o desafio de Ysé, mas é primeiramente o desafio e a provocação da poesia. Em Erato, a mulher que ocasionalmente ele chamará de falsa[24] para opô-la à Sabedoria, mas que foi a única que

---

23. E sabe-se que Claudel, pouco preocupado com a beleza unicamente literária, desejou suprimir esse texto, que julgava insuportável. Mesa diz por vezes palavras horríveis, aquelas pelas quais ele conta a Ysé que seu marido está morto – o marido que ele mesmo levou, hipocritamente, à morte – e que, portanto, eles agora podem amar-se sem pecado: "*Mas agora te informo que Ciz está morto, e posso casar-me contigo. E podemos nos amar sem segredo e sem remorso.*"

24. Em certa medida, *Partage du Midi* foi um ato de vingança contra a jovem que o libertou através de um pecado. Mais tarde, Claudel tentará fazer-lhe justiça, ressuscitando-a como Dona Prouhèze. Como não ficar chocado, porém, com a violência (quase sádica) que ele exerce so-

A QUESTÃO LITERÁRIA

conseguiu quebrar o mais forte dos eus, Claudel reconhece logo, num hino de reconhecimento jubilatório, a pura potência poética, que não tem medidas:

> *Ó minha amiga! Ó Musa no vento do mar! Ó idéia descabelada na proa!*
> *Ó afronta! Ó reivindicação!*
> *Erato! tu me olhas e leio em teus olhos uma resolução!*
> *Leio uma resposta, leio uma pergunta em teus olhos! Uma resposta e uma pergunta em teus olhos!*

Encontro memorável, descoberta da própria essência da poesia: essa resposta que ainda é pergunta, essa pergunta que sempre revive na resposta para mantê-la aberta, viva e eternamente iniciante.

Essa crise interessa, pois, tanto à poesia quanto à fé[25], e compreende-se por que, durante tantos anos, Claudel

---

bre todas essas moças – a Princesa de *Tête d'or*, Violaine, Sygne, Prouhèze – que ele atormenta, não sem prazer, a fim de as salvar? *"Muitas vezes ele me chicoteou e torturou"*, diz Prouhèze de Don Camille, que é seu marido e que é muito mau: uma das figuras mais indispensáveis – e a mais presente – de *Le Soulier de satin* [O sapato de cetim], e nada estranha ao autor, sentimo-lo bem. Há, em Claudel, uma crueldade de pensamento que é talvez responsável por seu gênio dramático, e que lamentamos não ter sido mais liberada por ele. (Cf. as observações penetrantes de Stanislas Fumet acerca da "maldade intelectual" de Claudel.)

25. O estado de vazio no qual, depois de Ligugé, o deixa sua decisão malograda, quando se sente rejeitado tanto pelo mundo que ele mesmo recusou quanto pelo outro mundo que acaba de o recusar, é exatamente a prova da impotência, a aproximação da impossibilidade sem a qual a poesia permanece estranha à sua essência. É "o tempo de desamparo" de que Hölderlin foi a pura expressão, e que Mallarmé também pressentiu, pressentimento cujo sentido Claudel, o homem teórico que havia nele, nem sempre quis reconhecer. Mas o poeta em Claudel soube marcar, por palavras inspiradas, que a impotência – a impossibilidade – é a medida do poder poético:

vai explorá-la, procurando manter-se no alto ponto de tormento e de verdade em que ela o colocou. É verdade que resiste a ela. Ele logo decidirá se recompor e se autodominar, escolhendo ser um homem equilibrado, sensato e afortunado, mas não se enganará acerca do que representa de infidelidade, com relação àquele grande momento, uma conversão que se converte em casamento. O diálogo de 1907 (quando ele já está casado e estabelecido) com *"a Musa que é a Graça"* é um diálogo que felizmente não terá fim, mesmo que, cada vez mais, ele se feche à parte reservada dele mesmo, a parte secreta que não suporta que ele se compraza em deveres sérios, nem mesmo numa obra de conhecimento na qual, escritor, ele só prestará contas das coisas reais e verdadeiras.

A outra fala

Esse diálogo é a expressão mais pura – a mais justa – da divisão claudeliana. Por um lado, nele, o ser de poder, de vontade e de domínio, que deseja o mundo, que quer cumprir seus deveres no mundo, pretende fazer uma obra útil e visível, sem ceder à tentação de uma fala talvez vã, ruinosa e inapreensível. *"Consegui duramente ser um homem, habituado às coisas que não são gratuitas, / E saber que é necessário tomar para as ter, aprender, compreender";*

> *E com efeito olhei e me vi de repente só,*
> *Desligado, recusado, abandonado,*
> *Sem dever, sem tarefa, fora no meio do mundo,*
> *Sem direito, sem causa, sem força, sem admissão.*

Cada um desses termos corresponde à situação poética, a mesma que Mallarmé tentou manter e que Claudel reprovou nele.

A QUESTÃO LITERÁRIA
109

"*Tenho um dever que não foi cumprido! um dever com respei-to a todas as coisas, e não a nenhuma / A que não seja obri-gado*"; "*... meu dever não consiste em ir embora, nem em es-tar alhures, nem em abandonar nada do que tenho...*" A esse homem de dever convém uma fala plena, sólida e verda-deira: não se trata de renunciar a falar, mas de atrair o poeta à consideração das coisas finitas que são o louvor do homem: "*Deixem-me cantar as obras dos homens, e que cada um deles encontre em meus versos as coisas que conhe-ce... Pois para que serve o escritor, se não para prestar con-tas?*" Palavras de dominação e de energia (cuja teoria ele fará, de bom grado: para ele, a palavra é essencialmente portadora de energia, é um condensado da energia do sen-timento); "*Palavra que é, em seu lugar, inteligência e vonta-de*"; "*Cantarei o grande poema do homem subtraído ao aca-so... Farei isso com um poema que não será mais a aventura de Ulisses entre os Lestrigões e os Cíclopes, mas o conheci-mento da Terra...*"

Portanto, obra importante e que parece claudeliana por excelência. E, no entanto, há uma outra fala: a que não dá nada, nada traz senão solidão, retirada, separação; ela é sem conhecimento, sem resultado; aquele que a pro-nuncia não a conhece, conhece apenas seu peso, sua pres-são, sua exigência infinita, fala que não é humana, que não vem ao homem capaz mas àquele que se vê de re-pente sozinho, "*desligado, recusado, abandonado*". Essa pa-lavra tão contrária a ele mesmo, tão estranha àquilo que ele quer e em que acredita, será que Claudel não vai ten-tar rebaixá-la? Não a negará? Ele a prefere. Resiste a ela, não podendo renunciar a si mesmo e, por fim, a despe-de, mas ele a prefere. Tudo o que nele é poesia é cúmplice do que recusa, que é a pureza, o rigor aos quais ele sabe, desesperadamente, não poder corresponder.

Ó parte! Ó reservada! Ó inspiradora! Ó parte reservada de mim mesmo! Ó parte anterior de mim mesmo!...

Ó paixão da Palavra! Ó retirada! Ó terrível solidão! Ó separação de todos os homens!

Ó morte de mim mesmo e de tudo, na qual devo sofrer a criação!

Ó irmã! Ó condutora! Ó impiedosa, quanto tempo ainda?...

Ó obra de mim mesmo na dor! Ó obra desse mundo a te representar!

Como, sobre um rolo de impressões, vemos por camadas sucessivas

Aparecerem as partes esparsas do desenho que ainda não existe,...

Assim eu trabalho e não saberei o que fiz, assim o espírito, num espasmo mortal

Lança a fala fora de si como uma fonte que não conhece
Outra coisa exceto sua pressão e o peso do céu.

E esta súplica, em que se exprime pateticamente, por um grito, a partilha claudeliana, a oposição, nele mesmo, de uma fala destinada a afirmá-la e da outra fala que é a expiração silenciosa, a obra da consumação pelo fogo, o extermínio de Midi:

Diz apenas uma palavra humana!

Meu nome somente, na madureza da Terra, nesse sol da noite do himeneu,

E não uma daquelas terríveis palavras sem som que tu me comunicas apenas,

Como uma cruz, para que meu espírito nela fique pregado!

Temos, aí, o mais alto testemunho de Claudel, e também a prova de que, cedendo a si mesmo, voltando-se para a terra, é "*desesperadamente*" que ele o faz.

A QUESTÃO LITERÁRIA

Vai embora! Eu me volto desesperadamente para a terra!
Vai embora! Tu não me privarás desse frio gosto da terra...

Ele escolhe, portanto, não querendo somente ser escolhido, mas escolhe o que não prefere, sem se acreditar justificado e sem esperança de ser um dia pacificado. Durante anos, deverá ouvir sempre essa voz irreconciliável, irredutível, e o que lhe diz ela, cada vez que, *"retirado embaixo no sólido solo"*, ele afirma, até mesmo em belas obras, a felicidade das contradições superadas? *"Não procures me enganar. Não tentes dar-me o mundo em teu lugar, porque é tu mesma que eu peço. Conhece meu ciúme que é mais terrível do que a morte!"* Ciúme da pura luz que não pode consumir tudo, mas ciúme também da própria noite no esplendor da obra de agosto. É sobre o misterioso entendimento da profundidade noturna que o diálogo se encerra, e por uma volta obscura, obscura talvez para o próprio poeta, à figura proibida, a silenciosa presença de baixo, que não é nem o sólido bem da terra, nem a graça, desejo do espírito, mas a potência de uma paixão tenebrosa, a única que lhe permitiu, outrora, ultrapassar as fronteiras, que o uniu à noite e lhe deu, ao mesmo tempo que a revelação do impossível, a alegria e a embriaguez do desconhecido:

Quem foi que gritou? Ouço um grito na noite profunda!
Ouço minha antiga irmã das trevas que retorna a mim uma vez mais,
A esposa noturna que volta a mim uma vez mais em silêncio,
Uma vez mais a mim com seu coração, como uma refeição partilhada nas trevas,
Seu coração como um pão de dor e um vaso cheio de lágrimas.

Profundo, eterno apelo, no fundo do Inferno, de Eurídice a Orfeu, apelo que não cessará e ao qual, mesmo no seio da Casa Fechada, quando ele será velado pelas grandes Musas quadradas, as quatro potências cardinais, guardiãs severas de suas portas, ele nunca poderá recusar:

"Quem experimentou o sangue não se alimentará mais de água brilhante e de mel ardente! Quem amou a alma humana, quem uma vez compactou-se com outra alma viva, fica a ela presa para sempre."

CAPÍTULO VI
A PALAVRA PROFÉTICA

O termo "profeta" – tomado do grego para designar uma condição estranha à cultura grega[26] – nos enganaria se nos convidasse a fazer do *nabi* aquele que diz o futuro. A profecia não é apenas uma fala futura. É uma dimensão da fala que a compromete em relações com o tempo muito mais importantes do que a simples descoberta de certos acontecimentos vindouros. Prever e anunciar algum

---

26. Max Weber e Martin Buber compararam a profecia grega com a profecia bíblica. Entre os gregos, como Platão assinalou precisamente no *Timeu*, o ser em transe, que atinge loucamente a adivinhação inspirada, revela, por um balbucio que nem chega a ser uma fala, o segredo que os profetas, sacerdotes ou poetas, poetas-sacerdotes, serão encarregados de interpretar, isto é, de elevar até a linguagem humana. No mundo bíblico, diz Max Weber, a Pitia e o intérprete não estão separados; o profeta de Israel junta os dois num único ser. A adivinhação grega ainda não é uma linguagem; é um ruído original que somente o homem que não está possuído por ele, capaz de compreensão e de comedimento, pode captar em palavras e ritmo. No mundo bíblico, aquele que toca o espírito diz imediatamente uma fala que já é verdadeira, iniciante mas completa, ritmicamente rigorosa, mesmo que ela seja arrebatada pela violência do instante.

futuro é pouca coisa, se esse futuro se insere no curso ordinário da duração e se exprime na regularidade da linguagem. Mas a fala profética anuncia um futuro impossível, ou faz do futuro que anuncia, e porque ela o enuncia, algo de impossível, que não poderíamos viver e que deve transtornar todos os dados seguros da existência. Quando a palavra se torna profética, não é o futuro que é dado, é o presente que é retirado, e toda possibilidade de uma presença firme, estável e durável. Até mesmo a Cidade eterna e o Templo indestrutível são de repente – incrivelmente – destruídos. É novamente como um deserto, e a fala também é desértica, é a voz que precisa do deserto para gritar e que desperta sempre em nós o medo, a compreensão e a lembrança do deserto.

O deserto e o fora

A fala profética é uma fala errante que volta à exigência originária de um movimento, opondo-se a toda estabilidade, toda fixação a um enraizamento que seria repouso. André Neher observa que a volta ao deserto, entrevista pelos profetas do século VIII, foi a réplica espiritual da volta ao deserto praticada pelas seitas nômades recabitas do século IX, elas mesmas fiéis às aspirações nômades que se transmitiram sem interrupção. Fenômeno único na história das civilizações, diz ele[27]. E não ignoramos que a tribo sem terra, a dos levitas, representou e manteve, entre as outras tribos definitivamente fixadas, o pressentimento de uma existência móvel. Assim como os hebreus, no Egito, foram apenas habitantes temporários,

---

27. André Neher, *L'Essence du prophétisme*.

recusando a tentação de um mundo fechado onde eles teriam a ilusão de se libertar naquele lugar, na condição de escravos, assim como eles só começaram a existir no deserto, libertos por terem saído em marcha, numa solidão em que não estavam mais sós, da mesma maneira era necessário que, tendo se tornado por sua vez possuidores e moradores, mestres de um rico espaço, houvesse sempre entre eles um resto que não possuía nada, que foi o próprio deserto, aquele lugar sem lugar onde somente a aliança pode ser concluída e ao qual é preciso voltar constantemente, como ao momento de nudez e de extração que está na origem da existência justa.

André Neher associa profundamente esse espírito nômade à recusa de "valorizar o espaço" e a uma afirmação do tempo que seria a marca do gênio de Israel, já que suas relações com Deus não são relações intemporais, mas geram uma história, são a história. Sem dúvida, mas podemos nos perguntar se a experiência do deserto e a lembrança dos dias nômades, em que a terra era apenas prometida, não exprimem uma experiência mais complexa, mais angustiante e menos determinada. O deserto ainda não é nem o tempo, nem o espaço, mas um espaço sem lugar e um tempo sem engendramento. Nele, pode-se apenas errar, e o tempo que passa nada deixa atrás de si, é um tempo sem passado, sem presente, tempo de uma promessa que só é real no vazio do céu e na esterilidade de uma terra nua, onde o homem nunca está, mas está sempre fora. O deserto é o fora, onde não se pode permanecer, já que estar nele é sempre já estar fora, e a fala profética é então aquela fala em que se exprimiria, com uma força desolada, a relação nua com o Fora, quando ainda não há relações *possíveis*, impotência inicial, miséria da fome e do frio, que é o princípio da aliança, isto é,

116   *O LIVRO POR VIR*

de uma troca de palavras em que se destaca a espantosa justeza da reciprocidade[28].

É certo que os profetas estão constantemente implicados na história, de cuja imensa medida eles são os únicos fornecedores. Nada de simbólico, nem de figurado no que dizem; o deserto não é uma imagem, é o deserto da Arábia, lugar geograficamente situável, ao mesmo tempo que é a saída sem saída na qual sempre desemboca o êxodo. Entretanto, se a fala profética está misturada ao fragor da história e à violência de seu movimento, se faz do profeta uma personagem histórica portadora de um grande peso temporal, parece que ela é essencialmente ligada a uma interrupção momentânea da história, à história que se torna por um instante impossibilidade de história, vazio em que a catástrofe hesita em reverter-se em salvação, em que, na queda, começam já a subida e a volta. Passagem terrível pela negação, quando o próprio Deus é negativo. *"Pois sois Não-Meu-Povo, e Eu sou Não-Deus para vós."* E Oséias engendra não-filhos que, mais tarde, voltam a ser filhos. Quando tudo é impossível, quando o futuro arde, entregue ao fogo, quando não há mais morada senão no país da meia-noite, então a fala profética que diz o futuro impossível diz também o "porém" que quebra o impossível e restaura o tempo. *"É certo que entregarei esta cidade e este país nas mãos dos caldeus; eles entrarão nela, incendiando-a e reduzindo-a a cinzas, porém, trarei de volta os habitantes desta cidade e deste país, de todas as regiões em que os terei exilado. Eles serão meu povo, Eu serei seu Deus."* *Porém! Laken!* Palavra única na qual a fala profética realiza sua obra e revela sua essência: essa espécie de marcha eterna que ela é, mas somente ali onde cessa a estrada e

---

28. *"O sopro de Deus sobe do deserto"* (Oséias).

A QUESTÃO LITERÁRIA

quando não se pode mais avançar[29]. Podemos pois dizer: a fala profetiza quando remete a um tempo de interrupção, um *outro* tempo que está sempre presente em todo tempo e no qual os homens, despojados de seu poder e separados do possível (a viúva e o órfão), estão, uns com os outros, na relação nua em que estavam no deserto e que é o próprio deserto, relação nua mas não imediata, pois ela é sempre dada numa fala prévia.

"Minha fala incessante"

André Neher reuniu os traços mais constantes da existência profética: o escândalo, a contestação. *"Nenhuma Paz"*, diz Deus. A "Não-Paz" da profecia se opõe tanto ao sacerdócio espacial – aquele que só conhece o tempo dos ritos, e para o qual a terra e o Templo são os lugares necessários da aliança – quanto à sabedoria profana. Fala portanto escandalosa, mas que é escândalo primeiramente para o profeta. De repente, um homem se torna outro. Jeremias, manso e sensível, deve tornar-se um pilar de ferro, uma muralha de bronze, pois terá de condenar e destruir tudo aquilo que ama. Isaías, decente e respeitável, deve despojar-se de suas roupas: durante três anos, ele anda nu. Ezequiel, sacerdote escrupuloso que nunca experimentou a impureza, come alimentos cozidos nos excrementos e suja seu corpo. A Oséias, o Eterno diz: *"Casa-te*

---

29. *L'Essence du prophétisme*, p. 239. Esse "porém" é também um "da mesma maneira": *Mas agora e pela mesma razão*. "Assim como lancei sobre esse povo toda essa imensa infelicidade, trarei a ele todo o bem que lhe prometi." Quando Kafka deposita toda a sua esperança na palavra "porém", "apesar de tudo", *trotzdem*, é a esperança profética que nele fala.

com uma prostituta; que ela te dê filhos de prostituta, pois o país se prostitui", e não é apenas uma imagem. O próprio casamento profetiza. A fala profética é pesada. Seu peso é o sinal de sua autenticidade. Não se trata de deixar falar o coração, nem de dizer o que agrada à liberdade da imaginação. Os falsos profetas são amáveis e agradáveis: divertidos (artistas), mais do que profetas. Mas a fala profética se impõe de fora, ela é o próprio Fora, o peso e o sofrimento do Fora.

Daí a recusa que acompanha a vocação. Moisés: *"Envia quem quiseres... Por que me enviaste? Apaga-me do livro que escreveste."* Elias diz: *"Basta."* E Jeremias grita: *"A, a, Senhor Eterno, não sei falar, sou apenas uma criança. – Não me digas: sou apenas uma criança, mas vai aonde te envio e fala segundo minha ordem."* A recusa de Jonas ainda vai mais longe. Não é apenas da vocação que ele foge, é de Deus, do diálogo com Deus. Se Deus lhe diz: levanta-te e vai para Leste, ele se levanta e vai para Oeste. Para melhor fugir, embarca no mar, e, para melhor se esconder, desce ao porão do navio, desce depois ao sono, e em seguida à morte. Em vão. A morte não é um fim para ele, mas a forma do longínquo que ele buscou para escapar a Deus, esquecendo-se de que o longínquo de Deus é o próprio Deus[30]. O profeta não se sente preparado para ser profeta, e tem às vezes o sentimento penoso de que Deus também não está preparado, que há "uma espécie de despreparo divino". Desorientação diante do absurdo do que diz, do que acontece e que está ligado ao tempo de interrupção e de alteração em que aquilo que acontece, o impossível, sempre se reverte em seu contrário. Ele repete: "Por quê?" Experimenta o cansaço, a repulsa e, diz An-

---

30. Jerôme Lindon, *Jonas*, tradução e comentário.

A QUESTÃO LITERÁRIA

119

dré Neher, uma verdadeira náusea. Há, no profeta, uma estranha revolta contra a falta de seriedade de Deus: *"E és tu, Senhor Eterno, que me dizes isto!"*

A fala profética é originalmente diálogo. Ela o é de forma espetacular, quando o profeta discute com Deus e quando este "não lhe confia apenas sua mensagem, mas também sua preocupação". *"Esconderei a Abraão, diz Deus, o que vou fazer?"*[31] Mas ela é diálogo de um modo mais essencial, na medida em que apenas repete a fala que lhe é confiada, afirmação na qual se exprime então, por uma fala iniciante, o que no entanto já foi dito. Essa é sua originalidade. Ela é primeira, e no entanto há sempre, antes dela, uma fala à qual ela responde, repetindo-a. Como se toda fala iniciante começasse por responder, resposta na qual se ouve, a fim de ser reconduzida ao silêncio, a fala do Fora que não cessa: *"Minha Palavra incessante"*, diz Deus. Quando fala, Deus parece precisar ouvir sua própria fala – transformada assim em resposta – repetida no homem, o único em que ela pode afirmar-se e que se torna responsável por ela. Não há contato de pensamentos, nem tradução em palavras do indizível pensamento de Deus, mas troca de palavras[32]. E, sem dúvida, é de Deus que se trata, mas o *Êxodo* diz bem: *"Como um homem fala a outro homem!"*

---

31. Quando, depois que Adão comeu o fruto da árvore, Deus o chama: *"Onde estás?"*, essa interrogação é preocupada. Deus não sabe mais onde está o homem. Desorientação essencial. Deus perdeu, de fato, o homem, diz André Neher. É que o mal quebra o Trono. *"Onde estás?"* Pergunta à qual, mais tarde, em Jeremias, outra pergunta ecoa: *"Onde está Deus?"*

32. Ezequiel, na beira do rio, ouvindo a palavra interrompida, sabe que ela fala, mas não sabe ainda que ela fala com ele, e é preciso que a voz o interpele e lhe diga: "Presta atenção, vou falar contigo."

A relação de Deus com o homem, através de uma fala repetida e no entanto outra, transformada em sua própria resposta, a compreensão dela mesma e sua realização infinita, perpetuamente em movimento, introduz na linguagem profética um conjunto de características contraditórias, das quais ela tira a extensão de seu sentido: relação de posse e relação livre, fala que se come, que é um fogo, um martelo, fala que agarra, sacode e engendra, mas ao mesmo tempo fala que é espírito e maturidade do espírito, fala verdadeira que se pode ouvir ou recusar ouvir, que pede a obediência e a contestação, a submissão e o conhecimento, e no espaço da qual há a verdade de um encontro, a surpresa de um enfrentamento, "como de um homem com outro homem". O que André Neher diz da *ruah* (o espírito que sopra): que seu mistério consiste em recobrir todos os níveis de significação, da espiritualidade suprema até a emanação física, da pureza até a impureza – a *ruah* de Deus é patética –, não é menos verdadeiro do que o mistério da palavra *davar*, fazendo dela uma relação essencialmente falada, da qual são quase excluídas a magia interior e a fusão mística. Língua que não é espiritual e que, no entanto, é espírito. Fala de movimento, poderosa e sem poder, ativa e separada da ação, na qual, como no sonho de Jeremias, nada do futuro se revela, a não ser o ritmo da marcha, os homens a caminho, a imensa ondulação de uma volta impossível[33]. Língua de transporte e de arrebatamento. Algo aqui se desenvolve na violência abrupta, dilacerante, exaltante e monótona de um perpétuo recurso impetrado pelo homem nos confins de seu poder.

---

33. *L'Essence du prophétisme*, p. 240.

Ao pé da letra

Em que medida podemos acolher essa linguagem? A dificuldade não é só de tradução. Se ela é de natureza retórica, é porque sua origem é moral, ligada à obrigação implícita, mesmo para os incréus, de acreditar que a espiritualidade cristã, o idealismo platônico e todo o simbolismo de que nossa literatura poética está impregnada, nos dão direito de posse e de interpretação sobre essa fala, que teria alcançado sua plena realização, não nela mesma, mas no advento de uma boa nova. Se o que os profetas anunciam é, afinal, a cultura cristã, então é perfeitamente legítimo que os leiamos a partir de nossas delicadezas e de nossas seguranças, sendo a principal a de que a verdade está doravante sedentária e bem estabelecida. A sabedoria camponesa de Alain alegrava-se ainda de que a Bíblia fosse ignorada pelos católicos, e a excepcional injustiça de que Simone Weil dá prova com relação ao pensamento judaico, que ela não conhece mas julga com uma firme aspereza, é certamente reveladora. Pois, se ela sente profundamente que a palavra está ligada, na origem, ao vazio de um sofrimento e à exigência de uma pobreza inicial – o que a leitura da Bíblia lhe teria ensinado –, a aversão que tem pela inquietude do tempo sem repouso, sua recusa do movimento, sua fé numa beleza intemporal, a fascinação que a faz voltar-se para todas as formas do tempo em que o tempo renuncia a si mesmo, o tempo cíclico (grego ou hindu), o tempo matemático, o tempo místico, sobretudo sua necessidade de pureza, o horror que ela não podia deixar de sentir por um Deus que não se preocupa com a pureza, mas com a santidade, que não diz "Sejam puros porque eu sou puro", mas "Sejam santos porque eu sou Santo", Deus cujo *páthos* submete incessantemente os profetas à prova de uma familiaridade sem relação, todas essas fortes incompatibilidades que a fazem condenar, sem compreender, a palavra da Bíblia, devem também agir em nós e agir nos tradutores por uma obscura vontade de não traduzir, mas de acabar e de purificar.

A leitura simbólica é provavelmente o pior modo de ler um texto literário. Cada vez que somos incomodados por uma palavra mais forte, dizemos: é um símbolo. Esse muro que é a Bíblia se tornou, assim, uma suave transparência em que se colorem de melancolia as pequenas fadigas da alma. O rude mas prudente Claudel morreu devorado pelos símbolos que interpõe entre a palavra bíblica e a sua. Verdadeira doença da linguagem. Entretanto, se as palavras proféticas chegassem até nós, o que elas nos fariam sentir é que não contêm nem alegoria nem símbolo[34], mas que, pela força concreta do vocábulo, elas desnudam as coisas, nudez que é como a de um imenso rosto que não vemos e que, como um rosto, é luz, o absoluto da luz, assustadora e encantadora, familiar e inapreensível, imediatamente presente e infinitamente estrangeira, sempre por vir, sempre por descobrir e mesmo por provocar, embora tão legível quanto pode ser a nudez do rosto humano: nesse sentido somente, figura. A profecia é uma mímica viva[35]. Jeremias não se contenta em

---

34. Em *Jonas*, Jerôme Lindon diz bem: "O hebraico não procede nem por símbolo, nem por alegoria; ele exprime a realidade em estado puro."

35. Martin Buber diz: ela é existência viva; é uma ação sagrada terrivelmente séria, um verdadeiro drama sacramental. O *nabi* vive em forma de sinal. Não é o que ele faz que é sinal, mas, ao fazê-lo, ele mesmo é sinal. E o que é um "sinal" na linguagem da Bíblia? Pedir um sinal não é pedir uma prova, é pedir que a mensagem tome forma concreta e corporal; é pois desejar que o espírito se exprima mais perfeitamente, de modo mais autêntico, em suma: que ele se encarne.

A QUESTÃO LITERÁRIA

123

dizer: "Sereis curvados sob o jugo"; ele se sobrecarrega de cordas e vai, sob uma canga de madeira, uma canga de ferro. Isaías não diz apenas: "Não contem com o Egito, seus soldados serão vencidos, presos, levados descalços e com as nádegas ao vento", mas ele mesmo tira sua sacola, suas sandálias e vai embora nu, durante três anos. O irmão profeta de Acab exige que um homem o açoite e o mutile, para encenar melhor a sentença que deseja tornar compreensível para o rei. O que nos diz isso? Que é necessário tomar tudo ao pé da letra; que estamos sempre entregues ao absoluto de um sentido, da mesma maneira que estamos entregues ao absoluto da fome, do sofrimento físico e de nosso corpo de necessidade; que não há refúgio contra esse sentido que nos persegue em toda parte, nos precede, sempre ali antes de nós, sempre presente na ausência, sempre falante no silêncio. Impossibilidade, para o homem, de escapar ao ser: "*Se eles cavam no abismo, minha mão irá colhê-los; se eles subirem aos céus, eu os farei descer; escondidos no Carmelo, logo os encontro; se eles pensam que podem refugiar-se no fundo dos mares, farei com que aí sejam mordidos pela Serpente.*" Terrível maldição da palavra que torna vã a morte e estéril o nada. Fala ininterrupta, sem vazio, sem repouso, que a palavra profética agarra e, ao agarrá-la, consegue por vezes interromper, para que a compreendamos e, nessa compreensão, despertar-nos para nós mesmos[36].

Palavra que ocupa todo o espaço e que é, no entanto, essencialmente não fixada (daí a necessidade da aliança,

---

36. Jeremias queria deter, mas sem a dizer, a insistência da Palavra desastrosa. Ele a retém em si, procurando calá-la, enquanto "fechada em seus ossos" ela se torna um fogo devorador. "*Disse a mim mesmo: 'Não pensemos mais, não anunciemos nada.' Mas foi, em meu coração, como um fogo devorador que em vão tentei conter*" (trad. fr. de Jean Grosjean).

sempre rompida, jamais interrompida). Esse assédio, esse assalto pelo movimento, essa rapidez de ataque, esse sobressalto infatigável, é o que as traduções, mesmo quando fiéis, travadas em sua fidelidade, têm tanta dificuldade em nos fazer pressentir. Devemos muito, portanto, ao poeta cuja poesia, traduzida dos profetas, soube nos transmitir o essencial: essa precipitação inicial, essa pressa, essa recusa de se demorar e de se apegar[37]. Dom raro e quase ameaçador, pois ele deve antes de tudo tornar sensível, em toda palavra *verdadeira*, pela devoração do ritmo e o tom selvagem, essa fala sempre dita e nunca ouvida, que a repete num eco prévio, rumor de vento e impaciente murmúrio destinados a repeti-la de antemão, sob risco de a destruir ao precedê-la. De modo que a predição, apoiando-se na intensidade antecipadora da dicção, parece sempre buscar a ruptura final. Assim como em Rimbaud, gênio da impaciência e da pressa, grande gênio profético.

---

37. Jean Grosjean, *Les Prophètes*. Leiamos, por exemplo, a honesta, útil e freqüentemente corajosa Bíblia de Jerusalém: "Os caminhos de Sion estão de luto, ninguém mais vem às suas festas. Todas as portas estão desertas, seus sacerdotes gemem, suas virgens se desolam. Sion está na amargura!" E Jean Grosjean:

> *Fim de festa em Sion: caminhos enlutados,*
> *Portas abandonadas, sacerdotes aos prantos;*
> *Virgens em desespero, desgraça sem limites.*

Parece-me que as traduções de Amos, de Oséias, e por vezes de Isaías, são as mais belas, as mais capazes, pela entonação, de evocar uma língua até aqui ausente de nossa língua.

CAPÍTULO VII
O SEGREDO DO GOLEM

A palavra "símbolo" é um vocábulo venerável na história das literaturas. Prestou grandes serviços aos intérpretes das formas religiosas e, hoje em dia, aos longínquos descendentes de Freud e aos próximos discípulos de Jung. O pensamento é simbólico. A existência mais tacanha vive de símbolos e lhe dá vida. A palavra "símbolo" reconcilia crentes e descrentes, cientistas e artistas.

Talvez. O que é estranho, no uso dessa palavra, é que o escritor a cuja obra a aplicamos se sente muito distante, enquanto está empenhado nessa obra, daquilo que tal palavra designa. Mais tarde, pode ser que ele aí se reconheça e se deixe lisonjear por esse belo vocábulo. Sim, é um símbolo. Mas, nele, algo resiste, protesta e secretamente afirma: não é uma maneira simbólica de dizer, era somente real.

Essa resistência merece atenção. E, no entanto, o pensamento do símbolo foi muito aperfeiçoado. Foi a mística que lhe trouxe, antes de qualquer estudo científico dos especialistas, maior claridade e maior rigor. O primeiro aprofundamento se fez pela necessidade de subtrair o sím-

126   *O LIVRO POR VIR*

bolo à alegoria. A alegoria não é simples. Se um velho com a foice significa o tempo, e uma mulher sobre uma roda significa a fortuna, a relação alegórica não se esgota nessa única significação. A foice, a roda, o velho, a mulher, cada detalhe, cada obra em que a alegoria apareceu, e a imensa história que aí se dissimula, e sobretudo o modo de expressão figurado, estendem a significação a uma rede infinita de correspondências. Desde o início, temos o infinito à nossa disposição. Somente, esse infinito é precisamente disponível. A alegoria desenvolve até muito longe a vibração emaranhada de seus círculos, mas sem mudar de nível, segundo uma riqueza que podemos qualificar de horizontal: ela se mantém em seus limites de expressão medida, representando, por algo que se exprime ou se figura, outra coisa que poderia ser expressa, também, diretamente.

A experiência simbólica

O símbolo tem pretensões muito diferentes. De imediato, ele espera saltar para fora da esfera da linguagem, da linguagem sob todas as suas formas. O que ele visa não é, de modo algum, exprimível, o que ele dá a ver e a entender não é suscetível de nenhum entendimento direto, nem mesmo de qualquer tipo de entendimento. O plano de onde ele nos faz partir é apenas um trampolim para nos elevar, ou nos precipitar, em direção a uma região outra à qual falta todo acesso. Pelo símbolo, há pois um salto, uma mudança de nível, mudança brusca e violenta, há exaltação, há queda, não a passagem de um sentido a outro, de um sentido modesto a uma riqueza maior de significações, mas àquilo que é outro, aquilo que parece diverso de todos os sentidos possíveis. Essa mudança de nível, movimento perigoso para baixo, ainda mais perigoso para cima, é o essencial do símbolo.

Isso já é difícil, promissor e raro, de modo que falar do símbolo exige precauções. Mas daí decorrem outras singularidades. A alegoria tem um sentido, muito sentido, maior ou menor ambigüidade de sentido. O símbolo não significa nada, não exprime nada. Ele apenas torna presente – fazendo-nos presentes nela – uma realidade que escapa a qualquer outra captura, e parece surgir, ali, prodigiosamente próxima e prodigiosamente longínqua, como uma presença estrangeira. Seria então o símbolo uma abertura na parede, a brecha pela qual se tornaria subitamente sensível aquilo que de outra forma escapa a tudo o que sentimos e sabemos? Será uma grade colocada sobre o invisível, uma transparência em que o obscuro se pressentiria em sua obscuridade? Não é nada disso, e é por essa razão que ele exerce uma grande atração na arte. Se o símbolo é uma parede, é então como uma parede que, longe de se abrir, se tornaria não somente mais opaca mas de uma densidade, de uma espessura, de uma realidade tão poderosas e exorbitantes que ele nos modifica, transforma num instante a esfera de nossos caminhos e de nossos usos, retira-nos de todo saber atual ou latente, nos torna maleáveis, nos perturba, nos revira e nos expõe, por essa nova liberdade, à aproximação de um outro espaço.

Não existe, infelizmente, exemplo preciso, porque quando o símbolo é particular, fechado e usual, ele já se degradou. Mas admitamos, por um momento, que a cruz, tal como ela é vivificada pela experiência religiosa, tenha toda a vitalidade do símbolo. A cruz nos orienta para um mistério, o mistério da paixão de Cristo, mas não perde, por isso, sua realidade de cruz e sua natureza de madeira: pelo contrário, ela se torna ainda mais árvore, mais próxima da árvore, pelo fato de parecer elevar-se sobre um céu que não é este céu, e num lugar fora de nosso alcance. É como se o símbolo fosse sempre mais recolhido sobre si mesmo, sobre a realidade única que detém, e sua obscuridade de coisa, pelo fato de ele ser também o lugar de uma força de expansão infinita.

É preciso, pois, dizer brevemente: todo símbolo é uma experiência, uma mudança radical que deve ser vivida, um salto que deve ser dado. Não há, portanto, símbolo, mas uma experiência simbólica. O símbolo nunca é destruído pelo invisível ou pelo indizível que pretende visar; ele atinge, pelo contrário, nesse movimento, uma realidade que o mundo habitual nunca lhe concedeu, ainda mais árvore por ser cruz, mais visível por causa dessa essência oculta, mais falante e mais expressivo pelo inexprimível junto ao qual ele nos faz surgir, por uma decisão instantânea.

Se tentarmos aplicar essa experiência do símbolo à literatura, perceberemos, não sem surpresa, que ela concerne unicamente ao leitor cuja atitude ela transforma. É somente para o leitor que há símbolo, é ele que se sente ligado ao livro pelo movimento de uma busca simbólica, é o leitor que, diante da narrativa, experimenta um poder de afirmação que parece transbordar infinitamente a esfera limitada em que esse poder se exerce, e ele pensa: "É muito mais do que uma história, há aqui o pressentimento de uma verdade nova, de uma realidade superior; algo me será revelado, algo que esse maravilhoso autor me destina, que ele viu e quer que eu veja, com a única condição de que eu não me deixe cegar pelo sentido imediato e a realidade premente da obra." Assim, ele está prestes

A QUESTÃO LITERÁRIA 129

a se unir à obra, por uma paixão que chega às vezes até a iluminação, que no mais das vezes se esgota em traduções sutis, quando se trata de um leitor especializado, feliz por poder abrigar sua pequena luz no seio de uma nova profundidade. Essas duas maneiras de ler são ilustres, e surgiram há muitos séculos: para citar apenas um exemplo, uma delas conduziu aos ricos comentários do Talmude, outra, às experiências extáticas do cabalismo profético, ligadas à contemplação e à manipulação das letras.

(Mas, talvez seja preciso lembrar: a leitura é uma felicidade que exige mais inocência e liberdade do que consideração. Uma leitura atormentada, escrupulosa, uma leitura que se celebra como os ritos de uma cerimônia sagrada, coloca de antemão sobre o livro os selos do respeito que o fecham pesadamente. O livro não é feito para ser respeitado, e "a mais sublime das obras-primas" encontra sempre, no leitor mais humilde, a medida justa que a torna igual a si mesma. Mas, naturalmente, a facilidade da leitura não é, ela mesma, de acesso fácil. A prontidão do livro a abrir-se, e a aparência que ele conserva de estar sempre disponível – ele, que nunca está ali –, não significa que esteja à nossa disposição, significa antes a exigência de nossa completa disponibilidade.)

O resultado da leitura simbólica é, por vezes, de um grande interesse para a cultura. Novas perguntas são suscitadas, velhas respostas são caladas, e a necessidade de falar dos homens, alimentada nobremente. Além disso, mas é o pior, uma espécie de espiritualidade bastarda encontra aí seus recursos. O que está por detrás do quadro, por detrás da narrativa, aquilo que pressentimos vagamente como um segredo eterno, se reconstitui num mundo próprio, autônomo, em torno do qual o espírito se agita, na felicidade suspeita que lhe fornece sempre o infinito do mais-ou-menos.

E, por fim, o resultado disso é a destruição da obra, como se ela se tornasse uma espécie de peneira, perfurada incansavelmente pelos insetos do comentário, com o objetivo de facilitar a visão desse país interior, sempre mal percebido, e que desejamos aproximar de nós, não pela adaptação de nossa vista, mas transformando-o conforme nosso olhar e nosso conhecimento.

É, pois, a uma dupla alteração que, pelo peso, chega quase necessariamente a busca simbólica. Por um lado, o símbolo, que não é nada se não for uma paixão, se não conduzir àquele salto que descrevemos, volta a ser uma simples ou complexa possibilidade de representação. Por outro, em vez de continuar sendo uma força veemente em que se unem e se confirmam dois movimentos contrários, um de expansão, outro de concentração, ele passa inteiro, pouco a pouco, para aquilo que simboliza, árvore da cruz que a grandeza do mistério roeu e desgastou, fibra por fibra.

Por que não há arte pura

Entretanto, fizemos progressos acerca dessa questão. Estamos mais prevenidos, mais atentos. Sentimos que a obra na qual parece animar-se uma vida simbólica nos aproximará tanto mais do "fora" quanto mais nos deixarmos encerrar, profundamente, nela. Ela nos dirá o que não nos diz, contanto que não diga nada a não ser ela mesma, e só nos conduz alhures se nos leva a lugar nenhum, não abrindo, mas fechando todas as saídas, Esfinge sem segredo, para além da qual não há nada senão o deserto que ela porta em si mesma e transporta em nós.

O além da obra só é real na obra, é apenas a realidade própria da obra. A narrativa, por seus movimentos de caráter labiríntico, ou pela ruptura de nível que produz em sua substância, parece atraída para fora dela mesma por uma luz cujo reflexo acreditamos surpreender aqui e ali, mas essa atração que a deporta para um ponto infinitamente exterior é o movimento que a traz de volta a seu próprio segredo, a seu centro, em direção à intimidade a partir da qual ela sempre se gera e é seu próprio e eterno nascimento.

Portanto, quando se vem falar de símbolo a um escritor, pode ser que ele sinta a distância da obra com relação a ela mesma, distância movente, viva, e centro de toda vida e movimento nela, como a distância que o símbolo traz consigo, prova de um vazio, de um afastamento que no entanto é preciso superar, apelo ao salto para mudar de nível. Mas, para o escritor, é na obra que está essa distância. É somente ao escrever que ele se entrega e se expõe a ela, para mantê-la real. É no interior da obra que se encontra o fora absoluto – exterioridade radical à prova da qual a obra se forma, como se o que está mais fora dela fosse sempre, para aquele que escreve, seu ponto mais íntimo, de modo que ele precisa, por um movimento muito arriscado, ir incessantemente até o extremo limite do espaço, manter-se como que no fim de si mesmo, no fim do gênero que ele acredita seguir, da história que acredita contar, e de toda escrita, ali onde não pode mais continuar: é ali que ele deve ficar, sem ceder, para que ali, em certo momento, tudo comece.

Mas, nesse ponto e nesse instante, parece-lhe também que não se trata mais da obra que lhe é dado escrever, mas daquilo que não tem mais relação com ela, nem com ele mesmo, nem com coisa alguma: é, pensa ele, uma coisa bem diversa que tem em vista, uma Terra desconhecida, um *Mare tenebrarum*, um ponto, uma imagem inefável, "sentido" supremo cuja obsessão é doravante tudo o que o anima. Então, ele renega sua tarefa, sua obra e seu objetivo próprios? É verdade. Tudo acontece como se o escritor – ou o artista – não pudesse prosseguir a realização de sua obra sem se dar, por objeto e por álibi, a busca de outra coisa (eis por que, sem dúvida, não há arte pura). Para exercer sua arte, ele precisa de um viés para escapar à arte, um viés pelo qual ele dissimula o que é e o que faz – e a literatura é essa dissimulação. Assim como Orfeu, ao voltar-se para Eurídice, cessa de cantar, rompe o poder do canto, trai o rito e esquece a regra, da mesma forma é preciso que, em certo momento, o escritor traia, renegue tudo, a arte e a obra e a literatura, que não lhe parecem mais nada com relação à verdade que entrevê (ou ao povo que ele quer servir), ao desconhecido que deseja captar, a Eurídice que ele quer ver e não mais cantar. É somente à custa dessa renegação da obra que esta pode adquirir sua maior dimensão, o que faz dela mais do que uma obra. É a esse preço, freqüentemente, que ela se perde e, também, que ela parece dar alimento e razão de ser ao símbolo.

O que traz, portanto, ao escritor, a palavra "símbolo"? Talvez nada mais do que o esquecimento de seu malogro, e a perigosa tendência a se iludir, recorrendo a uma linguagem de mistério[38]. Se ele fosse obrigado, para especificar a experiência que lhe é própria, a empregar outra palavra, seria antes a simples palavra *imagem*, pois freqüentemente ele é, para si mesmo, como um homem que encontrou uma imagem e se sente ligado a ela

---

38. Poderíamos dizer que o símbolo recupera, mas pelo avesso, a aventura criativa. Ele faz com que a leitura participe da profundidade desse movimento aventuroso, mas tanto mais, talvez, quanto menos o escritor foi tentado a preparar intencionalmente a via do símbolo.

A QUESTÃO LITERÁRIA

133

por uma estranha paixão, não tendo mais outra existência senão permanecer junto dela, permanência que é sua obra.

Felicidade, infelicidade da imagem

Na narrativa de Bioy Casares, *A invenção de Morel* – que Jorge Luis Borges elevou à categoria dos grandes êxitos –, conta-se a história de um homem que, fugindo à perseguição política, encontra refúgio numa ilha onde está em segurança, porque uma espécie de peste a tornou deserta. Há alguns anos, um homem rico, com alguns amigos, construiu ali um hotel, uma capela, um "Museu", mas a epidemia parece tê-los expulsado. O exilado vive assim, por certo tempo, na angústia do extremo abandono. Um dia, ele vê uma jovem, vê também outras pessoas, que reocupam o hotel e levam, naquela natureza selvagem, uma vida incompreensível de divertimentos. Ele precisa fugir novamente, precisa esconder-se, mas a atração por aquela jovem que ouve chamarem de Faustina, a indiferença encantada que ela demonstra por ele, aquele mundo de festa e de felicidade o capturam. Aproxima-se, fala com ela, a toca, a solicita, mas em vão. Ele tem de decidir: não existe para ela, está como que morto a seus olhos, e não estaria ele morto de fato? Vamos para o desenlace. O organizador desse pequeno grupo é um cientista que conseguiu obter, dos seres e de todas as coisas, uma imagem absoluta, de tal modo que ela se impõe a todos os sentidos como o duplo idêntico e incorruptível da realidade. O cientista, sem que eles o soubessem, "filmou" seus amigos, em cada instante de suas vidas, durante uma semana que será eterna, e que recomeça cada vez que as marés põem em movimento o maquinário de

134   *O LIVRO POR VIR*

que dependem os aparelhos de projeção. Até aqui, a narrativa é apenas engenhosa. Mas é-nos reservado um segundo desenlace em que a engenhosidade se torna comovente. O fugitivo vive, pois, junto a essas imagens, junto à fascinante moça à qual ele se sente pouco a pouco ligado, mas não o suficiente. Ele gostaria de entrar no círculo de sua indiferença, entrar no seu passado, modificar o passado segundo seu desejo, por isso toma uma decisão: adaptar seus gestos e suas palavras aos gestos e palavras de Faustina, para que eles se correspondam, como uma alusão ao que um espectador acreditaria ser a intimidade feliz de ambos. Assim, vive uma semana inteira durante a qual, pondo em movimento os aparelhos de filmagem, ele se faz reproduzir, com ela e com todos, tornando-se por sua vez imagem e vivendo maravilhosamente naquela intimidade imaginária (naturalmente, ele se apressa a destruir a versão da semana em que não estava). Ei-lo doravante feliz e até mesmo bem-aventurado: felicidade e eternidade que deve pagar, este é o preço, com sua morte, pois os raios são mortais.

Felicidade, infelicidade da imagem. Nessa situação, o escritor não estaria tentado a reconhecer, rigorosamente descritos, muitos dos seus sonhos, das suas ilusões e dos seus tormentos, e até o ingênuo e insinuante pensamento de que, se ele morrer disso, fará passar um pouco de sua vida para as figuras eternamente animadas por sua morte?

Assim vai, em sua inclinação, o devaneio alegórico, e já que este comentário já deslizou nessa direção, ele é uma outra alegoria. Lembramo-nos do Golem, aquela massa rudimentar que recebia vida e potência das letras que seu criador sabia escrever, misteriosamente, em sua testa. Mas a tradição se engana ao atribuir-lhe uma existên-

A QUESTÃO LITERÁRIA

cia permanente, semelhante à dos outros seres vivos. O Golem se animava e vivia com uma vida prodigiosa, superior a tudo o que podemos conceber, mas somente durante o êxtase de seu criador. Era-lhe necessário esse êxtase, e a faísca da vida extática, pois ele mesmo era apenas a realização instantânea da consciência do êxtase. Assim foi ele, pelo menos na origem. Mais tarde, o Golem se transformou numa obra mágica comum, aprendeu a durar como todas as obras e como todas as coisas, e tornou-se então capaz dos truques que o fizeram entrar na celebridade e na lenda, mas sair também do verdadeiro segredo de sua arte.

CAPÍTULO VIII
O INFINITO LITERÁRIO: O ALEPH

Falando do infinito, Borges diz que essa idéia corrompe as outras. Michaux evoca o infinito, inimigo do homem, e diz que a mescalina "recusa o movimento do infinito": "*Infinivertida, ela destranqüiliza* [*sic*]."

Suspeito que Borges recebeu o infinito da literatura. Não é para dar a entender que ele tem apenas um conhecimento calmo do infinito, tirado das obras literárias, mas para afirmar que a experiência da literatura é talvez fundamentalmente próxima dos paradoxos e dos sofismas daquilo que Hegel, para descartá-lo, chamava de mau infinito.

A verdade da literatura estaria no erro do infinito. O mundo onde vivemos, tal como o vivemos, é felizmente limitado. Bastam-nos alguns passos para sair de nosso quarto, alguns anos para sair de nossa vida. Mas suponhamos que, nesse espaço estreito, de repente obscuro, de repente cegos, nós nos perdêssemos. Suponhamos que o deserto geográfico se torne o deserto bíblico: não é mais de quatro passos, não é mais de onze dias que precisamos para atravessá-lo, mas do tempo de duas gerações,

A QUESTÃO LITERÁRIA

mas de toda a história da humanidade e, talvez, ainda mais. Para o homem medido e comedido, o quarto, o deserto e o mundo são lugares estritamente determinados. Para o homem desértico e labiríntico, destinado à errância de uma marcha necessariamente um pouco mais longa do que sua vida, o mesmo espaço será verdadeiramente infinito, mesmo que ele saiba que isso não é verdade, e ainda mais se ele o sabe.

O sentido do devir

A errância, o fato de estarmos a caminho sem poder jamais nos deter, transformam o finito em infinito. A isso se acrescentam estes traços singulares: do finito, que é no entanto fechado, podemos sempre esperar sair, enquanto a vastidão infinita é a prisão, porque é sem saída; da mesma forma, todo lugar absolutamente sem saída se torna infinito. O lugar do extravio ignora a linha reta; nele, não se vai de um ponto a outro; não se sai daqui para chegar ali; nenhum ponto de partida e nenhum começo para a marcha. Antes de ter começado, tudo já recomeça; antes de ter realizado, repetimos, e essa espécie de absurdo que consiste em voltar sempre sem nunca ter partido, ou em começar para recomeçar, é o segredo da "má" eternidade, correspondente à "má" infinidade, que encerram, talvez, o sentido do devir.

Borges, homem essencialmente literário (o que significa que ele está sempre pronto a compreender segundo o modo de compreensão que a literatura autoriza), está às voltas com a má eternidade e a má infinidade, as únicas que, talvez, podemos experimentar, até a gloriosa reviravolta que se chama o êxtase. Para ele, o livro é, em prin-

138   *O LIVRO POR VIR*

cípio, o mundo, e o mundo é um livro. Isso deveria tranqüilizá-lo acerca do sentido do universo, pois podemos duvidar da razão do universo, mas o livro que fazemos, em particular os livros de ficção organizados sem destreza, com problemas perfeitamente obscuros aos quais convêm soluções perfeitamente claras, como os romances policiais, sabemos que eles são impregnados de inteligência e animados por aquele poder de ordenação que é o espírito. Mas, se o mundo é um livro, todo livro é o mundo, e, dessa inocente tautologia, resultam temíveis conseqüências.

Primeiramente isto: não há mais ponto de referência. O mundo e o livro remetem um ao outro, eterna e infinitamente, suas imagens refletidas. Esse poder infinito de espelhamento, essa multiplicação cintilante e ilimitada – que é o labirinto da luz, o que não é pouca coisa – será, então, tudo o que encontraremos, no fundo de nosso desejo de compreender.

E também isto: se o livro é a possibilidade do mundo, devemos concluir que está também agindo no mundo, não apenas o poder de fazer, mas esse grande poder de fingir, de trapacear e de enganar de que toda obra de ficção é o produto, tanto mais evidente quanto mais esse poder estiver ali dissimulado. *Ficções, Artifícios* são os nomes mais honestos que a literatura pode assumir; e censurar Borges por escrever narrativas que correspondem bem demais a tais títulos é censurá-lo por esse excesso de franqueza, sem a qual a mistificação se toma pesadamente ao pé da letra (Schopenhauer, Valéry, vemos bem, são os astros que brilham nesse céu privado de céu).

A palavra "trapaça", a palavra "falsificação", aplicadas ao espírito e à literatura, nos chocam. Pensamos que esse tipo de enganação é simples demais, acreditamos que, se

A QUESTÃO LITERÁRIA 139

há uma falsificação universal, é ainda em nome de uma verdade talvez inacessível, mas venerável e, para alguns, adorável. Pensamos que a hipótese cartesiana do gênio maligno não é a mais desesperadora: mesmo que todo-poderoso, um falsificador permanece sendo uma verdade sólida que nos dispensa de pensar para além dela. Borges compreende que a perigosa dignidade da literatura não é a de nos fazer supor, no mundo, um grande autor absorto em suas mistificações sonhadoras, mas a de nos fazer sentir a aproximação de uma estranha potência, neutra e impessoal. Ele gosta que digam de Shakespeare: "Ele se parecia com todos os homens, exceto no fato de se parecer com todos os homens." Ele vê, em todos os autores, um só autor que é o único Carlyle, o único Whitman, que não é ninguém. Reconhece-se em George Moore e em Joyce – poderia dizer em Lautréamont e em Rimbaud –, capazes de incorporar em seus livros páginas e figuras que não lhes pertencem, pois o essencial é a literatura, não os indivíduos; e, na literatura, que ela seja impessoalmente, em cada livro, a unidade inesgotável de um único livro e a repetição fatigada de todos os livros.

Quando Borges nos propõe imaginar um escritor francês escrevendo, a partir de pensamentos que lhe são próprios, algumas páginas que reproduzam textualmente dois capítulos de *Dom Quixote*, essa absurdez memorável nada mais é do que aquela realizada por toda tradução. Numa tradução, temos a mesma obra numa linguagem duplicada; na ficção de Borges, temos duas obras na intimidade da mesma linguagem e, dessa identidade que não é uma identidade, a miragem fascinante da duplicidade dos possíveis. Ora, ali onde há um duplo perfeito, o original é apagado, e até mesmo a origem. Assim, se o mundo pudesse ser exatamente traduzido e duplicado

O LIVRO POR VIR

num livro, perderia todo começo e todo fim, tornar-se-ia o volume esférico, finito e sem limites, que todos os homens escrevem e no qual são escritos: não seria mais o mundo, seria, será o mundo pervertido na soma infinita dos possíveis. (Essa perversão é talvez o prodigioso, o abominável Aleph.)

A literatura não é uma simples trapaça, é o perigoso poder de ir em direção àquilo que é, pela infinita multiplicidade do imaginário. A diferença entre o real e o irreal, o inestimável privilégio do real, é que há menos realidade na realidade, pois ela é apenas a irrealidade negada, afastada pelo enérgico trabalho da negação, e pela negação que é também o trabalho. É esse menos, essa espécie de emagrecimento, de afinamento do espaço, que nos permite ir de um ponto a outro, à maneira feliz da linha reta. Mas é o mais indefinido, essência do imaginário, que sempre impede K. de alcançar o Castelo, assim como impede, por toda eternidade, que Aquiles alcance a tartaruga, e talvez o homem vivo de se juntar a si mesmo, num ponto que tornaria sua morte perfeitamente humana e, por conseguinte, invisível.

CAPÍTULO IX
O MALOGRO DO DEMÔNIO: A VOCAÇÃO

Goethe gostava de seu demônio; permitiu que ele acabasse bem. Virginia Woolf luta, durante toda a sua vida, contra o demônio que a protege, e finalmente triunfa sobre ele, num movimento obscuro que consagra, talvez, a verdade de sua vocação. Essa luta é estranha. Aquele que nos engana nos preserva, mas nos torna infiéis a nós mesmos, demasiadamente prudentes e demasiadamente bem-comportados. No *Diário* publicado depois de sua morte, são as peripécias desse combate que procuramos, ao mesmo tempo que deploramos os limites da publicação: vinte e seis volumes que se transformaram num só; o decoro assim o determinou. Ele permanece sendo um documento emocionante sobre a atitude do escritor e, aqui e ali, uma luz iluminando a felicidade, a infelicidade de seu trabalho[39].

---

39. *Journal d'un écrivain* [Diário de um escritor], trad. fr. Germaine Beaumont. Cf. o comentário comovente de Dominique Aury no n.º 67 da *N.R.F.*

142   O LIVRO POR VIR

Emocionante, mas de leitura freqüentemente penosa. Os leitores sem indulgência correm o risco de ficar ir-
ritados com aquela Virginia que amam tão apegada ao
sucesso, tão feliz com as lisonjas, tão vã por ter sido repentinamente reconhecida, tão ferida por não o ser. Sim,
isso é surpreendente, doloroso e quase incompreensível.
Há algo de enigmático nessas relações falsas que colocam um escritor de tal delicadeza numa dependência tão
grosseira. E a cada vez, a cada novo livro, a comédia, a tragédia é a mesma. Essa repetição, da qual ela tem plena
consciência – quem foi mais lúcido? –, se torna ainda mais
constrangedora pelos encolhimentos do *Diário*, mas esses erros de perspectiva também têm sua verdade. E, de
repente, a saída, a morte que escolheu e que vem ocupar
o lugar do público, para lhe dar enfim a resposta justa que
ela não cessou de esperar.

A grande agonia

Não deveríamos censurar Virginia Woolf por ser sensível até na superfície. Que ela seja por vezes ciumenta,
julgando mal Joyce ou Katherine Mansfield por causa de
seus méritos, isso nos confrange, mas ela o vê e também
o lamenta. Que ela deva à aristocracia dos literatos e dos
artistas, no entanto muito livres, entre os quais se formou,
suas relações sem liberdade com o espírito crítico, isso é
o mais grave. Quando ela escreve, evoca o que pensarão
certos amigos seus, todos especialistas, críticos, poetas,
romancistas de primeira categoria. Quando acaba de escrever, espera o julgamento deles (às vezes o espera fugindo dele). Se o julgamento é bom, ela fica feliz, por um

A QUESTÃO LITERÁRIA

instante; se não é tão bom, fica aniquilada por muito tempo. Isso é sadio? Vejo, admiro as relações tão frutuosas (dizem eles) que uniram Roger Martin du Gard, Copeau e Gide, e todo o meio Bloomsbury da *Nouvelle Revue Française*. Mas um escritor não tem uma grande necessidade de anonimato? Não está acolhendo uma ilusão, quando acredita escrever em familiaridade com rostos e sensibilidades amigas? Mesmo Goethe nada pôde em favor de Schiller. E Virginia Woolf foi ajudada por todos esses admiráveis escritores que foram seus companheiros? Com certeza, eles a ajudaram; no entanto, ela carregou também, como um fardo, o peso de suas lisonjas e seus encorajamentos.

Isso permanece superficial. Se ela é vulnerável, não o é por simples falta de modéstia, pelo desejo de ser "célebre" ou "grande", ou pela preocupação inquieta de agradar a amigos tão perspicazes. Suas maneiras de ser fraca permitem-lhe somente afastar de si uma fraqueza mais essencial, uma insegurança à qual ela não escapa. Essa fraqueza está em seu próprio talento. "*Talvez eu não esteja certa de meus dons.*" Admiramo-nos de que ela possa duvidar de si mesma, tendo já publicado seus livros mais importantes (*Mrs. Dalloway, Rumo ao farol, As ondas*). Mas lembremo-nos de Goethe que, aos quarenta anos, escritor famoso, encontra-se de repente nas estradas italianas e pensa se ele não é pintor ou naturalista, mais do que poeta. Virginia Woolf sabe com certeza que o artista mais talentoso, cada vez que se empenha numa nova obra, fica desamparado e como que privado de si mesmo. O seguro e forte Claudel, tendo terminado *L'Otage* [O refém], escreve a Gide: "A experiência passada não serve para nada; cada nova obra coloca problemas novos, diante dos

144   *O LIVRO POR VIR*

quais sentimos todas as incertezas e todas as angústias do principiante, e ainda por cima algumas facilidades traiçoeiras que é preciso dominar brutalmente." E Péguy: "Nunca começo uma obra nova sem tremer. Vivo no tremor de escrever."[40]

Mas essa incerteza, que faz com que a vocação – e a própria existência do poeta – seja a cada vez decidida como um enigma, pela afirmação do poema, talvez não seja ainda o essencial. No caso de Virginia Woolf, diríamos que é a arte que nela torna necessária uma profunda fraqueza, exigindo o abandono de seus mais naturais recursos de vida e de expressão. (É talvez o que Jacques Rivière queria também exprimir, quando dizia de Alain-Fournier: "Ele só é ele mesmo e encontra todas as suas forças no instante em que se sente abandonado por tudo aquilo de que no entanto necessita.") Há, no *Diário* de Virginia Woolf, notas que dizem, às vezes solenemente, a falta ao nível da qual seu trabalho a conduz: "*Quero obrigar-me a olhar de frente a certeza de que não há nada, nada para nenhum de nós. Trabalhar, ler, escrever são apenas disfarces; assim como as relações com as pessoas. Sim, mesmo ter filhos não serviria para nada.*" Não é um pensamento herdado passageiramente de seu meio; é uma convicção que sente intimamente ligada à verdade de sua tarefa: ela precisa encontrar o vazio ("*a grande agonia*", "*o terror da solidão*", "*o horror de contemplar o fundo da lama*") para, a partir desse vazio, começar a ver até mesmo as coisas

---

40. Começando um novo romance, Julien Green anota em seu diário (*Le Bel Aujourd'hui*): "A experiência não adianta nada, não dá nenhuma facilidade... Querer escrever e não conseguir, como esta manhã, é para mim uma espécie de tragédia. A força está ali, mas não está livre, por razões que ignoro."

A QUESTÃO LITERÁRIA

mais humildes, e captar o que ela chama de *realidade* – a atração do momento puro, a cintilação insignificante e abstrata que não dura, nada revela e volta ao vazio que ela ilumina. Muito fácil, essa experiência do instante, pensarão alguns; fácil, não sei, mas exigindo tal separação de si mesmo, uma humildade tão grave, uma fidelidade tão completa a um poder ilimitado de dispersão (a essência da infidelidade) que vemos bem, finalmente, o risco que se deve correr.

A "realidade"

A arte de Virginia Woolf se mostra tal qual é, de uma terrível seriedade. Não é permitido trapacear. Como seria tentador procurar traduzir numa grande afirmação reveladora essas breves iluminações que abrem e fecham o tempo, e que, muito consciente de seu valor, ela chama de *moments of being*, "momentos de ser". Não irão eles maravilhosamente, e de uma vez por todas, mudar a vida? Carregam o poder de decisão e de criação capaz, como acontece com Proust, de tornar possível a obra que deve se juntar em torno deles? De modo algum. "*Pequenos milagres cotidianos*", "*fósforos inopinadamente riscados no escuro*", eles não dizem nada a não ser eles mesmos. Aparecem, desaparecem, fragmentos brilhantes que raiam com sua pureza saturada o espaço da transparência[41].

Ao mesmo tempo, e embora se deva sempre temer o mal-entendido, o que esses núcleos de claridade móvel lhe fazem perceber, numa necessária dispersão, não deve ser confundido com o jogo das aparências. Não são

---

41. Monique Nathan, *Virginia Woolf par elle-même*.

146   *O LIVRO POR VIR*

"impressões", mesmo que tenham a modéstia destas, e muito nos enganaríamos se qualificássemos sua escrita como impressionista. Virginia Woolf sabe que não deve ficar passiva diante do instante, mas responde a ele por uma paixão breve, violenta, obstinada e no entanto refletida – pensativa. *"Veio-me a idéia do que eu gostaria de fazer agora, é de saturar cada átomo. Gostaria de eliminar tudo o que é dejeto, morto e supérfluo, de dar o momento inteiro com tudo o que ele pode incluir! Digamos que o momento é uma combinação de pensamento com sensação; a voz do mar."* A aparência, o vivo, a vida não bastam e não garantem nada: *"É um erro acreditar que a literatura pode ser colhida ao vivo. É preciso sair da vida... É preciso sair de si e se concentrar, o máximo possível, num único ponto..."*; *"Reconheço que é exato, que não tenho o dom de 'realidade'. Eu desencarno deliberadamente, até certo ponto, pois desconfio da realidade... Mas para ir mais longe"*. E o que encontra ela mais longe? Falando, em 1928, da experiência mais grave que teve e a respeito da qual recorre a palavras inabitualmente fortes – terror, horror, agonia –, ela acrescenta isto: *"Foi essa experiência que me tornou consciente daquilo que chamo de* realidade, *isto é, uma coisa que vejo diante de mim, algo de abstrato, mas que foi no entanto incorporado às charnecas, ao céu; ao lado disso, nada conta; nisso encontrarei meu repouso e continuarei a existir. É o que chamo de 'realidade'. E às vezes me digo que é a coisa mais necessária e que não cesso de buscar."*

Eis portanto, quando arde o fogo caprichoso, tudo o que lhe é dado, aquilo a que ela deve ser fiel, renunciando a tudo o mais – *"algo de abstrato incorporado às charnecas, ao céu"*. Uma vida de coragem, anos de trabalho, dias de desespero, de espera, de busca estéril, e o medo solitário do fim, sem outra justificativa a não ser esta peque-

A QUESTÃO LITERÁRIA

na frase, cujo possível engano ela denuncia imediatamente: "*Mas quem sabe, uma vez que se pegou a pena e se começou a escrever? Como é difícil não transformar em 'realidade' isso e aquilo, quando ela é uma única coisa.*" Assim Proust pesava, com o peso de uma vida, o pequeno lanço de muro tão bem pintado de amarelo.

Pérfida vocação

Quando se olha o rosto patético que, ao longo dos anos, a vida lhe dá, rosto que aos poucos se apaga, temos a impressão, para além da melancolia que o torna ainda visível, de que toda a força exterior e a energia pessoal, sobre a qual precisamos nos apoiar para perseverar, a abandonam. De onde tira ela, então, até o fim, as possibilidades quase desarrazoadas de trabalho, reescrevendo não sei quantas vezes cada um de seus livros, apoiando-os, mantendo-os acima de seu desânimo, ao qual ela não os entrega nunca? É aí que se deixa pressentir a indomável força própria da fraqueza, como se, quando não podemos mais nada, aparecesse às vezes o recurso de um poder muito diverso. Mas em que insegurança ela permanece! Ligar-se à dispersão, à intermitência, ao brilho fragmentado das imagens, à fascinação cintilante do instante, é um terrível movimento – uma terrível felicidade, sobretudo quando, finalmente, produz um livro. Haverá uma solução para reunir o que se dispersa, tornar contínuo o descontínuo e manter o errante num todo unificado? Virginia Woolf a encontra por vezes, na fala movente que é como o sonho e a imaginação da água, mas, na intriga romanesca de que não pode livrar-se totalmente, às vezes ela não a encontra. Seu último livro, nas últimas páginas,

148   *O LIVRO POR VIR*

repete somente estas duas palavras: *"Unidade, dispersão... Uni... disp..."*; *"Tudo o que podemos ver de nós mesmos são pedaços, cacos, fragmentos"*; *"Eis-nos dispersos, nós que estávamos juntos"*; *"Estamos dispersos..."*; *"Unidade, dispersão"*. É preciso separar-se.

O suicídio de Virginia Woolf é tão próximo dela mesma que gostaríamos de deixá-lo de lado e, primeiramente, de esquecê-lo, ignorá-lo, embora sabendo que era necessário, mas – quem sabe? – ainda evitável. Como ousar ligá-lo à sua vida criativa? Como ver nele o acabamento de seu destino? E, caso a fidelidade à sua vocação o exigisse, como nos sugerem, o que significa aqui a palavra "vocação"? Ortega y Gasset afirmou que cada um de nós tem um projeto essencial – talvez único – que passamos a vida recusando ou realizando, lutando porém quase sempre contra ele, num combate obscuro, desesperado e vivo. Assim, diz ele, foi Goethe, que passou sua vida ilustre traindo sua vocação autêntica. E toda existência é ruína, todo êxito brilhante um monte de escombros entre os quais o biógrafo deve procurar aquilo que a pessoa deveria ter se tornado. Para um, sua verdade foi ser ladrão, e ele falseou sua vida conseguindo, por virtude, não o ser. Para outro, ser Dom Juan, e não um santo. Para Goethe, não cair na triste história de Weimar, "o maior mal-entendido da história literária", e não se transformar em estátua. A tese, sustentada com autoridade[42], é insustentável e perturbadora. Qual é esse projeto secreto, inacessível e inexistente cuja pressão constante se exerce, de fato, sobre os homens, e particularmente sobre os homens problemáticos, os criadores, os intelectuais, que estão, a

---

42. No ensaio intitulado *Lettre à un Allemand* [Carta a um alemão], reproduzido em francês na coletânea *Le Spectateur tenté*.

cada instante, como que disponíveis e perigosamente novos? A idéia de uma vocação (de uma fidelidade) é a mais perversa das que podem perturbar um artista livre. Mesmo e sobretudo fora de qualquer convicção idealista (na qual essa idéia se insere mais facilmente), nós a sentimos perto de todo escritor como sua sombra, que o precede e que ele evita, persegue, desertor de si mesmo, imitando a si mesmo ou, pior, imitando a idéia inimitável do Artista ou do Homem que ele quer oferecer, de modo espetacular.

O lado pérfido da vocação é que ela não vai necessariamente no sentido das aptidões, já que pode exigir, pelo contrário, uma renúncia aos talentos naturais, como nos mostram tantos artistas, de início fáceis, e depois tornando-se o que são ao cessarem de ser eles mesmos, ingratos então para com seus dons espontâneos – enquanto, em Goethe, é a multiplicidade das aptidões que teria alterado a vocação. E vemos Pascal, cientista, escritor, gênio religioso, encontrar-se num doloroso conflito até o momento em que sua vocação termina em conversão. A vocação é perversa pelo fato de supor uma exigência exclusiva, um movimento em direção a uma figura cada vez mais determinada, a escolha, entre muitas possíveis, de uma única que, mesmo permanecendo enigmática, se afirma como essencial, e de tal modo que não podemos nos afastar dela sem a certeza – imperiosa, indecifrável – de um erro. É preciso, pois, decidir-se irrevogavelmente, limitar-se, libertar-se de si mesmo e de todo o resto com vistas a essa única "realidade" (no sentido em que a entende Virginia Woolf). Mas o próprio do escritor é, em cada obra, reservar o indeciso na decisão, preservar o ilimitado junto ao limite, e nada dizer que não deixe intacto todo o espaço da fala ou a possibilidade de dizer tudo.

150   *O LIVRO POR VIR*

E, ao mesmo tempo, é preciso dizer uma única coisa, e somente ela.

Quando T. S. Eliot faz esta observação: "Sei por experiência pessoal que, no meio de sua vida, um homem se encontra em presença de três escolhas: não escrever mais nada, repetir-se com, talvez, um grau sempre maior de virtuosismo ou, por um esforço de pensamento, adaptar-se a essa 'idade mediana' e achar um novo modo de trabalhar", ele sabe muito bem que não é apenas no meio da vida, mas a cada virada de si mesmo, e a cada nova obra, a cada página da obra, que uma dessas três escolhas – para ficarmos apenas nelas – deveria propor-se, se por felicidade uma espécie de ligeireza não permitisse, a cada vez, passar à frente delas. Virginia Woolf, tão ansiosa, tão incerta, teve essa ligeireza. Nada pesa nela, e raramente uma angústia tão pesada teve uma aparência tão leve. Enquanto escreve – e mesmo quando *"escrever é o próprio desespero"* –, ela é levada por um movimento prodigioso, um acordo exaltante com sua "vocação", que parece ser, então, o atrativo daquela *"coisa abstrata incorporada às charnecas, ao céu"*, na qual, por si mesma, com uma precisa imprecisão, ela encerrou seu segredo. É apenas após cada livro que a obscura infelicidade a subjuga. Em vão ela tenta aliviá-la, pedindo a uns um julgamento favorável, esperando de outros a ferida de uma crítica que lhe permitiria localizar seu tormento. *"E ninguém sabe como sofro, ao longo desta rua, lutando com minha angústia como eu o fazia depois da morte de meu irmão, sozinha, lutando sozinha contra algo. Mas, naquele momento, eu lutava contra um demônio, e agora contra nada."* Ela sugere que, quase todas as vezes que terminou um livro, pensou no suicídio, particularmente depois de *Rumo ao farol*, que foi, no entanto,

A QUESTÃO LITERÁRIA 151

o romance de que menos precisou duvidar. Explicaríamos isso facilmente dizendo que ela paga com um grande cansaço a tensão excessiva que seu trabalho exigiu. É um aspecto das coisas. Ela mesma ainda o exprime de outra forma: *"Assim que paro de trabalhar, parece que afundo, que afundo. E, como sempre, fico persuadida de que, se mergulhar mais fundo, atingirei a verdade. É a única compensação: uma espécie de nobreza, de solenidade."*

"Malogro"

Quando ela morre, seu último romance (*Entre os atos*) termina sem estar acabado. É o instante mais perigoso: o livro a abandona, as forças que vinham dele se retiram, deixando-a sem recursos e sem fé diante da tarefa: *"Há um freio na vaga de meu ser. Uma corrente obscura se concentra contra o obstáculo, golpeia-o, puxa, um nó bem no centro resiste. Oh! é uma dor, isso, é a angústia. Fraquejo. Malogro."*[43] Ela malogra. O que impressiona nesse malogro, afirmado pela morte voluntária, é o ato escandaloso que esta introduz no curso de uma existência até aquele momento tão perfeitamente respeitável (como ela mesma a qualificava, com uma nostalgia irônica). Assim, é verdade que, mesmo quando ligado aos hábitos de uma civilização exigindo que não se faça nada de chocante, para um escritor fiel à sua "vocação", há sempre um momento em que o decoro é quebrado. Compreendemos melhor, agora, as palavras do jovem Goethe: "Para mim, não há chance de acabar bem", certeza que o acompanha durante toda a sua juventude, até o dia em que descobre a

---

43. É Rhoda quem assim fala em *As ondas*.

potência demoníaca cujo acordo deve protegê-lo, pensa ele, contra o medo de se perder. Essa potência o protegeu, de fato, mas começou então a infidelidade a ele mesmo, e a gloriosa decadência à qual Virginia Woolf preferiu escapar, afundando.

III
DE UMA ARTE SEM FUTURO

CAPÍTULO I
NO EXTREMO

A arte está chegando a seu fim? A poesia está perecendo por ter-se olhado de frente, assim como aquele que viu Deus morre? O crítico que considera nosso tempo, comparando-o com o passado, não pode deixar de exprimir uma dúvida e, acerca dos artistas que, apesar de tudo, ainda produzem, uma admiração desesperada. Mas quando se prova, como Wladimir Weidlé, num livro rico de cultura, de razão e de melancolia, que a arte moderna é impossível – e essa prova é convincente, talvez lisonjeira demais –, não se está pondo em destaque a exigência secreta da arte que é sempre, em todo artista, a surpresa daquilo que *é* sem ser possível, daquilo que deve começar no extremo, obra do fim do mundo, arte que encontra seu começo somente ali onde não há mais arte e onde não há condições para ela? Não poderíamos ir mais longe nessa dúvida. É o meio, um dos meios de ir mais longe na maravilha do indubitável.

Wladimir Weidlé escreve: "O erro de Mallarmé"[1], e Gabriel Marcel: "O erro mallarmeano..." Erro evidente.

---

1. "O erro de Mallarmé foi ter desejado isolar assim a essência poética, e apresentá-la em estado puro, justapondo, sem uma solda profunda, combinações verbais de uma insuperável beleza" (*Les Abeilles d'Aristée*).

156 *O LIVRO POR VIR*

Mas não é também evidente que a esse erro devemos Mallarmé? Todo artista está ligado a um erro com o qual tem uma relação particular de intimidade. Há um erro de Homero, de Shakespeare – que é, talvez, para um e para outro, o fato de não existirem. Toda arte tira sua origem de um defeito excepcional, toda obra é a realização desse defeito de origem do qual nos vêm a aproximação ameaçada da plenitude e uma nova luz. Será essa uma concepção própria de nosso tempo, este tempo em que a arte deixou de ser uma afirmação comum, uma tranqüila maravilha coletiva, e é tanto mais importante quanto mais é improvável? Talvez. Mas como era outrora? E qual é esse vago outrora em que tudo nos parece tão fácil, tão seguro? Pelo menos, é hoje que nos diz respeito e, quanto a hoje, podemos afirmar resolutamente: um artista não poderia enganar-se demasiadamente, nem se ligar demais a seu erro, num contato grave, solitário, perigoso, insubstituível, pelo qual ele tropeça, com terror, com delícias, no excesso que, nele mesmo, o conduz fora dele e talvez fora de tudo.

(Os discípulos, os imitadores, são aqueles que, como os críticos, fazem de um erro uma razão, que o estabilizam, o acalmam, mas assim o põem em evidência, de modo que ele aparece, e é fácil então, para os críticos, mostrar o erro, o impasse ao qual ele chega, com que malogro se paga o êxito e mesmo o malogro que foi o êxito.)

Essa ligação com o erro, essa relação difícil de atingir, ainda mais difícil de manter, que se choca, naquele mesmo indivíduo que o erro mantém sob seu fascínio, com uma dúvida, um desmentido, essa paixão, essa atitude paradoxal concerne também ao romance, o mais feliz dos gêneros, do qual se disse sempre, porém, que chegou a seu termo. E isso era afirmado, não porque ele não produzia mais grandes obras, mas cada vez que gran-

DE UMA ARTE SEM FUTURO

des escritores escreviam grandes romances, unanimemente reconhecidos como livros literariamente consideráveis. É que, a cada vez, esses autores pareciam ter quebrado alguma coisa: eles não esgotavam o gênero, como fez Homero com a epopéia, mas o alteravam com tal autoridade e um poder tão embaraçoso, às vezes tão embaraçado, que não parecia mais possível voltar à forma tradicional, nem ir mais longe no uso da forma aberrante, nem mesmo repeti-la. Isso foi dito na Inglaterra a respeito de Virginia Woolf ou de Joyce; na Alemanha, a propósito de Broch, de Musil e mesmo de *A montanha mágica.* Na França, a situação é um pouco diferente. O abalo provocado por Proust foi imediatamente recoberto por uma tal vaga de admiração universal que esse fenômeno único, aliás um dos primeiros, pareceu provar apenas o gênio de Proust, deixando intacto o horizonte tradicional do romance. Da mesma forma, *Os moedeiros falsos* fazem duvidar do gênio romanesco de Gide, mais do que do próprio romance, e, mais tarde, *A náusea* mostra os dons de Sartre sem pôr em causa as certezas do romance, e seu livro foi lançado (erroneamente) ora nas formas da narrativa ideológica, ora naturalista. Aliás, na época de Sartre, o mal está feito. O romance, que absorve e concentra quase todas as forças de todos os escritores, parece também uma arte doravante sem futuro.

A exceção e a regra

Nessa visão extremamente apressada das coisas deve haver alguma verdade. É certo que Balzac também, criando uma obra monstruosa, deforma poderosamente o gênero que, no entanto, ele introduz na literatura. Mas Balzac tem uma posteridade. Existe um romance balzaquiano. Todos os autores que nomeamos não geram nada. Diga-se o que se disser, nem Proust nem Joyce fizeram nascer outros livros que se lhes assemelhem; eles parecem não ter outro poder senão o de impedir os imitadores e de desesperar as tentativas semelhantes. Eles fecham uma saída.

Mas esse resultado não é apenas negativo. Se é verdade que Joyce quebra a forma romanesca, tornando-a aberrante, ele faz também pressentir que talvez ela só viva de suas alterações. Ela se desenvolveria, não engendrando monstros, obras informes, sem lei e sem rigor, mas provocando unicamente exceções a ela mesma, que formam uma lei e, ao mesmo tempo, a suprimem.

Situação ainda mais difícil de destrinçar porque o romance, assim entendido, afirma-se solitária e silenciosamente à distância daquela enorme massa de livros escritos com talento, engenho e generosidade, nos quais o leitor é solicitado a reconhecer a vitalidade de um gênero inesgotável. Como não acreditar, então, que todos esses bons livros, entre os quais emergem por vezes obras brilhantes, representam a regra de que os outros seriam a exceção, por uma originalidade sem seqüência? Nessa perspectiva, a lei seria Jules Romains, a exceção seria Joyce. Mas parece que a coisa é outra. É necessário pensar que, cada vez, nessas obras excepcionais em que um limite é atingido, é somente a exceção que nos revela a "lei" da qual ela constitui também o insólito e necessário desvio. Tudo aconteceria pois como se, na literatura romanesca, e talvez em toda literatura, nunca pudéssemos reconhecer a regra senão pela exceção que a abole; a regra, ou mais exatamente o centro de que a obra certa é a afirmação incerta, a manifestação já destruidora, a presença momentânea e logo negativa.

DE UMA ARTE SEM FUTURO   159

Não se trata de novidade a qualquer preço: novidade técnica, de forma ou de visão. Não se trata tampouco de obras sempre imponentes e bem-sucedidas, revelando as grandes individualidades de que o nome admirado de Balzac e o nome amado de Stendhal nos fazem desejar, em vão, o retorno. Naturalmente, os dons são muito úteis; a potência criativa, às vezes embaraçosa, é uma ajuda que não podemos dispensar, nem que seja apenas para a ultrapassar. Mas o que está em jogo é outra coisa, uma exigência excessiva, uma afirmação rigorosa e exclusiva que se dirige num único sentido, com a paixão que torna necessária a tentativa impossível. Nathalie Sarraute, como Virginia Woolf, fala de "realidade"; ela diz que o romancista "busca trazer à luz a parcela de realidade que é a sua"[2]. Digamos, pois, realidade. Mas como essa realidade não é dada de antemão, nem nos outros livros, mesmo os considerados obras-primas, nem no mundo que se abre a nosso olhar cotidiano, como ela nos escapa constantemente, inacessível e como que furtada por aquilo que a manifesta, é uma realidade tão simples, mas também tão excepcional quanto o livro que a fará brilhar por um instante a nossos olhos.

Quando, de uma tentativa romanesca, pensamos e verificamos que ela chega a um impasse, isso não basta, talvez, para torná-la válida, mas cada vez que, em determinado novo livro, reencontramos a afirmação solitária e silenciosa do romance entendido como a exceção, mesmo mal vinda, de uma lei sempre comprometida, momento já desaparecendo num movimento maior em devir, experimentamos o sentimento de uma promessa e a impressão exaltante de que um novo escritor, tendo tocado

---

2. Nathalie Sarraute, *L'Ère du soupçon*.

um limite, conseguiu deslocá-lo e talvez fixá-lo mais longe. Eis o que importa, antes de tudo. Cada escritor se sente solidário com essa afirmação nova, mesmo que ela não o livre daquela que ele deve portar (seria fácil demais), e mesmo que ela o contrarie. Não há ali um progresso de que possa tirar proveito, nem um entendimento mais seguro e mais puro da forma romanesca; tudo se torna, pelo contrário, mais difícil e menos certo. E essas obras são raras, fugidias. Não são sempre escritas por Proust, são atormentadas, "inábeis", retidas por convenções às quais não ousam renunciar; por vezes, exageradamente conscienciosas. Algumas são modestas. Mas todas, mesmo as que se apagam, têm a força que vem de um contato novo com a "realidade".

CAPÍTULO II
BROCH

1. *Os sonâmbulos*: a vertigem lógica

Sua obra inclui poucos livros. Não é um escritor como Thomas Mann, cuja generosidade criativa se expande em múltiplos planos e que renova constantemente, para si mesmo, a festa que é a narração. Poucos livros, mas amplos e, por sua massa, imponentes. Nisso ele já se aproxima de Joyce, que foi seu modelo. Antes da guerra, a trilogia dos *Sonâmbulos* (1928-1931). Em 1945, *A morte de Virgílio*. Depois, uma série de narrativas, *Os inocentes*, que, segundo dizem, marca o limite extremo de sua pesquisa e talvez o declínio de seus recursos. A publicação de suas obras completas compreende, entretanto, oito volumes. Além de um romance póstumo, *O tentador*, e de um volume de poemas, três livros de ensaios críticos e filosóficos mostram o alcance da visada de Hermann Broch. No entanto, não seria justo falar da variedade de seus dons e da extensão de suas preocupações. Ele não foi, por um lado, um romancista, por outro, um poeta e, em outros instantes, um pensador. Foi tudo isso ao mesmo tempo. Sofreu, pois, como muitos outros escritores de nosso tempo, a pressão impetuosa da literatura que não leva mais em conta a distinção dos gêneros e deseja quebrar os limites.

O homem esparso, fragmentado

Foi tardiamente que ele se tornou escritor, foi pouco a pouco, e talvez a contragosto, que cedeu à desmesura de uma obra que desejaria governar plenamente. Até os quarenta anos, cuidou de uma empresa industrial de tecidos, herdada de sua família, atividade à qual renunciou bruscamente para estudar filosofia e, sobretudo, matemática. Alguns comentadores alemães o aproximam a Valéry. Como Valéry, ele é levado por uma espécie de paixão pela matemática, na qual pretende buscar a parte mais secreta – a mais perigosa – do homem. Não é porém um escritor devotado prioritariamente ao espírito, como Valéry. Sente-se interpelado por seu tempo, sobre o qual pesa a ameaça da catástrofe que se aproxima. O desmoronar de um sistema único de valores, tal como existia na Idade Média sob a forma cristã, longe de libertar o indivíduo, expõe-no a uma desintegração inevitável. No sistema cristão, a fé, e no centro da fé, Deus, um Deus vivo, era "o ponto de plausibilidade" que detinha a força irreprimível das perguntas. É essa força que parece interessar principalmente a Broch, força que o atrai tanto quanto o assusta: a intolerância lógica, a crueldade que se encontra no interior da noção de ser. Por que o ser tende a "dissolver-se em pura funcionalidade"? Por que a imagem física do mundo deve desaparecer? Por que a realidade não cede necessariamente ao símbolo, e o símbolo, ao símbolo do símbolo? O que acontece quando é preciso de-

DE UMA ARTE SEM FUTURO 163

cidir-se pela abstração? Vivemos numa discordância prodigiosa. O homem é esparso e descontínuo, e não momentaneamente, como aconteceu em outras épocas da história, mas atualmente é a própria essência do mundo ser descontínuo. Como se fosse necessário, precisamente, edificar um mundo – o universo, a afirmação mais total e mais unificada – sobre o caráter desconjuntado, discordante e fragmentado do ser ou sobre as carências do homem.

Broch não vê menos perigo no racional puro do que no impuro irracional. Ambos são sem estilo. A natureza, por um lado, a matemática, por outro, nos expõem à exigência vazia da infinidade. É certo que todo sistema de valores busca descartar o elemento irracional e conduzir a existência terrestre, de sua "maldade", a um sentido razoável mais elevado, ao conjunto de sentidos no qual "podemos designar instintivamente, às coisas como às ações, seu lugar conveniente". Transformar o que é irracional, sem valor, num absoluto racional, tal é a tarefa; mas ela malogra necessariamente. Por duas razões: o que chamamos de irracional permanece inacessível; podemos apenas aproximar-nos dele; podemos traçar, à sua volta, círculos cada vez mais estreitos, podemos integrá-lo em cálculos, mas no final ele sempre escapa, a tal ponto que nunca sabemos nada do não-sentido que impregna nosso modo de agir. "O homem não sabe nada da 'intrusão de baixo' à qual está exposto; nada sabe dela pois, a cada passo e a cada instante, ele se encontra num sistema de valores que só tem o objetivo de recobrir e dominar todo o irracional pelo qual é levada nossa vida ligada à terra." É pois a luz que nos impede de ver, é o poder de dar sentido que nos entrega à ação despercebida do que se dissimula por detrás do sentido e age por essa dissimulação.

Mas há algo mais grave: a razão, dedutiva ou dialética, movida pela força irreprimível das questões, tende

164 O LIVRO POR VIR

ao absoluto. O racional quer tornar-se o super-racional. O movimento lógico não suporta nenhuma parada, nenhum ponto de equilíbrio, não tolera mais nenhuma forma, dissolve todo conteúdo, organiza o reino frio, semelhante a um sonho, da abstração. Momento do mal radical, pois a razão pura tornada autônoma é ainda mais "maldosa" do que o irracional: ela introduz sua própria dissolução, tudo se dissipa num nevoeiro abstrato em que não há mais centro de valores, e o indivíduo humano, entregue ao jogo vazio das convenções intolerantes, se perde em meio a fantasmas de razão, que ele continua considerando como certezas superiores. É, então, o homem do nada, metafisicamente excluído e fisicamente despossuído, um sonâmbulo que erra em seu sonho e, expulso do sonho, é lançado na angústia da noite da qual não pode acordar e na qual não pode dormir.

Esses pensamentos (cuja origem poderíamos facilmente reconhecer) têm a originalidade de se desenvolverem, sob sua forma abstrata, lado a lado com o curso romanesco de intrigas que, nos três livros de *Os sonâmbulos*, nos conduzem da Alemanha imperial, brilhante e convencional ao desmoronamento de 1918. O tema desse vasto romance não é oculto. Broch tem a habilidade de pôr em evidência os pensamentos teóricos que, de outro modo, buscaríamos no interior de suas histórias. Os títulos já dizem tudo: *Pasenow ou o romantismo, 1888*; *Esch ou a anarquia, 1903*; *Huguenau ou o realismo, 1918*; e, para além desses três nomes, a palavra noturna que não é aqui nem mesmo uma imagem, mas um diagnóstico: *Sonâmbulos*. Romance da decadência, que no entanto não nos ensina a seu respeito, como o faria um romance didático, e que nem mesmo a descreve, mas a mima abrindo-se, até na forma, às forças depreciadoras. Quando Broch nos conta

DE UMA ARTE SEM FUTURO

a história do fidalgote da Pomerânia, o tenente Pasenow, não há, entre o escritor e sua personagem, a simpatia de imaginação e mesmo de origem que unia Thomas Mann aos *Buddenbrooks*, como a narrativa de um destino que se esgota, mas também não há uma intenção denegridora. Se pensamos, com mal-estar, naquele pobre rapaz, em seu apego vazio a um ideal vazio, na impotência que não lhe permite abrir os olhos sobre si mesmo e que ele dissimula ingenuamente, mesmo quando o expõe ao embaraço de uma noite de núpcias fracassada, é a forma da narrativa que é responsável por isso. Ela é clássica, quase convencional. Broch se compraz em contar como o teria feito um romancista da época que evoca, ele está muito à vontade nessa forma narrativa, meio objetiva, meio psicológica, mas existe já uma fenda entre as condutas e os pensamentos. Umas e outras têm algo de maquinal, que só percebemos quando uma ligeira defasagem se produz entre elas. Com quem estamos lidando? O que há por detrás dessa película de acontecimentos e de palavras? No fim, o autor intervém brutalmente para acabar de destruir a ficção; sentimo-lo impaciente de salvar a si mesmo da nulidade que representa, e também de salvar dela o leitor. Mas os livros são sonâmbulos que não devemos despertar.

Vários escritores num só

Broch é mais próximo de Esch, a personagem do segundo livro. Alemão médio, de início modesto contador que uma mistura refinada de idéias abstratas sobre a justiça, de desejo de ordem e de má consciência leva, por um ziguezague de negócios medíocres, amores suspeitos e

166   *O LIVRO POR VIR*

mesquinhas intrigas, prosseguidas à margem de movimentos mais profundos representados pelas correntes revolucionárias, até à situação de contador importante numa empresa do Luxemburgo. É uma narrativa muito convincente, de movimento muito rápido. As frases são curtas, soltas. As ações, as iniciativas, os pensamentos se sucedem em desordem, justapondo-se com uma pressa seca, uma espécie de febre maníaca, de precipitação estéril que é, realmente, a verdade desse romance. É o momento de admirar (e de se espantar com) a extrema diversidade de linguagens, de estilos e mesmo de sintaxes de que Broch é capaz. Alguém que descobrisse, no fundo de um pote, sua obra principal, *A morte de Virgílio*, em que há também mudanças de ritmos muito requintadas, mas na qual predomina entretanto uma frase imensa, com repetições infindáveis e a amplidão solene de um espaço desmedido de palavras, e encontrasse depois o romance de *Esch*, com suas frases saltitantes e seu ar adoidado, só poderia imaginar tratar-se de dois escritores desconhecidos ou inimigos um do outro – e talvez tivesse razão. Certamente, assim como há, na sociedade moderna, sistemas de valores particulares – o econômico, o religioso, o militar – que subsistem lado a lado, separados por divisórias estanques, embora cada um tenda também a dominar os outros, da mesma forma o escritor é fragmentado em modos de expressão distintos, em linguagens sem medida comum, sem contato e quase que intraduzíveis, entre as quais ele precisa achar um equilíbrio que lhe permita evitar a dissolução, ou então dirigi-la.

Diversidade de estilos e de línguas, inquietante para nossas velhas convicções românticas que nos fazem buscar, no tom de um escritor, algo de único, a expressão de sua verdade secreta ou de sua alma imutável; daí o olhar

DE UMA ARTE SEM FUTURO 167

desconfiado com que consideramos os grandes artistas demiúrgicos que, como Joyce ou Picasso, passam de uma linguagem a outra, sem preocupação de se deixarem reconhecer. Pela descontinuidade da forma, Broch não busca apenas tornar mais manifesto um mundo de pedaços e destroços. Também não é porque ele se interesse pela própria técnica (embora, como muitos romancistas daquela época, sinta-se obrigado a questionar o gênero romanesco e a reinventá-lo), mas como ele tenta desesperadamente saber para onde vai esse mundo e antecipar seu destino, entrega-se a todos os modos de expressão – narrativos, líricos, discursivos – para que seu livro chegue a um ponto mais central, que ele mesmo, em sua pequena consciência individual, não discerne. O terceiro volume de *Os sonâmbulos* descreve o que acontece em 1918. Entretanto, o essencial não está mais no entrecruzamento dos episódios: a história do homem positivo, Huguenau, e de como ele acaba por arruinar e depois matar Esch, perfurando seu corpo com a baioneta; ou a história poética da pobre menina do Exército da Salvação. O coração do livro é a mesma lógica de que as *Logische Exkurse*, suas *Digressões lógicas*, tentam, em largos desenvolvimentos que interrompem dez vezes as narrativas, captar a potência dominadora.

O destino é a lógica

Em *Guerra e paz*, Tolstoi também tinha tentado coroar uma obra romanesca com uma interpretação da história. Mas o comentário final não conseguiu desfazer o romance, nem rebaixar a prodigiosa realidade das figuras cuja insignificância ele pretendia demonstrar-nos. Em *Os*

168   *O LIVRO POR VIR*

sonâmbulos, assistimos ao aparecimento de uma nova forma de destino: esse destino é a lógica. Não são mais homens que se digladiam, nem acontecimentos que se chocam, mas os valores de que essas pessoas são os protagonistas ignorantes. Não há mais rostos, mas máscaras; não são mais fatos, mas potências abstratas junto às quais os seres agem, como figuras de sonho. O crime de Huguenau é um crime lógico. Ele não mata por motivos ideológicos, ou por frias razões bem meditadas e seguidas até o extremo. Mata por acaso, aproveitando a ocasião oferecida pela desordem dos dias de motim. Mas não há acaso nesse deserto abstrato onde os homens se agitam e onde os valores mais mesquinhos triunfam necessariamente sobre os valores mais vastos e mais complexos. No interior do mundo que é o seu, o mundo do sucesso, Huguenau só pode destruir aquilo que o estorva. Ele não terá nem remorso, nem mesmo lembrança de seu ato. Não percebe, em nenhum momento, o caráter irregular desse ato. Não é um herói de Dostoiévski, o tempo dos Demônios já passou. Temos, em Huguenau, o primeiro dos homens comuns que, protegidos por um sistema e justificados por ele, vão tornar-se, sem nem ao menos o saber, burocratas do crime e contadores da violência.

Parece que Broch, nesse último volume de *Os sonâmbulos*, procurou criar, como um novo gênero romanesco, uma espécie de romance do pensamento. O pensamento – a lógica – está aí representado tal como age, não na consciência particular dos homens, mas no círculo encantado ao qual atrai invisivelmente o mundo, para submetê-lo à necessidade de suas questões infinitas. Se ele malogra, no entanto, em seu projeto, se ele até mesmo o abandona, sem ousar tomar plena consciência dele, é porque teme deixar escorregar seu próprio pensamento nesse

DE UMA ARTE SEM FUTURO

elemento sonambúlico que pode se tornar, a seu ver, a intimidade da razão. Fica pois à distância do que pensa, e suas digressões não são mais do que comentários, por vezes patéticos, por vezes pedantes, aos quais falta a vertigem da infinidade.

Será bem diferente em *A morte de Virgílio*. Ali, o pensamento vai unir-se estreitamente a seu destino, sem reserva e sem precaução. Ele vai engajar-se no imaginário e tender a seu próprio extremo, até o ponto de liberdade, de esperança e de desamparo em que a esfera por ele formada, o supremamente racional, de repente se reverte para se tornar o supremamente irracional. Como Broch consegue isso? Como o que era pensamento comedido, análises rigorosas, narração fria e contida, empurra-o afinal para um livro imenso em que desaparecem todas as prudências e os hábitos romanescos? É na prisão em que acaba de ser jogado, e quando está destinado a uma morte muito próxima, que Broch começa sua obra central, uma narrativa que ele não pode esperar levar a cabo senão nesse espaço da morte que se abre para ele, mas também por anos de sobrevida e de calmo trabalho. Aquele que desperta para morrer escreve portanto a primeira página de uma obra cujo acabamento exigirá dez anos. Desafio maravilhoso, confiança quase assustadora.

2. *A morte de Virgílio*: a busca da unidade

A morte de Virgílio teve um duplo nascimento. Numa primeira carta publicada nos Estados Unidos, Broch contou de que maneira, durante a primavera de 1935, começou a pensar nessa obra. Ele havia proposto à rádio de Viena uma conferência sobre o tema: "A literatura no fim

170   *O LIVRO POR VIR*

de uma época". E, enquanto a escrevia, o nome, a presença e o destino de Virgílio se impuseram em seu espírito. O poeta latino foi também o poeta de uma civilização que chegava ao fim. Se o Estado de Augusto eleva a soberania de Roma e os valores representados por essa soberania à sua mais alta expressão, há, no escritor romano que no entanto sustenta, em seu poema, o grande império, que o funda em antiguidade e beleza, não sei que harmoniosa fragilidade, a nostalgia de uma outra era que, sem turvar sua limpidez, o abre a dúvidas proféticas. De um lado, o império universal que começa, e a paz, a grande paz de Augusto. De outro, o maior poeta de Roma e, como Roma, sempre ligado à terra, e ligado a Roma, a seu princípio e a seu chefe pela celebração de seus cantos. Nada aí que não signifique a solidez das coisas humanas e a segurança de uma arte destinada a ser eterna. Entretanto, e não apenas na *Égloga* célebre, mas na luz que atravessa muitos de seus versos, deixa-se pressentir a aproximação misteriosa do fim. Diríamos que o tempo se revolve em Virgílio, o poeta de cultura, de engenho e de perfeição, que parece muito afastado de qualquer adivinhação inspirada.

> ... *em Virgílio, por vezes,*
> *O verso leva em seu cume uma claridade estranha*

Broch, como Victor Hugo, foi sensível a essa estranheza. O segundo milênio acaba de ser celebrado, mas ele não pensa no poeta imperial em quem se afirmam a glória da duração e a tranqüila certeza das civilizações. Lembra-se da lenda segundo a qual, no momento de sua morte, o poeta quis destruir a *Eneida*, o poema que ficou inacabado. Eis um pensamento moderno. Julgava ele sua obra imperfeita? Ou afastava-se dela pelo mesmo senti-

DE UMA ARTE SEM FUTURO

mento de estar numa virada que se revela em sua poesia, pela misteriosa força do tempo que parece revolver-se nele e afastá-lo de si mesmo? Qual foi o fim de Virgílio? Broch começa então uma narrativa curta intitulada "A volta de Virgílio", que lê no rádio em 1935, no dia de Pentecostes. Fazer do poeta latino, de suas incertezas e de sua obra, uma representação simbólica do Ocidente, tal é o pensamento que o ocupa então. Broch é sempre o escritor que busca, entre a razão e a desrazão, uma via de passagem.

Mas Virgílio está hoje ainda suficientemente vivo para portar a gravidade de nosso destino? Se ele foi, na Idade Média, um mito que Dante soube despertar, não pertence ele a uma tradição literária tão longínqua e tão esgotada que não é mais capaz de nos dizer nem mesmo nosso próprio esgotamento? Broch tropeçou, provavelmente, nessa dúvida e, pressentindo que o tema não tinha chegado, nele, ao fim de suas possibilidades, abandonou-o para ocupar-se com uma peça que devia ser representada em Zurique e com outros projetos.

Ele deveria ter saído da Áustria. Era judeu e estava ameaçado, mas não se resigna a partir. Quando foi preso, "a preparação interior da morte" reanimou de repente, nele, o nome antigo, e "a morte de Virgílio se tornou a imagem de minha própria morte". As figuras que, particularmente na quarta parte de seu livro, serviram-lhe para fazer do desaparecimento do poeta a expressão do devir universal – Virgílio repassa por todas as etapas da criação – foram colhidas de sua própria experiência: "Só tive, diz ele, de as acolher." Da mesma forma, suas dúvidas sobre si mesmo, a angústia diante de sua obra insignificante e de sua vida injustificada, a certeza de ter faltado a um dever essencial que não consegue precisar, a acusação que volta contra ele o sofrimento dos escravos, sua alma des-

172　　　　　　　　　　　　　　　　　　*O LIVRO POR VIR*

nudada, enfim o esforço para transpor a porta do terror e buscar, junto ao nada, a salvação fora do desmembramento e da dispersão, esses não são motivos literários, mas a repercussão de "uma experiência mística inicial", que é o centro em torno do qual a obra se desenvolveu.

A fala interior do último dia

Virgílio não é, entretanto, um simples nome emprestado. O mito protege Broch e lhe permite explorar o que não poderia ter atingido sob seu próprio nome. Mas Broch, quando escreve seu livro, não pretende apenas tornar sensível o que experimentou. Não é sua experiência imediata que lhe importa; o que pretende é prolongá-la, aprofundá-la e encontrar uma saída para ela, que seria sua própria obra, se essa obra conseguisse elevar à unidade os movimentos violentamente opostos entre os quais o homem se divide, quando chega a seu fim. É essa a ambição majestosa do escritor. Quando ele começa seu livro, vai morrer, assim como Virgílio vai morrer: dezoito horas o separam do último instante. Esse livro será o "monólogo interior" do último dia, mas o monólogo é bem diferente da forma que a tradição lhe atribui. É redigido na terceira pessoa, e essa passagem do Eu ao Ele, longe de ser uma comodidade de escrita, está ligada à aproximação do acontecimento, a seu poder impessoal, ao longínquo que é sua proximidade. De que é preenchido esse monólogo? Os fatos estão aí resumidos a quase nada, sem serem insignificantes. A galera que transporta Virgílio, o poeta agonizante, entra na baía de Bríndisi e, enquanto se adivinham os rumores da multidão que aclama César, é preciso que a liteira, guiada por um jovem camponês, Lisânias, imagem de Virgílio criança, abra uma passagem através dos

DE UMA ARTE SEM FUTURO

173

bairros mais miseráveis da cidade. É a primeira parte, a *chegada*, e o lento balanço da *água*.

A segunda parte é ainda mais pobre de acontecimentos. Caiu a noite. Aquele que morre está só, embora seja hóspede do palácio imperial. Em certo momento, na inquietude da febre e ardendo num *fogo*, ele se levanta e vai à janela, de onde assiste a uma briga de bêbados, trio titubeante e zombeteiro, cujo riso é como uma emanação do abismo, a ruptura jovial do compromisso humano, perjúrio no qual ele se sente implicado, acusado, desnudado diante de si mesmo. Assim começa a *descida* às regiões onde tudo o que até então o justificou lhe falta: seu nome, sua obra, a beleza, a esperança de um verdadeiro conhecimento, a espera de um tempo sem destino. Explicação que ocorre nele e fora dele, que é um verdadeiro exame de consciência dentro do qual ele se vira e revira, exposto ao informe, entregue ao anônimo, com a ilusão de avançar para a profundidade enquanto sua queda é apenas uma queda vã no intricamento superficial de um sonho terrestre. Pelo menos, a aproximação da morte, a escuta dele mesmo moribundo, o reconhecimento de sua condição de artista, estranho à verdade, fechado num mundo irreal de símbolos, contente com um jogo e exaltando-se com uma embriaguez solitária que o desviou de seu verdadeiro dever, a provação depois do terror, do silêncio e do vazio, leva-o a uma decisão: é preciso queimar a *Eneida*.

A terceira parte é uma volta ao dia. É a *espera*, a confrontação das verdades da noite com as certezas da *terra*, a presentificação de Virgílio que deseja destruir sua obra e de seus amigos que querem salvá-la, de Virgílio que se abre a um outro mundo, um outro tempo, e de Augusto que mantém, contra a quimera do espírito profético e de

174   O LIVRO POR VIR

uma redenção imprecisa, os valores do Estado e a importância da *Eneida* que pertence ao Estado. Esse capítulo, o
mais longo da obra e no qual se evidencia o virtuosismo
técnico de Broch, é o único em que a realidade histórica
adquire maior importância. Entretanto, o princípio do monólogo interior na terceira pessoa não é abandonado. É
no espaço desse imenso pensamento impessoal que res-
soam os diálogos, no entanto precisos e firmemente expressos; algo de mais vasto do que eles se lembra deles.
Disso decorre que tudo o que poderia haver de artificial
na evocação realista das personagens, e de uma época
que não nos interessa mais, se atenua; é também por isso
que, sem demasiada inverossimilhança, o longo debate
entre Augusto e Virgílio, entre a parte terrestre e a parte
supraterrestre, entre a Roma temporal e a Roma espiritual,
colocando em jogo, sob o nome da *Eneida,* a sorte de todo
o Ocidente, pode representar o debate mais atual que interessava a Broch. A cultura poderá ser salva? Da obra de
arte, fruto precioso de uma civilização em declínio, poesia que ignora a simplicidade do escravo, que ignora até
mesmo os deuses e acolheu, destes, meras imagens, que
não é, afinal, senão "uma contrafação mediocremente realizada da epopéia homérica", "um nada fatigado", dessa
criação que é apenas um símbolo, qual será o destino?
Aquilo que o poeta escreveu não deve ser queimado no
fogo da realidade? Será necessário que ele se abandone
à horrível imortalidade dos anciãos soberanos, Homero,
Ésquilo? Não, é preciso queimar a *Eneida.* Entretanto, no
fim, Broch e Virgílio salvam sua obra e, aparentemente,
salvam o Ocidente. Por quê? Isso não fica claro[3]. Parece ser

---

3. Virgílio concede a Otávio o que recusou a Augusto. Quando Augusto lhe diz "Tu me odeias", ele não pode suportar essa suspeita. É pois
à amizade que, finalmente, ele entrega sua obra.

uma aposta em favor do futuro. É também o pressentimento da salvação que, no decorrer da quarta parte, enquanto Virgílio começa a última migração, vai permitir que o monólogo atinja seu centro, o poço da simultaneidade, o jorro em que a morte e a criação coincidem, em que o fim é começo e, na anulação que sela a unidade, pronuncia-se a palavra à qual Broch se confia, para salvar sua obra e salvar o que está em jogo, pensa ele, em sua obra: a volta às fontes, a felicidade da unidade recuperada.

A tentação da unidade

É com efeito em direção à unidade que não cessa de tender seu livro, através do desespero, das incertezas e das experiências negativas. A busca da unidade foi a grande paixão de Broch, seu tormento, sua nostalgia: a unidade, a esperança de atingir o ponto de fechamento do círculo, quando aquele que avançou até determinado ponto recebe o direito de se voltar e de surpreender, como um todo unido, as forças infinitamente opostas que o dividem. *Os sonâmbulos* descreve essa divisão: a dispersão dos valores em sistemas irredutíveis, a vertigem da infinidade que impele cada um deles a ocupar todo o espaço e, ao mesmo tempo, a se esvaecer no abstrato em que ela reina, a lógica que introduz sua própria dissolução, o irracional que triunfa sob a máscara da razão. Entretanto, *Os sonâmbulos* terminava com uma promessa indecisa de salvação: quanto maior é a angústia do homem, consciente de sua solidão, mais ele aspira a um guia, o portador da redenção que o tomará pela mão e o fará entender, por seus atos, o acontecimento incompreensível de seu tempo. "Tal é a nostalgia", diz Broch, nostalgia do *Führer* da qual, a partir de 1928, ele tinha razão de desconfiar.

Entretanto, ele também partilha dessa nostalgia, e não renuncia a dar um termo ao apelo do absoluto que reconheceu, de início, na paixão fria da abstração matemática. Onde está a unidade? Como as potências irreconciliáveis que dividem o mundo humano podem afirmar-se num todo em que se revelaria a lei secreta de sua incessante contrariedade? *A morte de Virgílio* é a resposta. Não porque essa obra nos diga onde está a unidade, mas porque ela mesma a figura: poema, ela é a esfera fechada em que as forças da emoção e as certezas razoáveis, a forma e o conteúdo, o sentido e a expressão passam um pelo outro. Podemos pois dizer que o que está em jogo para Broch, em sua obra, é bem mais do que sua obra: se ele pode escrevê-la, a unidade é possível; o símbolo se tornará realidade e o poema será verdade e conhecimento. Daí a importância que adquire, na segunda parte, o debate entre o poeta e sua arte: a obra de arte será sempre apenas um símbolo? Na fronteira mais recuada, encontrará ela ainda apenas a beleza?

É para responder a essa dúvida, e para saber se a obra literária pode tornar-se a aproximação do ponto em que tudo se afirma, e não apenas o poder de magnificência que detém momentaneamente o jogo alternado de perguntas e respostas, que Broch, rompendo com as tradições romanescas, pede à forma lírica uma possibilidade nova de unidade e transforma o monólogo interior para fazer dele uma força de progressão. Embora tendo reconhecido tudo o que devia a Joyce, insistiu sobre a escassa relação existente entre a forma de *Ulisses* e aquela que utilizou. Em Joyce, os pensamentos, as imagens, as sensações são colocados lado a lado, sem nada que os una a não ser a grande corrente verbal que os arrasta. Em Broch, há um jogo de trocas entre as diversas profundidades da

DE UMA ARTE SEM FUTURO

realidade humana, a cada instante passagem do sentimento ao pensamento, do estupor à meditação, da experiência bruta a uma experiência mais vasta, recuperada pela reflexão – depois, novamente, esta é imersa na mais profunda ignorância, que por sua vez se transforma num saber mais interior.

O ideal de Broch seria o de poder exprimir, ao mesmo tempo e numa única frase, todos os movimentos opostos, de os manter em sua oposição enquanto os abre à unidade; mais ainda: de abraçar, a cada instante e por ocasião de cada acontecimento, ou mesmo de cada palavra, numa simultaneidade que nada pede ao desenvolvimento temporal, a imensidão do todo, que é sua visada. Se tantas frases atingem um comprimento desmedido (os especialistas afirmam que elas são as mais longas da língua alemã), é porque cada uma delas desejaria esgotar o mundo, passar por todos os níveis da experiência, unir a cada vez tudo o que se entrechoca, crueldade e bondade, vida e morte, instante e eternidade, mas não consegue terminar, pois a perpétua reversão do pró em contra, o esforço para não trair as pulsações incessantes, o trabalho surdo das palavras contra as formas prematuramente acabadas, o engajam em repetições infinitas e amplificações que o uso privilegiado de substantivos torna ainda mais maciças.

Broch disse, acerca de tal forma de monólogo interior: "Algo de absolutamente novo foi tentado aqui, algo que poderíamos chamar de comentário lírico de si mesmo." De fato, ele quer unir constantemente as duas possibilidades: de um lado, pelo exercício de um pensamento vigilante, que se interioriza cada vez mais sem renunciar a seu poder de reflexão, manter até o fim uma exigência de clareza e de verdade; de outro, apelando para o can-

178   *O LIVRO POR VIR*

to, para os poderes líricos do ritmo e sobretudo para as formas musicais de composição, ultrapassar, sem o destruir, o conteúdo intelectual da experiência e garantir, às exigências discordantes do racional e do irracional, a medida comum que as reconciliará num todo. Seu livro tem sempre uma dupla face. Tem uma realidade lógica que, até nos mais longínquos movimentos, nunca prejudica a compreensão – nisso mais próximo de Proust do que de Joyce; mas ele não é menos expressivo pelo poder de sugestão que deve à sua estrutura rítmica e a um modo de desenvolvimento intencionalmente tomado de empréstimo à música[4].

A morte de Virgílio, diz Broch, é "um quarteto ou mais exatamente uma sinfonia", composta à maneira de uma obra musical e segundo o modelo de composição conhecido sob o nome de tema e variações. Como uma sinfonia

---

4. Essa dupla realidade é posta em evidência pelo trabalho de metamorfose da tradução. *A morte de Virgílio*, obra difícil, teve a sorte de ser traduzida – primeiro em inglês, por Jean Starr Untermeyer, escritora de talento que, além disso, trabalhou muitos anos com Broch – e recentemente em francês, por Albert Kohn. Essas duas versões são, ambas, notáveis. Mas o caráter próprio das duas línguas teve por efeito valorizar ora o aspecto intelectual da obra, ora sua magia expressiva. A versão francesa é de uma fidelidade lógica perseguida até as mínimas nuances, e mantém a clareza e a exatidão num pensamento que nunca renuncia ao rigor. A versão inglesa é mais cantante; torna mais sensível o grande fluxo do monólogo interior, a unidade líquida ou ainda a irisação, a luz de arco-íris, que ora brilha, ora brilha ainda mas se esvaecendo, que parece acompanhar o pensamento desfalecente e que o prolonga para além dele mesmo. A versão inglesa é quase mais cantante do que a obra original, e a versão francesa, quase mais clara, mais formada. Vê-se então, uma vez mais, o quanto aquilo que chamamos de monólogo interior se aclimata dificilmente à língua francesa. Foi necessária a dupla origem de Samuel Beckett para abrir nossa língua à verdade dessa forma.

DE UMA ARTE SEM FUTURO 179

clássica, a obra tem quatro movimentos, que tomam dos quatro elementos – água, fogo, terra e éter – e de quatro atitudes espirituais – chegada, descida, espera, volta – a dupla indicação que nos permite situar, nos diversos mundos, por um jogo de coordenadas, a exata posição de Virgílio no curso de sua viagem. Em cada parte, o escritor impõe um ritmo único ao qual corresponde um tipo particular de frase, destinado a tornar sensível o pensamento único do moribundo, em cada um dos estágios de sua migração. Como nota Untermeyer, quanto mais precipitado é o *tempo*, mais agitada a alma, mais curta é a frase; quanto mais o tempo modera sua marcha, mais o pensamento, entregue aos movimentos de uma busca sem objetivo, une-se à perpetuidade da noite, e mais a frase se complica, se alonga, se repete, se imobiliza num movimento estacionário em que parece prestes a se dissipar no informe. Por vezes, e sem que haja ruptura de tom, por uma concentração maior dos elementos rítmicos, a prosa se torna poesia, como se, nesses instantes privilegiados, a virtude da obra se cristalizasse para se tornar visível a nós. Essas são as partes mais autênticas do livro, aquelas em que pressentimos melhor, para além da angústia de Virgílio, o anunciador de um tempo que ele não conhece, a esperança e o desespero do homem que "ainda não é e, no entanto, já é": espera sem direção, partida perpétua, retorno, ilusão de retorno, *"oh voltar, voltar nas coisas, no sonho, oh voltar ainda uma vez, oh fuga!"*.

Os traços da obra

Se devêssemos, percorrendo rapidamente esse livro, ressaltar seus principais aspectos, talvez fosse preciso dizer: como todas as obras daquele tempo, as de Proust, de Joyce, de Thomas Mann, para não falar dos poetas, *A morte de Virgílio* é uma obra que tem por centro sua possibilidade. O que ameaça a arte, expressão e afirmação da cultura no Ocidente? O sofrimento. Desde as primeiras páginas, quando tem de avançar ao longo da ruela da miséria, Virgílio se sente despojado dele mesmo: vergonha de se apegar a suas próprias lembranças e de celebrar os fastos da origem, quando se encontra diante daquele tempo sem passado, sem futuro, que é o do rebanho-escravo, mutismo formado por vozes. O que é a palavra poética, se ela permanece estranha a tudo o que é sem memória, sem nome? Condenação que não é apenas moral, que atinge a obra em suas raízes. Não haverá comunicação verdadeira, nem canto, se o canto não puder descer, aquém de toda forma, até o informe e à profundidade em que fala a voz exterior a qualquer linguagem. É pois essa descida – descida ao indeterminado – que o poeta moribundo tenta realizar por sua morte. O espaço do canto e o espaço da morte nos são descritos como sendo ligados e recapturados um pelo outro.

Outro traço essencial: assim como quase todos os grandes escritores modernos, Broch quer fazer da expressão literária uma experiência. Acredita que o monólogo interior, transformado em "comentário lírico", o fará atingir o ponto de presença única em que se abrirão para ele, numa simultaneidade absoluta, o infinito do passado e o infinito do futuro. Ele pensa que, pela força do desenvolvimento musical, os elementos patéticos e os elementos filosóficos de sua obra, imagens do disparatado da alma humana, unificar-se-ão plenamente. Ambição grandiosa, mas será ela sustentada até o fim? É ele fiel à exigência desse movimento livre de descoberta que deveria ser

DE UMA ARTE SEM FUTURO 181

a justificação de sua obra? Não dá, pelo contrário, a impressão de nos impor suas próprias crenças prévias, particularmente na quarta parte, quando Virgílio entra, moribundo, na intimidade da criação, torna-se uma espécie de Adam Kadmon, o Homem cósmico, o Universo metamorfoseado em homem e o homem que volta harmoniosamente à origem, passando sucessivamente pela animalidade primitiva, a espessura vegetal originária, o limo primordial, até que, unido ao nada do meio, vê de repente o nada preencher novamente o vazio e tornar-se o todo, segundo a experiência cíclica que pretende ser o fim o começo[5]? São certamente páginas felizes e harmoniosas. Mas a felicidade musical basta? Garante ela a verdade? Consegue convencer-nos da realidade da procissão fúnebre e da redenção que nos promete? Não estamos, aqui, em presença da linguagem de beleza e do falso saber metafórico do qual Broch queria livrar a arte, e dos quais a morte está encarregada de nos libertar?

A isso, Broch teria sem dúvida respondido que deu à agonia do poeta, outrora chamado Virgílio, o sentido que as concepções orientais tornaram acessível à sua própria experiência[6]. É no espaço dessas imaginações que o acontecimento se realizou e foi por seu intermédio que podemos, nós, homens do Ocidente tardio, corresponder melhor a esse passado que é o nosso. *A morte de Virgílio*, de

---

5. Não é aqui o lugar adequado para buscar por que tantos artistas estão dispostos a acolher o pensamento de Nietzsche sobre o eterno retorno. *Und das Ende war der Anfang*, diz Broch. *In my beginning is my end, in my end is my beginning*, diz T. S. Eliot, em *East Coker*. E para toda a obra de Joyce, sobretudo para *Finnegans Wake*, valem as palavras do autor: *The vico road goes round to meet where terms begin*.

6. É com efeito o misterioso pensamento da IV.ª Égloga: *Magnus ab integro saeclorum nascitur ordo*.

fato, não é apenas o desenvolvimento de uma experiência pessoal, mas um mito, um esforço para representar simbolicamente o saber e o destino de toda a civilização ocidental. Outro traço essencial. Assim como a história de Leopold Bloom deve ser lida no contexto da *Odisséia*, assim como o destino de Adrian Leverkühn é uma reanimação de Fausto e *José e seus irmãos* uma tentativa de levar de volta a narração à juventude de suas fontes míticas, da mesma forma Broch buscou, num nome antigo e numa lenda, os recursos de uma narrativa capaz de nos falar, a partir de um mundo que fosse para nós próximo e estranho. Sua tarefa não era fácil. O que é Virgílio para nós? O que é Roma? Mas, na medida do possível, ele conseguiu. Seu livro escapa, em parte, aos artifícios da narrativa histórica, e é com uma real força de verdade que pouco a pouco se impõe a nós a grande presença melancólica do poeta, a gravidade de seu destino, seu mundo, o pressentimento da reversão do tempo que também nós pressentimos.

Seria fácil relacionar a origem de Broch, nascido em Viena, não longe de Hofmannsthal, com a sensibilidade latina que, no momento em que vacila a herança de Roma, o convida a despertar suas sombras, a reconhecer-se nelas – pois Virgílio é Broch – e a garantir sua salvação: é verdade que pela morte. Aqueles que gostam dessas explicações dirão que Broch deve a seu duplo patrimônio, o de seu passado vienense e o de seu passado judaico, a complexidade de dons e a ousadia de tentativas temperadas, mesmo em seus excessos, por certa harmonia clássica. Heinz Politzer, que foi vê-lo em Princeton depois da guerra, reconhece nele um conselheiro da antiga corte da Áustria: nos usos, na polidez, na elegância, na sedução espiritual; mas seu rosto, duramente esculpido, ex-

DE UMA ARTE SEM FUTURO 183

prime o rigor doloroso de um pensamento muito antigo. Esses traços opostos, mais do que um apanágio de nascimento, são os sinais de uma vocação. Como todo artista moderno, como Joyce, ele teve uma grande preocupação com a arte e uma grande desconfiança dos meios da arte, uma grande cultura e um grande fastio pela cultura, uma paixão intelectual que quer ultrapassar, superar a inteligência e que se exalta em visões místicas. Disseram-nos que ele esteve sempre em grande familiaridade com a morte, no entanto sem pateticismo e com um sentimento alegre, quase mozartiano, que, até nas prisões de Hitler, permitiu-lhe brincar com ela e mesmo zombar dela. É finalmente essa confiança e essa brandura que se exprimem em *A morte de Virgílio*: canto fúnebre, Réquiem à maneira de Fauré, que nos convida quase ternamente a forçar as portas do terror para descer, precedidos de nossa memória amorosa, até o ponto em que se realiza a felicidade ou o saber do círculo. Estranha felicidade, obscuro saber de que Hofmannsthal também nos falou: *"Quem conhece o poder do círculo não teme mais a morte"*; e Rilke, que é da mesma família: *"Gosto quando o círculo se fecha, quando uma coisa se junta a outra"*; *"Não há nada mais sábio do que o círculo"*; *"O anel é rico por seu retorno"*.

CAPÍTULO III
A VOLTA DO PARAFUSO

Quando lemos os *Carnês* de Henry James, espanta-mo-nos de vê-lo preparar seus romances com planos muito detalhados, que certamente modifica quando escreve o livro, mas que por vezes segue fielmente.

Se comparamos seus *Carnês* com aqueles em que Kafka delineava suas narrativas, a diferença é flagrante: nos *Cadernos* de Kafka, nunca há plano nem análise prévia; muitos esboços, mas esses esboços são a própria obra; por vezes uma página ou uma única frase, mas essa frase está engajada na profundidade da narrativa, e, se ela é uma busca, é a busca da narrativa por ela mesma, uma via que só o movimento imprevisível da escrita romanesca pode abrir. Esses fragmentos não são materiais utilizados posteriormente. Proust usa tesoura e cola; ele "prega aqui e ali uma folha suplementar", as "*paperoles*" com as quais edifica seu livro, "ele não ousa dizer minuciosamente como uma catedral, mas simplesmente como um vestido". Para outros escritores, a narrativa não pode ser composta de fora: perde toda força e toda realidade se ele mesmo não detiver o movimento de progressão pelo qual

DE UMA ARTE SEM FUTURO

descobre o espaço de sua realização. E isso não significa necessariamente, para o livro, uma coerência obscura e irracional: os livros de Kafka são, por sua estrutura, mais claros do que os de James, menos difíceis e menos complexos do que os de Proust.

"O assunto é tudo"

O exemplo de James é porém – compreende-se – menos simples do que parece. Em seus *Carnês*, ele acumula anedotas, às vezes interessantes, às vezes muito medíocres, que recolhe nos salões. Precisa de assuntos. "O assunto é tudo – o assunto é tudo", escreve ele com uma segurança assustada. "Quanto mais avanço, mais intensamente percebo que é sobre a solidez do assunto, a importância, a capacidade de emoção do assunto, e somente sobre isso, que me convirá estender-me. Tudo o mais desaba, desmorona, resulta curto, resulta pobre, resulta mal – nos trai miseravelmente." Isso também nos espanta. O que é o "assunto"? Um escritor tão refinado como Jorge Luis Borges afirma que a literatura romanesca moderna é superior, não pelo estudo dos caracteres e pelo aprofundamento da variedade psicológica, mas quando ela inventa fábulas ou assuntos. É uma resposta a Robert Louis Stevenson, que observava tristemente, contra ele mesmo – por volta de 1882 –, que os leitores ingleses desdenhavam as peripécias romanescas e preferiam a habilidade dos escritores capazes de escrever um romance sem assunto, "ou com um assunto ínfimo, atrofiado". Ortega y Gasset declara, cinqüenta anos mais tarde, que é "muito difícil, hoje em dia, inventar uma aventura que possa interessar nossa sensibilidade superior". Segundo Borges, nossa sensibilidade superior está mais completamente satisfeita do que jamais esteve. "Considero-me livre de toda superstição modernista, de toda ilusão de que o ontem difere profundamente do hoje ou diferirá do amanhã, mas considero que nenhuma outra época possui romances de assunto tão admirável quanto *A volta do parafuso*, *O processo* ou *O viajante sobre a terra*; ou aquele romance que conseguiu fazer, em Buenos Aires, Adolfo Bioy Casares (*A invenção de Morel*)". O amor pela verdade poderia levar Borges a nomear, no segredo de sua memória, *As ruínas circulares* ou *A biblioteca de Babel*.

Mas o que é um assunto? Dizer que o romance vale pelo rigor de sua intriga, pela potência atraente de seus motivos, é fazer uma afirmação não tão tranqüilizante para a tradição como esta gostaria de crer; é dizer, de fato, que ele não vale pela verdade de suas personagens, nem por seu realismo, psicológico ou exterior, que ele não deve contar com a imitação do mundo, nem da sociedade, nem da natureza, para manter o interesse. Uma narrativa com assunto é pois uma obra misteriosa e desligada de toda matéria: uma narrativa sem personagens, uma história em que o cotidiano sem história e a intimidade sem acontecimentos, esse patrimônio tão comodamente disponível, deixam de ser um recurso e, além disso, uma história na qual o que acontece não se contenta em acontecer pelo jogo de uma sucessão superficial ou caprichosa, episódios que se sucederiam a episódios, como nos romances picarescos, mas forma um conjunto unido, rigorosamente ordenado segundo uma lei que é ainda mais importante porque permanece oculta, como o centro secreto de tudo.

"O assunto é tudo – o assunto é tudo", esse grito de James é patético, e a ajuda que Borges lhe oferece gene-

DE UMA ARTE SEM FUTURO

rosamente não é de uso fácil. Quando este nomeia *O processo* entre as obras modernas mais admiráveis por seu assunto, isso faz refletir. O assunto desse romance é de uma invenção tão surpreendente? Vigny já o havia formulado em algumas linhas graves, e Pascal, e talvez cada um de nós. A história de um homem às voltas consigo mesmo como com uma obscura justiça diante da qual não pode justificar-se, porque não a encontra, é certamente digna de interesse, mas quase não é uma história, ainda menos uma ficção, e, para Kafka, era o fundamento de sua vida: a culpabilidade ainda mais pesada pelo fato de ser a sombra carregada por sua própria inocência.

Mas o assunto de *O processo* será isso, esse tema abstrato e vazio, essa frase seca pela qual o resumimos? Não, sem dúvida. Então, o que é um assunto? Borges cita *A volta do parafuso*, narrativa que nos parece, com efeito, irradiar-se a partir de uma história impressionante e bela que seria seu assunto. Acontece que, nos *Carnês*, três anos antes de escrever essa obra, James conta a anedota que lhe forneceu essa idéia. É o arcebispo de Canterbury que a narra: "esboço muito vago, confuso, sem detalhes", que o bispo ouviu ele mesmo de uma senhora que não tinha nem o dom de expressão, nem clareza. "A história de crianças (número e idade indeterminados) confiadas a empregados num velho castelo no campo, sem dúvida depois da morte dos pais. Os empregados, maus e depravados, corrompem e depravam as crianças; as crianças são más, perversas a um grau sinistro. Os empregados morrem (a história deixa vago o que se refere ao tipo de morte que tiveram) e seus fantasmas, suas figuras vêm assombrar a casa e as crianças, às quais eles parecem fazer sinais, que convidam e solicitam, no fundo de cantos perigosos – no fosso profundo de um recinto desmoronado etc., para

188   *O LIVRO POR VIR*

incitá-las a se destruírem, a se perderem ao obedecer-lhes, colocando-se sob seu domínio. Enquanto as crianças são mantidas longe deles, não se perdem; mas essas presenças maléficas tentam incansavelmente apoderar-se delas, e atraí-las para o lugar onde se encontram." James acrescenta esta observação: "Tudo isso é obscuro e imperfeito – o quadro, a história –, mas há ali a sugestão de um efeito, um estranho arrepio de horror. A história deve ser contada – com credibilidade suficiente – por um espectador, um observador de fora."

Será esse o assunto de *A volta do parafuso*? Tudo se encontra aí, e principalmente o essencial: as crianças, ligadas por uma relação dominadora com figuras que as assombram, as atraem, pela lembrança do mal, para o espaço onde elas devem perder-se. Tudo está aí, mesmo o pior: essas crianças são pervertidas mas são, também, inocentes ("enquanto as crianças são mantidas longe deles, não se perdem"). Desse motivo, James vai tirar um de seus efeitos mais cruéis: a ambigüidade dessa inocência, a inocência que é nelas a pureza do mal, o segredo da perfeição da mentira que dissimula esse mal às pessoas honestas de sua companhia, mas que é também talvez a pureza que se transforma em mal quando é tocada, a incorruptível ingenuidade que elas opõem ao verdadeiro mal, o dos adultos, ou ainda o próprio enigma dessas aparições que lhes são atribuídas, a incerteza que pesa sobre a história e faz duvidar se ela não é inteiramente projetada neles pelo espírito alucinado de sua governanta – que os atormenta com suas próprias obsessões até a morte.

Quando Gide descobriu que *A volta do parafuso* não era uma história de fantasmas, mas provavelmente uma narrativa freudiana na qual é a narradora – a governanta, com suas paixões e suas visões – que, cega e terrivelmen-

DE UMA ARTE SEM FUTURO 189

te inconsciente, acaba por fazer com que as crianças inocentes vivam em contato com imagens assustadoras que, sem ela, não perceberiam, ficou maravilhado e encantado. (Mas, naturalmente, restava-lhe uma dúvida que ele gostaria de dissipar.)

Seria esse o assunto da narrativa, sobre a qual, então, o arcebispo não teria mais nenhum direito autoral? Mas será mesmo esse o assunto? Será aquele que James se propôs conscientemente tratar? Os editores dos *Carnês* invocam essa anedota para afirmar que a interpretação moderna não é segura, que James quis de fato escrever uma história de fantasmas, tendo como postulado a corrupção das crianças e a realidade das aparições. Sem dúvida, o estranho só é evocado indiretamente, e o que há de aterrador na história, o arrepio de mal-estar que ela suscita, vem menos da presença dos espectros do que da desordem secreta que resulta dessa presença, mas essa é uma regra de que o próprio James deu a fórmula, no prefácio a suas narrativas fantásticas, quando sublinha "a importância de apresentar o maravilhoso e o estranho limitando-se quase que exclusivamente a mostrar sua repercussão numa sensibilidade e reconhecendo que seu principal elemento de interesse consiste em alguma impressão forte que eles produzem, e que é percebida com intensidade".

O coração malicioso de toda narrativa

É portanto muito possível que James não teria podido responder a Gide, nem confirmar-lhe o prazer de sua descoberta. É quase certo que sua resposta teria sido espirituosa, evasiva e decepcionante. Na verdade, se a interpretação freudiana se impusesse com a evidência de uma solução, a narrativa ganharia apenas um interesse psicológico momentâneo, e correria o risco de perder tudo o que faz dela uma narrativa fascinante, indubitável, incerta, em que a verdade tem a certeza escorregadia de uma imagem, próxima como ela e, como ela, inacessível. Os leitores modernos, tão espertos, entenderam todos que a ambigüidade da história não se explicava somente pela sensibilidade anormal da governanta, mas pelo fato de essa governanta ser também a *narradora*. Ela não se contenta em ver os fantasmas, que assombram talvez as crianças, é ela quem fala deles, atraindo-os para o espaço indeciso da narração, naquele além irreal onde tudo se torna fantasma, tudo é deslizante, fugitivo, presente e ausente, símbolo do Mal sob a sombra do qual Graham Greene pretende que James escreve, e que é talvez apenas o coração malicioso de toda narrativa.

Depois de anotar a anedota, James acrescentava: "A história deve ser contada – com credibilidade suficiente – por um espectador, um observador de fora." Podemos pois dizer que lhe faltava então o essencial, o *assunto*: a narradora, que é a própria intimidade da narrativa, uma intimidade estrangeira, é bem verdade, presença que tenta penetrar no centro da história em que ela permanece porém como uma intrusa, uma testemunha excluída, que se impõe pela violência, que falseia o segredo, que talvez o inventa ou o descobre, e que de qualquer maneira o força, o destrói, e só nos revela, dele, a ambigüidade que o dissimula.

O que resulta em dizer que o assunto de *A volta do parafuso* é – simplesmente – a arte de James, a maneira de girar sempre em torno de um segredo que, em tantos de seus livros, a anedota põe em ação, e que não é apenas

DE UMA ARTE SEM FUTURO

um verdadeiro segredo – algum fato, algum pensamento ou alguma verdade que poderia ser revelada –, que não é nem mesmo um desvio do espírito, mas escapa a toda revelação, pois ele pertence a uma região que não é a da luz[7]. James tem a mais viva consciência dessa arte, embora permaneça estranhamente silencioso, nos *Carnês*, acerca dessa consciência que tem; com algumas exceções, como esta: "Vejo que meus saltos e resumos, minhas pontes voadoras e meus grandes meandros compreensivos (numa ou duas frases vivas, admiráveis) deverão ser de uma ousadia impecável, magistral..."

Podemos então nos perguntar por que essa arte em que tudo é movimento, esforço de descoberta e de investigação, dobra, prega, sinuosidade, reserva, arte que não decifra mas é a cifra do indecifrável, em vez de começar a partir dela mesma, começa por um esquema às vezes muito grosseiro, com linhas cortadas, seções numeradas; por que, também, ele precisa partir de uma história a ser contada, que existe para ele antes mesmo de ser contada por ele.

Sem dúvida, há muitas respostas para essa particularidade. Primeiramente, esta: o escritor americano perten-

---

7. É tentador acreditar que essa é sua maneira de fazer constantemente alusão ao acidente de que foi vítima aos dezoito anos, e do qual ele só falou raramente e de modo obscuro; como se algo lhe tivesse acontecido que o tenha posto bem perto de uma impossibilidade misteriosa e exaltante. Sugeriram naturalmente que a lesão dorsal o tinha tornado incapaz de ter uma vida normal (não se conhece nenhuma ligação amorosa segura desse celibatário, embora ele gostasse muito do mundo das relações femininas). Pensaram também que ele havia provocado, mais ou menos voluntariamente, esse acidente (que aconteceu quando ele estava ajudando a apagar um incêndio em Newport), a fim de fugir dos combates da guerra civil. Se falarmos de uma "autolesão psíquica", estamos certos de ter dito tudo, sem benefício para ninguém.

ce a um tempo em que o romance não é escrito por Mallarmé, mas por Flaubert e Maupassant; porque ele se preocupa com dar à sua obra um conteúdo importante; porque os conflitos morais contam muito para ele. É verdade. Mas há outra coisa. De maneira manifesta, James tem medo de sua arte, luta contra a "dispersão" à qual essa arte o expõe, rejeitando a necessidade de dizer tudo, de "dizer demais e descrever", que ameaça arrastá-lo a prodigiosos alongamentos, quando ele admira, antes de tudo, a perfeição de uma forma nítida. (James sempre sonhou com um sucesso popular. Desejou também alcançar esse êxito no teatro, um teatro cujos modelos procura no pior teatro francês. É verdade que, como Proust, ele gosta das cenas, da estrutura dramática das obras; essa contradição mantém, nele, o equilíbrio.) Há, na forma que lhe é própria, um excesso, talvez um lado de loucura contra o qual ele tenta se precaver; e porque todo artista tem medo de si mesmo. "Ah, poder simplesmente se deixar levar – enfim"; "O resultado de todas as minhas reflexões é que só tenho de soltar minhas rédeas! Eis o que eu me disse durante toda a minha vida... No entanto, nunca o fiz plenamente"[8].

James tem medo de começar: aquele começo em que a obra é ignorância dela mesma, é a fraqueza do que não tem peso, sem realidade, sem verdade e, no entanto, já necessária, de uma necessidade vazia, inelutável. Desse começo, ele tem medo. Antes de se entregar à força da narrativa, precisa da segurança de um esboço, do trabalho que esclarece e peneira o assunto. "Deus me preserve – aliás, não que eu me incline a isso! o céu é testemunha – de relaxar na observância do método forte e salutar que

---

8. James fala, em outra parte, do temor nervoso de se deixar levar, que sempre o paralisou.

DE UMA ARTE SEM FUTURO

consiste em ter uma armação solidamente construída, fortemente sustentada e articulada." Por esse medo de começar, ele acaba se perdendo nas preliminares que desenvolve cada vez mais, com uma minúcia e com os desvios em que sua arte já se insinua: "Começa, começa, não te demores falando do assunto e girando em torno dele"; "Tenho apenas de me agarrar e enfiar uma palavra depois da outra. Agarrar-se e enfiar palavras, a eterna receita".

A "divina pressão"

Entretanto, nem tudo se explica por isso. À medida que os anos passam e que James vai, de uma maneira mais deliberada, em direção a ele mesmo, descobre a verdadeira significação desse trabalho preliminar que, precisamente, não é um trabalho. Ele fala sempre dessas horas de busca como de "horas benditas", de instantes "maravilhosos, inefáveis, secretos, patéticos, trágicos", ou ainda como de um tempo "sagrado" em que sua pena exerce uma "pressão encantada", torna-se pena "decifradora", agulha mágica em movimento, cujas voltas e desvios o fazem pressentir as vias inumeráveis que ainda não estão traçadas. Ele chama de "divino" o princípio do argumento, "divina luz iluminando as velhas, santas e pequenas virtualidades", "divina alegria antiga do argumento que faz pulsar minhas artérias, com suas pequenas emoções sagradas, irreprimíveis". Por que essa alegria, essa paixão, esse sentimento de uma vida maravilhosa que ele não pode evocar sem lágrimas, a tal ponto que seu caderno de notas, "o paciente, apaixonado caderninho se torna... o essencial da vida"? É que, nessas horas de confidência consigo mesmo, ele está às voltas com a plenitude da narrativa que ainda não começou, quando a obra ainda indeterminada, pura de toda ação e de todo limite, é somente possível, é a embriaguez "abençoada" da pura possibilidade, e sabe-se como o possível – a vida fantasmática e irreal daquilo que não fomos, figuras com as quais temos sempre um encontro marcado – exerceu sobre James uma atração perigosa, por vezes quase louca, que só a arte talvez lhe tenha permitido explorar e conjurar. "Quanto mais avanço, mais acho que o único bálsamo, o único refúgio, a verdadeira solução do poderoso problema da vida consiste nessa luta freqüente, fecunda, íntima com a idéia particular, o assunto, o possível, o lugar."

Podemos portanto dizer que o momento do trabalho preliminar, se é necessário a James, tão maravilhoso em sua lembrança, é porque representa o momento em que a obra, próxima mas não tocada, permanece sendo o centro secreto em torno do qual ele se entrega, com um prazer quase perverso, a investigações que pode estender porque liberam a narrativa, mas não a engajam ainda. Muitas vezes, todas as precisões anedóticas que ele desenvolve em seus planos não apenas desaparecerão da própria obra mas se reencontrarão nela como valores negativos, incidentes a que ele faz alusão como àquilo que, precisamente, não aconteceu. Dessa maneira, James faz a experiência não da narrativa que deve escrever mas de seu avesso, do outro lado da obra, aquele que oculta necessariamente o movimento da escrita e que se preocupa com ele, como se tivesse a angústia e a curiosidade – ingênua, comovente – por aquilo que existe atrás de sua obra, quando ele a escreve.

O que se pode pois chamar de paradoxo apaixonado do plano, em James, é que este representa, para ele, a segurança de uma composição determinada de antemão, mas também o contrário: a felicidade da criação, aquela que

DE UMA ARTE SEM FUTURO

195

coincide com a pura *indeterminação* da obra, que a põe à prova, mas sem reduzi-la, sem privá-la de todos os possíveis que ela contém (e essa é talvez a essência da arte de James: tornar a obra toda presente a cada instante e, mesmo por trás da obra arrumada e limitada que ele põe em forma, fazer pressentir outras formas, o espaço infinito e leve da narrativa tal como ela ainda poderia ser, tal como ela é antes de todo começo). Ora, essa pressão à qual ele submete a obra, não para limitá-la mas, pelo contrário, para fazê-la falar completamente, sem reserva em seu segredo no entanto reservado, a pressão forte e suave, a solicitação premente, com que nome ele a designa? Com o nome que escolheu para título de sua história de fantasmas: *A volta do parafuso*. "O que pode dar meu caso de K.B. [um romance que ele não terminará], quando ele for submetido à pressão e à *volta do parafuso*?" Alusão reveladora. Ela nos confirma que certamente James não ignora qual é o assunto de sua narrativa: a pressão que a governanta exerce sobre as crianças para lhes arrancar seu segredo e que elas sofrem talvez também da parte do invisível, mas que é essencialmente a pressão da própria narração, o movimento maravilhoso e terrível que o fato de escrever exerce sobre a verdade, tormento, tortura, violência que conduzem finalmente à morte na qual tudo parece revelar-se, na qual, entretanto, tudo recai na dúvida e no vazio das trevas. "*Trabalhamos nas trevas – fazemos o que podemos – damos tudo o que temos. Nossa dúvida é nossa paixão, e nossa paixão, nossa tarefa. O resto é a loucura da arte.*"[9]

---

9. Assim fala, confissão orgulhosa e patética, o velho escritor de *A idade madura*, quando descobre, ao mesmo tempo, que está morrendo sem ter feito nada, mas que realizou entretanto, maravilhosamente, tudo aquilo de que era capaz.

CAPÍTULO IV
MUSIL

1. A paixão da indiferença

Temo que a obra de Robert Musil, tornada acessível aos franceses pelo esforço de um tradutor corajoso, seja louvada por princípio. Temo também o contrário: que ela seja mais comentada do que lida, pois oferece aos críticos, por seu raro desígnio, por suas qualidades contraditórias, pelas dificuldades de sua realização, pela profundidade de seu malogro, tudo o que os atrai, pois é tão próxima do comentário que parece, às vezes, ter sido comentada em vez de ter sido escrita, e poder ser criticada em vez de ser lida. Como essa grande tentativa nos alegra, por seus maravilhosos problemas, insolúveis, inesgotáveis! E como ela nos agradará, tanto por seus defeitos de primeira grandeza quanto pelo refinamento de suas qualidades, por aquilo que ela tem de excessivo e, em seus excessos, de contido, enfim por seu fracasso retumbante. Mais uma obra imensa, inacabada e inacabável. Mais uma surpresa de um monumento admiravelmente em ruína.

DE UMA ARTE SEM FUTURO

Talvez nos seja agradável ver sair bruscamente da obscuridade, sabendo ao mesmo tempo que eles aí estavam como se fosse numa reserva, um autor mal conhecido e uma "obra-prima" desconhecida. Nossa época, que sabe tudo e o sabe imediatamente, gosta dessas injustiças que ela repara, e dessas descobertas que faz com estardalhaço, depois de as ter negligenciado com indiferença, apesar dos avisos de alguns homens esclarecidos: como se, em seu conhecimento universal, ela ficasse feliz por não conhecer tudo, e poder guardar em si, invisíveis, obras capitais de que somente um feliz acaso a avisará. Fé nas obras-primas desconhecidas que se acompanha de uma confiança insólita na posteridade. Continuamos acreditando, com a força de um preconceito invencível, que aquilo que o presente recusa será necessariamente acolhido pelo futuro, por pouco que a arte o queira. E não há artista, mesmo sem gosto pelo céu, que não morra sempre seguro e feliz com aquele outro céu que o futuro deverá dar como recompensa à sua pobre sombra.

Se consideramos anormal o escritor que desaparece esquecido e contente de o ser – embora esse desaparecimento tenha provavelmente o sentido mais importante –, Robert Musil nos parecerá então como muito clássico. Seu destino infeliz não lhe agradou, e ele não o procurou. Julgou freqüentemente, com uma severidade quase agressiva, os grandes escritores de seu tempo dos quais se considerava igual, mas que não igualava em renome. Aliás, ele não foi, de modo algum, ignorado. Ele mesmo disse que seu renome era o de um grande poeta que só tinha pequenas edições: só lhe faltava o número, o peso social; disse também que o conhecimento que se tinha dele era proporcional à ignorância, "tanto conhecido como desconhecido, o que não quer dizer meio conhecido, mas produz uma mistura esquisita". Tendo sido, primeiro, o autor de um romance brilhante que lhe valeu dois prêmios e uma reputação, afundou-se metodicamente numa obra desmesurada na qual trabalhou durante quarenta anos, quase toda a sua vida criativa, e que era para ele o equivalente de sua vida. Em 1930, publicou a primeira parte, que não lhe trouxe a glória de Proust mas produziu a impressão de uma obra de primeira grandeza; pouco depois, em 1932, publicou apressadamente o primeiro volume da segunda parte, como se quisesse prevenir os transtornos cuja ameaça pressentia. O sucesso não veio, mas sim a ruptura com o futuro, a pobreza, o abalo mundial e, finalmente, o exílio. Certamente, não foi ele o único escritor alemão a conhecer as dificuldades da imigração. Outros foram fisicamente mais ameaçados, passaram por provações mais atrozes. Musil viveu pobremente em Genebra (tendo entretanto junto dele Marthe Musil, sua mulher), mas num isolamento que sabia ter procurado antes de se queixar dele. Em seu *Diário*, ele anota, por volta de 1939: "Oposição interior a meus amigos e a meus inimigos; desejo de não estar nem aqui, nem lá, e, no entanto, ressentimento e queixa quando me expulsam daqui e de lá." Não há dúvida de que, durante os dez últimos anos – número aproximativo –, ele muda, não apenas por causa dos acontecimentos, mas também com relação à sua própria obra, que também muda, enquanto ele a prossegue obstinadamente, lentamente, mantendo na medida do possível as grandes linhas do projeto primitivo (freqüentemente, modificadas, porém). Acredito que não podemos negligenciar a perturbação profunda que lhe vem desse livro, que ele não domina totalmente, que lhe resiste e ao qual também resiste, procurando impor-lhe um plano que talvez não lhe convenha mais. Sua morte brus-

DE UMA ARTE SEM FUTURO

ca, que ele não previu, pensando sempre que teria ainda mais vinte anos pela frente, surpreendeu-o pois no momento mais sombrio da guerra e de sua tarefa criativa. Oito pessoas o acompanham ao último exílio. Dez anos mais tarde, quando um amigo devotado, continuando o trabalho da senhora Musil, publicou a edição definitiva, ele é saudado como igual a Proust, a Joyce. Mais cinco anos e ele é traduzido em francês. Mais do que com sua obscuridade, quase me espanto com a rapidez e o brilho dessa celebridade que, com a ironia póstuma que podemos continuar a atribuir-lhe, deve tê-lo maravilhado silenciosamente.

Mesmo não conhecendo dele, com seu romance, senão o *Diário* publicado recentemente, somos logo captados, seduzidos e por vezes surpreendidos por essa complexa figura. Homem difícil, capaz de criticar o que ama e de se sentir próximo do que recusa; por muitos aspectos, um homem moderno, que acolhe a nova era tal como ela é e prevê lucidamente o que ela se tornará, homem de saber, de ciência, espírito exato e nada disposto a maldizer as temíveis transformações da técnica; mas, ao mesmo tempo, por sua origem, sua educação e a certeza das tradições, um homem de outrora, de uma cultura refinada, quase um aristocrata. E se ele faz do velho Império Austro-húngaro, que chama de Cacanie (que, em francês, seria mais bem traduzido como Cancanie [de *cancan*, dança e fofoca]), um quadro muito satírico, não se deve crer que se sinta estrangeiro a esse mundo do declínio, mundo de uma civilização antiquada e no entanto capaz de uma vida criativa intensa. Se nos lembrarmos que a ela pertenceram não somente Musil mas também Hofmannsthal, Rilke, Freud, Husserl, Trakl, Broch, Schoenberg, Reinhardt, Kafka, Kassner, esses nomes bastariam para mostrar-nos que as culturas moribundas são muito aptas a produzir obras revolucionárias e talentos de futuro.

Musil é um homem de Cancanie, não podemos negligenciar esse traço, assim como, em seu livro, não devemos nos contentar em buscar o espírito nas descobertas do herói central, mas também nos movimentos em contraponto que realizam outras figuras, por vezes caricaturais, mas não estranhas à sua simpatia irônica. Toda a fabulosa e ridícula história da Ação Paralela – que serve de aresta à primeira parte do livro – não mostra apenas os esforços de alguns fantoches da alta sociedade para celebrar o apogeu de um Império que já está à beira do abismo; tem também um sentido grave, secretamente dramático: o de saber se a cultura pode dar a si mesma um valor último ou se ela só pode se manifestar gloriosamente no vazio contra o qual ela nos protege, dissimulando-o.

Homem de antigamente, homem moderno, escritor quase clássico, embora sua língua seja intencionalmente nua e de uma rigidez leve e refinada, contendo às vezes imagens iluminadoras, escritor que, no entanto, está disposto a dar tudo à literatura (a ponto de formular esta alternativa patética: "suicidar-se ou escrever"), mas também a fazer com que ela sirva à conquista espiritual do mundo, a atribuir-lhe objetivos éticos, a afirmar que a expressão teórica do ensaio de nossos dias tem mais valor do que a expressão estética. Como Valéry e como Broch, ele tirou do uso das ciências, e sobretudo da matemática, um ideal de precisão cuja ausência, a seu ver, torna as obras literárias vãs e dificilmente suportáveis. A impessoalidade do saber e a impessoalidade do cientista lhe revelam uma exigência com a qual se sente perigosamente de acordo; procurará saber que transformações ela traria à realidade, se a realidade do tempo não estivesse atrasada de um século com relação ao saber do tempo.

O tema central

O tema central, se houver um nesse livro essencialmente bipolar, está representado exatamente em seu título: *Der Mann ohne Eingenschaften*. Esse título é dificilmente traduzível em francês. Philippe Jaccottet, tradutor tão exato quanto escritor e poeta excelentes, pesou ou prós e os contras. Gide propunha, de maneira brincalhona, um título gideano: *L'Homme disponible* [O homem disponível]. A revista *Mesures* nos propôs, inteligentemente: *L'Homme sans caractères* [O homem sem características]. Acho que eu teria ficado com a tradução mais simples, a mais próxima do alemão e a mais natural em francês: *L'Homme sans particularités* [O homem sem particularidades]. A expressão "o homem sem qualidades", embora de um uso elegante, tem o inconveniente de não ter sentido imediato, e de deixar perder-se a idéia de que o homem em questão não tem nada que lhe seja próprio: nem qualidades, nem tampouco nenhuma substância. Sua particularidade essencial, diz Musil em suas notas, é que ele não tem nada de particular. É o homem qualquer, e mais profundamente o homem sem essência, o homem que não aceita cristalizar-se num caráter, nem fixar-se numa personalidade estável: homem certamente privado de si mesmo, mas porque não quer acolher como sendo sua particularidade o conjunto de particularidades que lhe vêm de fora, e que quase todos os homens identificam ingenuamente com suas puras almas secretas, longe de ver nelas uma herança estrangeira, acidental e acabrunhante.

Mas aqui é preciso entrar imediatamente no espírito da obra, que é precisamente o espírito sob a forma da ironia. A ironia de Musil é a luz fria que invisivelmente muda, de momento a momento, a iluminação do livro (sobretudo na primeira parte) e, embora muitas vezes indistinta, não nos permite repousar na distinção de um sentido preciso, nem dado de antemão. Certamente, numa tradição como a da literatura alemã, na qual a ironia foi elevada à seriedade de uma categoria metafísica, a busca irônica do homem sem particularidades não é uma criação absoluta, e ela vem também depois de Nietzsche, cuja influência Musil acolheu, mesmo rejeitando-a. Mas, aqui, a ironia é um dos centros da obra, ela é a relação do escritor e do homem consigo mesmo, relação que só ocorre na ausência de todas as relações particulares, e na recusa de ser alguém para os outros e algo para si mesmo[10]. É um dom poético e é um princípio metódico. Se a procurarmos nas palavras, raramente a encontraremos, ou a veremos prestes a se desnaturar em traços satíricos. Ela está mais na própria composição do livro; está em certas situações, em suas reviravoltas, no fato de que os pensamentos mais sérios e os movimentos mais autênticos do herói, Ulrich, sempre se repetem uma segunda vez em outras personagens, nas quais adquirem um aspecto lamentável ou risível. Assim, o esforço por associar o ideal de exatidão e aquele vazio que é a alma – uma das principais preocupações de Ulrich – tem, como réplica, o idílio de Diotima, a bela alma, com Arnheim, industrial poderoso, capitalista intrigante e filósofo idealista, para o qual Rathenau lhe forneceu o modelo. Assim, a paixão mística de Ulrich e de sua irmã se prolonga e se repete tristemente nas relações de Ulrich com Clarisse, experiências tiradas de Nietzsche, que terminam em histeria estéril. O resultado é que os acontecimentos, alterando-se de ecos em ecos, não apenas perdem sua significação simples, mas também aban-

---

10. A ironia é troca entre frieza e sentimento.

DE UMA ARTE SEM FUTURO 203

donam sua própria realidade e, em vez de se desenvolverem em história, designam o campo movediço onde os
fatos dão lugar à incerteza das relações possíveis.

Eis-nos diante de outro aspecto da obra. O homem
sem particularidades, que não quer reconhecer-se na pessoa que é, para o qual todos os traços que o particulari-
zam não fazem dele nada de particular, jamais próximo
daquilo que lhe é mais próximo, jamais estrangeiro àquilo que lhe é exterior, escolhe ser assim por um ideal de
liberdade, mas também porque vive num mundo – o mundo moderno, o nosso – em que os fatos particulares estão
sempre prestes a perderem-se no conjunto impessoal
das relações, das quais eles apenas marcam a intersecção
momentânea. No mundo das grandes cidades e das grandes massas coletivas, é indiferente saber se algo realmente aconteceu e de qual fenômeno histórico acreditamos
ser os atores e as testemunhas. O que acontece permanece imperceptível, aliás acessório e mesmo nulo: só importa a possibilidade do que aconteceu assim, mas que
poderia ter acontecido de outra maneira; só importam a
significação geral e o direito do espírito a buscar essa significação, não naquilo que é, e que em particular não é
nada, mas na extensão dos possíveis. O que chamamos
de realidade é uma utopia. A história, tal como nós a re-
presentamos e acreditamos viver, com sua sucessão de
incidentes tranqüilamente linear, exprime apenas nosso
desejo de nos agarrar a coisas sólidas, a acontecimentos
incontestáveis, desenvolvendo-se numa ordem simples
de que a arte narrativa, a eterna literatura das amas-de-
leite, põe em destaque e em proveito da ilusão atraente.
Dessa felicidade da narração, sobre cujo modelo séculos
de realidade histórica se constituíram, Ulrich não é mais
capaz. Se ele vive, é num mundo de possibilidades e não

204 · O LIVRO POR VIR

mais de acontecimentos, um mundo onde nada acontece que possa ser *narrado*. Estranha situação para um herói de romance, e ainda mais estranha para o romancista. E seu próprio herói é real, mesmo como ficção? Mas
não é ele, mais do que tudo, isto: a experiência audaz, arriscada, de que só o desenlace, assegurando-lhe que ele
é possível, o tornará enfim real, mas somente a título de
possibilidade?

O homem possível

Começamos lentamente a perceber a amplidão do
projeto que Musil carregou durante tantos anos. Ele mesmo o percebeu muito lentamente. Pensou em seu livro
desde o começo do século, e encontramos em seu *Diário*
cenas e situações, tiradas das aventuras de sua juventude, que só deveriam encontrar seu lugar na parte final da
obra (pelo menos tal como a publicação póstuma a reconstitui)[11]. Não devemos esquecer essa lenta maturação,
essa vida que sua vida empresta à obra e essa experiência
estranha que faz depender sua existência de um livro sem
fim, e depois a transforma, tornando-a fundamentalmente improvável. O livro é superficial e profundamente autobiográfico. Ulrich nos remete a Musil, mas Musil está

---

11. Num interessante estudo consagrado a Musil, Martin Flinker
cita esta carta que o escritor lhe enviou em 1934: "Dos problemas de
meu trabalho, infelizmente só posso falar brevemente. Ainda existem,
hoje, problemas? Às vezes temos o sentimento do contrário. A única razão
que poderia persuadir-me de que não me perco completamente é a longa duração de minha pesquisa; desde o começo, que remonta a antes de
1914, meus problemas foram tantas vezes retrabalhados que adquiriram
a densidade de uma certa permanência" (*Almanach*, 1958).

ansiosamente ligado a Ulrich, só tem sua verdade nele, que prefere ser sem verdade a recebê-la de fora. Há pois um primeiro plano em que o "homem sem características" reproduz, curiosamente, os dados de um "caráter", no qual reencontraríamos o do autor: a indiferença apaixonada, a distância que ele coloca entre os sentimentos e ele mesmo, a recusa a engajar-se e a viver fora de si mesmo, a frieza que é violência, o rigor do espírito e a maestria viril, unidos no entanto a uma certa passividade que as peripécias sensuais do livro nos mostram algumas vezes. O homem sem particularidades não é pois uma hipótese encarnada pouco a pouco. Pelo contrário: é uma presença viva que se torna um pensamento, uma realidade que se torna utopia, um ser particular descobrindo progressivamente sua particularidade, que é a de não a ter, e tentando assumir essa ausência, elevando-a a uma busca que faz de si um novo ser, talvez o homem do futuro, o homem teórico, cessando enfim de ser para ser autenticamente o que é: um ser somente possível, mas aberto a todas as possibilidades.

A ironia de Musil é muito útil a seu desígnio. Não nos esqueçamos de que seu apodo é dado a Ulrich, como uma censura, pelo amigo de juventude, Walter (amigo de juventude de Musil), que, na época em que o livro começa, já quase não é seu amigo. Um homem sem particularidades? *"O que é isso?" perguntou Clarisse, rindo tolamente.* A resposta é significativa da ambigüidade de Musil: *"Nichts. Eben nichts ist das!"* – *"Nada, precisamente nada!"* E Walter acrescenta: *"Hoje há milhões deles. Eis a espécie que nossa época produziu."* Musil não assume por sua conta esse julgamento, mas não o rejeita. O homem sem particularidades não é pois apenas o herói livre que recusa qualquer limitação e, recusando a essência, pressente que deve também recusar a existência, substituída pela possibilidade.

206   *O LIVRO POR VIR*

É antes de tudo o homem qualquer das cidades grandes, homem intercambiável, que não é nada e não parece nada, o "Fulano" cotidiano, o indivíduo que não é mais um particular mas se confunde com a verdade congelada da existência impessoal. Aqui, o Musil de outrora não renuncia a discutir com o Musil de hoje, invocando a impessoalidade da ciência e da estranheza que sente ser, pressente corajosamente descobrir, no nada que ele é – *Nada, precisamente nada* – o princípio de uma nova moral e o começo de um novo homem.

O que há de perigoso nessa busca não lhe escapa, assim como ele está longe, já o disse, de separar seu destino daquele da antiga Cancanie de que seu movimento significa a ruína, que será também necessariamente sua própria ruína. Se no entanto ele vai em frente, num esforço gigantesco para seguir, mesmo como romancista, o caminho da mais temerária experimentação, é por horror à ilusão e por cuidado com a exatidão. Desde antes de 1914, viu que a verdade condenava seu mundo, e preferiu a verdade a tudo. O estranho é que esse amor pela verdade, que se tornou uma idéia e uma paixão durante sua breve carreira de engenheiro, de lógico, de matemático e quase de professor de psicologia, tenha feito finalmente dele um literato que arrisca todas as suas chances no golpe audacioso de um romance – e de um romance que, por uma de suas partes essenciais, podemos chamar de místico.

2. A experiência do "outro estado"

Quando foi publicada, em 1930, a primeira parte de *O homem sem particularidades*, duvido que o leitor mais engenhoso pudesse adivinhar qual seria sua continuação. Ele lia, com timidez e surpresa, um romance de lín-

DE UMA ARTE SEM FUTURO

gua clássica e forma desconcertante, que ora se parecia com um romance, ora com um ensaio, às vezes evocava *Wilhelm Meister*, às vezes Proust, *Tristram Shandy* ou *Monsieur Teste*; se fosse sensível, ficava satisfeito com uma obra que lhe escapava, embora ela não cessasse de ser, por uma falsa aparência, seu próprio comentário. Mas o leitor tinha duas certezas: uma, a de que Musil descrevia, com ironia, frieza e sentimento, a queda da Casa Usher, aquela que abrigava as ilusões dos homens nas vésperas de 1914; outra, a de que o protagonista do livro, Ulrich, era um herói do espírito, empreendendo uma aventura totalmente intelectual e procurando viver segundo os perigos da exatidão e a força impessoal da razão moderna.

O leitor de 1932 – quando foi publicado o primeiro volume da segunda parte – ficou desconcertado? Mas o destino de Musil já se cumpria, pois quase não houve leitores. Além disso, esse volume, que apenas preparava o segundo episódio, terminava de maneira tão hábil e infeliz que a publicação parecia quase completa, e o novo tema parecia ter chegado à sua conclusão, enquanto, nas centenas de páginas pelas quais ela ia prosseguir, com um ímpeto freqüentemente desesperado, a mesma história devia elevar-se a peripécias interiores bem diversas, donde uma alteração de sentido que, mesmo hoje, ainda nos perturba, como acredito que tenha perturbado Musil. É que também o sentimos, a partir dali, engajado numa tarefa criativa desmesurada, e talvez numa experiência que ultrapassava suas previsões. Tudo se torna mais difícil, sem dúvida, menos seguro, não mais sombrio, pois aquilo que nos chega é por vezes uma luz sensível e simples, mas mais estranho à realização voluntária que ele se obstina, pateticamente, a obter por si mesmo. Algo lhe escapa, e ele se surpreende, se assusta, se rebela diante dos excessos, excesso de sensibilidade, excesso de abs-

208 *O LIVRO POR VIR*

tração, que o escritor rigoroso que é, sempre inclinado a não escrever, de preferência a escrever para acalentar ilusões, esforça-se em vão por introduzir no quadro de um plano premeditado.

A dupla versão do homem moderno

O que é exaltante é que a continuação imprevisível do livro não está apenas ligada ao aprofundamento de seu tema, mas torna-se necessária pela mitologia própria do escritor e a coerência de algum sonho obscuro. Topamos com uma aventura tão motivada quanto injustificada. Quando Ulrich, o indiferente que recusa o mundo estável das realidades particulares (a segurança das diferenças particularizadas), encontra sua irmã Agathe junto ao féretro de seu pai, um homem que não amam, um velho senhor pedante e enobrecido, esse encontro é o começo da mais bela paixão incestuosa da literatura moderna. Paixão singular, durante muito tempo e quase até o fim irrealizada, mesmo sendo a mais livre e a mais violenta, ao mesmo tempo metódica e mágica, princípio de uma busca abstrata e de uma efusão mística, união dos dois na entrevisão de um estado supremo, o *outro* estado, o Reino milenar cuja verdade, inicialmente acessível à paixão privilegiada do casal proibido, finalmente se estenderá, talvez, à candente comunidade universal.

Naturalmente, nada de arbitrário nisso que seria falso apresentar como um resquício romântico[12]. Que Ulrich,

---

12. Entretanto, Agathe diz, mas num fragmento tardio: "Nós fomos os últimos românticos do amor." "Tentativa de anarquia no amor", diz Musil em outro fragmento tardio, para caracterizar a tentativa do casal.

DE UMA ARTE SEM FUTURO

o homem sem particularidades, no qual desperta o movimento impessoal do saber, a neutralidade das grandes existências coletivas, a força pura da consciência valeryana, que só começa na recusa de ser qualquer coisa, homem de pensamento, teoria de si mesmo e tentativa de viver à maneira de simples abstração, abre-se à vertigem das experiências místicas, isso é surpreendente mas necessário, pois pertence ao sentido do movimento que é o seu, aquela impessoalidade que acolhe deliberadamente e que vive, ora como uma indeterminação soberana da razão, ora como o vazio indeterminado, revertido em plenitude, da experiência mística. Assim, a recusa de viver com os outros e consigo mesmo em relações demasiadamente determinadas, particulares – fonte da indiferença atraente que é a magia de Ulrich (e de Musil) – dá lugar a esta dupla versão do homem moderno: capaz da mais alta exatidão e da mais extrema dissolução, pronto a satisfazer sua recusa das formas congeladas tanto pela troca indefinida das formulações matemáticas quanto pela busca do informe e do informulado, procurando enfim suprimir a realidade da existência para distendê-la entre o possível que é sentido e o não-sentido do impossível.

Ulrich encontra Agathe. Desde sua infância, ele quase se esquecera da irmã. Na funerária, o modo como eles surgem um diante do outro, espantados com seus traços e até mesmo com suas roupas semelhantes, a surpresa de suas relações ainda despercebidas, a volta de um passado irreal, a cumplicidade de certos gestos (quando substituem, no uniforme do morto, as condecorações verdadeiras por outras, falsas; mais tarde Agathe falsificará o testamento para prejudicar seu marido), a liberdade infantil com a qual, procurando um último presente para lhe dar, a jovem arranca a larga fita de sua liga para enfiá-la no bolso do velho, muitos outros detalhes expressos num estilo de uma sobriedade envolvente preparam, numa atmosfera meio noturna, meio diurna, a cena que estamos dispostos a consentir, como eles mesmos, mas que na verdade não acontece, só acontecerá muito mais tarde, quando nossa expectativa e a deles não serão talvez mais satisfeitas. Será por respeito ao interdito? Em certa medida, somente, e sem nenhum preconceito moral; mas nem um nem outro pretende esgotar rapidamente a chance que lhes oferece a perigosa aventura de suas novas relações e que é impossível.

A realização irrealizada

"*O que quase se passou e, no entanto, não se passou*", "*o que verdadeiramente aconteceu, sem que nada tivesse acontecido*", "*o que ocorreu, mas terá ocorrido?*", esse acontecimento presente, real e irrealizável, nem desejado nem recusado, mas próximo, de uma proximidade ardente à qual a realidade não basta e que abre o domínio do imaginário, dá ao impossível uma forma quase corporal, na qual o irmão e a irmã se unem um ao outro por movimentos estranhos, tão puros quanto livres, cuja descrição constitui a experiência mais nova da obra. É preciso acrescentar que essa paixão maravilhosa, durante muito tempo privada de corpo, tem por principal mediadora a palavra. Isso é deliberadamente buscado por Musil: "No amor, as conversas têm um papel quase maior do que o resto; o amor é a mais conversadora de todas as paixões, e consiste principalmente na felicidade de falar... Falar e amar são essencialmente ligados." Eu não diria que essa idéia, típica de Musil, pode convencer-nos fora de sua obra; também não direi que ela é apenas um estratagema para justificar as longas conversas teóricas que compõem o livro.

DE UMA ARTE SEM FUTURO

Para julgar a transformação sofrida pela linguagem abstrata, quando ela se aproxima do *"estado maravilhoso, ilimitado, incrível e inesquecível no qual tudo desejaria unir-se num único Sim"*, é preciso buscar, na embriaguez dos sentimentos e na maestria das falas, uma relação comum que os transforma uns e outras, fazendo da aridez abstrata um estado novo de paixão e do arrebatamento sentimental, um maior sangue-frio. Falas que não ocorrem sem uma grande necessidade de silêncio. No casal Ulrich-Agathe, a parte silenciosa é felizmente representada pela moça, e não é sem uma premeditação incisiva que esta, emergindo de seu estado de dissolução espiritual e de desamparo corporal, pensa tristemente, diante da passividade conversadora do irmão: "Ele deveria fazer outra coisa em vez de falar."

Um dia, Agathe irá até a preparação do suicídio, e essa crise dará ao idílio uma outra feição. "Não nos mataremos antes de termos experimentado tudo." Começa então "a viagem ao paraíso", figurada, segundo a tradição goethiana, pela viagem em direção ao sul. Mas essa decisão, bem deliberada, vem muito tarde. Oitocentas páginas de um texto denso já reuniram aqueles que permanecem intimamente separados, levando-os, para além de todo sentimento e no próprio cansaço de sentir, a movimentos de lenta e profunda metamorfose, semelhantes em tudo, dizem-nos, aos dos místicos. Parece portanto que o absoluto tinha sido atingido de antemão, e que a tentativa de Ulrich, na realização do irrealizado, já tinha encontrado seu termo.

É que a estranha relação dos irmãos – muito distante, em certo sentido, mas somente em certo sentido, da perversão e do desafio de Byron – significa precisamente o que o homem sem particularidades busca em vão, e só pode encontrar como falta: unindo-se a essa irmã que parece ser seu Eu mais belo e mais sensível (o corpo da encarnação que lhe falta), ele encontra nela a relação consigo mesmo de que se privou, certa relação terna que é o amor-próprio, *Eingenliebe*, o amor particular por si mesmo que um homem sem particularidades não pode certamente conhecer, a menos que encontre, no mundo, sua identidade errante sob a forma de seu duplo, a pequena irmã-esposa, a eterna Ísis que dá vida e plenitude ao ser esparso cuja dispersão é espera infinita e recolhimento, queda sem fim em direção ao vazio.

É claro que, se Agathe é Ulrich, tão privada dela mesma – o que se manifesta por certa inconsciência moral – quanto ele é de si, essa dupla falta não os ata menos um ao outro, atração melancólica, do que Paolo e Francesca no inferno, expondo-os a se buscar num cansativo e fascinante jogo narcísico. A vanidade de sua união faz parte, portanto, do movimento que a decide. O que é inesperado e, acredito, surpreendeu e desorientou Musil, é que as experiências extraordinárias que ele tira disso, o êxtase que arrasta os dois amantes a um jardim de luz fora do mundo, à beira do ser, a generosidade criativa que não lhe permite acabar com esse episódio, obrigando-o a prosseguir por centenas de páginas, como se fosse um protesto secreto contra a decepção final, todos os desenvolvimentos desmesurados que desequilibram o livro mas lhe dão um novo poder, longe de representar um malogro, fazem brilhar no amor impossível, mesmo sendo ele apenas uma miragem, uma felicidade e uma verdade cuja ilusão – contra sua expectativa e contra seu plano – Musil não pode decidir-se a destruir[13].

---

13. Segundo os pesquisadores que consultaram os manuscritos, era ainda nesse episódio que Musil trabalhava no momento de sua morte, e precisamente nas páginas de caráter místico intituladas *Sopros de um dia de verão*.

DE UMA ARTE SEM FUTURO

Estranha solicitação. Poderiam pensar que Musil está unido a essa fábula por laços pessoais. Teve ele uma irmã? Sim, que morreu antes de ele vir ao mundo (daí o profundo esquecimento que atribui a Ulrich e, talvez, o ambiente de alegria fúnebre do primeiro encontro). Ele mesmo se perguntou acerca dessa amiga que poderia ter tido. Sempre preciso, diz ter-lhe dedicado certo culto; depois corrige: "... Essa irmã me interessava. Não me acontecia pensar: e se ela estivesse ainda viva? Seria eu o mais próximo dela? Identificar-me-ia com ela? Não há motivo para isso. Lembro-me, apesar de tudo, de que na idade dos vestidinhos eu queria ser também uma menina. Eu veria de bom grado, nesse traço, uma reduplicação do erótico."[14] Devemos evitar atribuir a essa única lembrança um valor determinante. Lembrarei apenas que Ulrich e Musil estão ligados por relações de incerteza e de experiência, cujo desenvolvimento é a própria aposta do livro. Musil está nele presente, mas à maneira impessoal e irreal que Ulrich se esforça por assumir, de acordo com a profunda impessoalidade que a vida moderna nos apresenta como um enigma, uma ameaça, um recurso e mesmo como a fonte de toda fonte. A intimidade sem intimidade da paixão gêmea é um mito que o escritor alimenta de si mesmo, e que ora nos repugna por sua esterilidade, ora nos atrai como tudo o que, destruindo as proibições, nos promete *um instante* de acesso ao absoluto.

Um instante: aí está o malogro inevitável. Numa entrevista de 1926, em que Musil revelava imprudentemente o

---

14. Uma menina com longos cabelos louros e sedosos, que ele amou quando pequeno, e cuja imagem passou para seu livro, tinha o mesmo nome da irmã desconhecida, Elsa. Coincidência que ele anota em seu ensaio autobiográfico e que não lhe parece fortuita. Em 1923, Musil publicou um poema intitulado *Ísis e Osíris*, que contém, diz ele, *in nucleo* seu romance.

214   *O LIVRO POR VIR*

plano de seu livro, ele diz do episódio dos irmãos (então gêmeos): "A tentativa de manter e fixar a experiência fracassa; o absoluto não pode ser conservado." E a comunicação efervescente entre dois seres pode ainda menos afirmar-se numa moral capaz de abrir a comunidade do mundo a um movimento livre, constantemente inabitual, renovado e puro. Malogro que, no entanto, não põe fim ao livro, pois Musil, depois de ter traduzido o aspecto maravilhoso do complexo "amor-êxtase", pretendia fazê-lo passar para o lado da loucura, e não dissimular a atração que exercem sobre o homem sem particularidades as formas menos agradáveis da anomalia e da aberração. A loucura é um dos temas de seu livro. A loucura da guerra, termo dessa viagem ao extremo do possível, teria constituído a irrupção decisiva da potência impessoal na qual o homem sem particularidades, no encontro com as particularidades humanas, realiza sua última e lamentável metamorfose. Nos numerosos fragmentos que nos permitem representar um dos fins possíveis do romance, vemos Musil tentar acabar os destinos implicados naquilo que subsiste de narrativa em sua ausência de narrativa e, principalmente, prosseguir até sua dissolução final a Ação Paralela, fundada por intrigantes, idealistas e pessoas mundanas – a aristocracia capitalista – para brincar, na véspera da guerra, com a ilusão da Paz Universal. Ele tinha até mesmo previsto, pelo menos no plano de 1926, uma intriga complicada e movimentada de espionagem[15].

---

15. Dessa visão da sociedade moderna em devir, cujas forças profundas Musil pretende revelar-nos, as potências revolucionárias de classe estão quase ausentes. Um único episódio secundário lhes é consagrado (que talvez tivesse sido, depois, desenvolvido, como nos indicam alguns esboços). Musil explicou por que, não sendo conservador, tinha horror, não à revolução, mas às formas que ela toma para manifestar-se. Entretan-

DE UMA ARTE SEM FUTURO

Somente, produz-se um fenômeno curioso: depois do esplendor do romance de Ulrich e Agathe, não conseguimos mais, nem Musil consegue, acredito, retomar contato com a história nem com as personagens do primeiro livro. Nem mesmo a ironia que o escritor precisou fazer calar durante aquele episódio místico – pois "o estado místico é um estado sem riso, os místicos não riem" – consegue mais reencontrar suas possibilidades secretas de criação. Tudo se passa como se um ponto extremo tivesse sido atingido, e destruído os recursos normais da obra. Nenhum desenlace é mais possível. Agathe e Ulrich tinham prometido, um ao outro, morrer, se não triunfassem. Mas agora eles sentem que até mesmo o poder de morrer se perdeu na aventura, e ainda mais o poder de viver, e ainda mais, para Musil, o de escrever. *"Não posso ir mais longe"*, anota ele pateticamente. É talvez a conclusão que respeita melhor a significação do livro, lembrando-nos como, graças a ele, chegamos longe.

Sob a ameaça do impessoal

"A história deste romance se resume ao seguinte: a história que devia ser contada não é contada." Musil faz essa reflexão em 1932, em pleno trabalho criador. Um pouco mais tarde, ele falará de sua recusa da narrativa que está na origem de suas narrativas. Anotará também: *"Tirar uma*

---

to, o homem sem particularidades não é essencialmente o proletário, se o proletariado, caracterizado pelo não-ter, só pode tender à supressão de todo modo particular de ser? É estranho e significativo que Musil, pronto a fazer todas as perguntas relativas a seu tema, evite precisamente esta, que está ao seu alcance. Em compensação, seu livro mostra, já em ação, algumas das forças às quais o nazismo deveu seu advento.

técnica de minha impotência em descrever a duração." Foi lentamente, através do exercício, que ele tomou consciência das necessidades de sua arte e da forma de seu livro, até a descoberta de que aquilo que via nele como uma falta podia tornar-se a riqueza de um novo gênero e, ainda mais, dar-lhe a chave dos tempos modernos. Faltaria, pois, estudarmos o essencial: a relação que os temas mantêm com a forma e as conseqüências resultantes para a arte romanesca.

Não é concebível que o homem sem particularidades pudesse se revelar numa forma pessoal, nem no tom subjetivo de um Eu muito particular. A descoberta, e talvez a obsessão de Musil, é a do novo papel da impessoalidade. Ele a encontra, com entusiasmo, na ciência, depois, mais timidamente, na sociedade moderna, e em seguida, com uma fria ansiedade, nele mesmo. Qual é essa potência neutra que emerge de repente no mundo? Como explicar que, no espaço humano que é o nosso, não lidemos mais com pessoas distintas, vivendo experiências particulares, mas com *experiências vividas sem ninguém que as viva*"? De onde vem que, em nós e fora de nós, algo de anônimo não cesse de aparecer, dissimulando-se? Mutação prodigiosa, perigosa e essencial, nova e infinitamente antiga. Falamos, e as palavras precisas, rigorosas, não se preocupam conosco e não são nossas senão por essa estranheza que nos tornamos para nós mesmos. Da mesma forma, a todo instante "dão-nos réplicas", das quais sabemos apenas que se dirigem a nós e "não nos concernem".

O livro de Musil traduz essa mutação e busca dar-lhe forma, ao mesmo tempo que tenta descobrir que moral poderia convir a um homem no qual se realiza a aliança paradoxal da exatidão e da indeterminação. Para a arte, tal metamorfose não ocorre sem conseqüências. Musil

DE UMA ARTE SEM FUTURO

permaneceu muito tempo incerto quanto à forma que deveria escolher: pensou num romance na primeira pessoa (quando seu livro se chamava "Catacumbas"[16]), mas no qual o "Eu" não seria nem o da personagem romanesca, nem o do romancista, mas a relação dos dois, o eu sem eu em que o escritor deve transformar-se, ao tornar-se impessoal pela arte – que é essencialmente impessoal – e naquela personagem que assume o destino da impessoalidade. Um "Eu" abstrato, um eu vazio intervindo para revelar o vazio de uma história incompleta e para preencher o entredois de um pensamento ainda experimental. Talvez devamos lamentar a perda dessa forma, cujos recursos Musil expôs sutilmente. Mas ele se sente, por fim, mais atraído pelo "Ele" da narrativa, aquela estranha neutralidade cuja exigência, talvez insustentável, a arte romanesca busca constantemente e hesita constantemente acolher. A impessoalidade da arte clássica não o tenta menos, embora não possa aceitá-la como forma imobilizada, nem como poder de contar soberanamente uma ação que dominamos por inteiro. É que, também, ele não tem nada a contar, já que o próprio sentido de sua narrativa é de que não estamos mais às voltas com acontecimentos que se realizam realmente, nem com pessoas que os vivem pessoalmente, mas com um conjunto preciso e indeterminado de versões possíveis. Como dizer: isto aconteceu, depois isso, e finalmente aquilo, quando o essencial é que o que aconteceu poderia ter acontecido de outra forma, e por conseguinte não aconteceu

---

16. Mais precisamente, "Catacumbas" é o nome da rubrica sob a qual ele agrupa as idéias que lhe vêm a respeito de seu romance, numa época em que este tinha um título ainda incerto (1918-1920). Ele tinha então em mente vários projetos que acabaram por se fundir todos num único livro.

218   *O LIVRO POR VIR*

verdadeiramente, de modo decisivo e definitivo, mas somente de uma maneira espectral e no modo do imaginário? (Aqui aparece o sentido profundo do incesto, que se realiza na impossibilidade de sua realização.)

Vemos pois Musil às voltas com estes dois problemas: buscar uma linguagem que se assemelhe à linguagem clássica, mas mais próxima da impessoalidade originária[17]; fazer uma narrativa com uma história na qual falta o tempo da história e que nos torne atentos, não aos próprios acontecimentos, mas, neles, à seqüência infinita de acontecimentos possíveis, à potência de fonte que não produz nenhum resultado firme.

A literatura e o pensamento

Outro problema maior da arte de Musil: a relação do pensamento com a literatura. Ele concebe precisamente que, na arte literária, possam exprimir-se idéias tão difíceis e de uma forma tão abstrata quanto numa obra filosófica, mas com a condição de que elas *não sejam ainda* pensamentos. Esse "ainda não" é a própria literatura, um "ainda não" que, como tal, é realização plena e perfeição. O escritor tem todos os direitos e pode atribuir-se todos os modos de ser e de dizer, exceto a fala muito habitual que pretende conter um sentido e uma verdade: o que se

---

17. Em realidade, Musil permanece sempre numa linguagem intermediária, entre a impessoalidade da verdade objetiva e a subjetividade de sua pessoa. Ele diz, por exemplo, num ensaio: "Se a coerência das idéias entre elas não for suficientemente firme, e se desdenharmos a coerência que a pessoa do autor lhes poderia dar, restará um encadeamento que, sem ser subjetivo nem objetivo, poderá ser os dois ao mesmo tempo: imagem *possível* do mundo, uma pessoa *possível*, eis o que procuro."

DE UMA ARTE SEM FUTURO 219

diz, naquilo que ele diz, ainda não tem sentido, ainda não é verdadeiro – ainda não é e nunca será; ainda não, e é o esplendor suficiente que outrora se chamava beleza. O ser que se revela na arte é sempre anterior à revelação: daí sua inocência (pois ele não precisa ser resgatado pela significação), mas daí também sua inquietude infinita, se ele é excluído da terra prometida da verdade.

Musil foi muito consciente da experiência própria que é a literatura. O homem sem particularidades é precisamente o homem do "ainda não", aquele que não considera nada como seguro, detém todo sistema, impede toda fixação, que "não diz não à vida, mas ainda não", que age enfim como se o mundo – o mundo da verdade – só devesse começar no dia seguinte. No fundo, é um puro escritor e ele não saberia ser outra coisa. A utopia do "ensaio" é o que ele persegue com uma frieza apaixonada.

Em todas as belas partes de sua obra, Musil conseguiu preservá-la como obra, exprimindo nela pensamentos, mas sabendo distinguir, do pensamento que diz a verdade, o pensamento que dá forma. "Aquilo que, numa obra poética, é considerado como psicologia é algo diferente da psicologia, assim como a poesia é diferente da ciência." Ou ainda, esta observação: "Descrevem-se os homens tais como acreditamos que se comportarão dentro e fora, durante o curso da ação, mas mesmo o interior psicológico, com vistas ao trabalho central da personalidade, que só começa, e freqüentemente mais tarde, por detrás de todas as superfícies de dor, de confusão, paixão e fraqueza, é na verdade apenas um fora em segundo grau." Entretanto, ele foi obcecado pela psicologia, pelas pesquisas éticas, pelo círculo de questões que querem todas dizer: como viver? – depois, obcecado pelo temor de haver alterado a arte ao contato com pensamentos, e alterado seus pensamentos ao confiá-los à arte: "*O erro principal: teoria demais*"; "*Não deveriam dizer-me que simplesmente não tive coragem de representar de uma maneira científica e filosófica o que me ocupava filosoficamente, e que isso continuou a fazer pressão por detrás de minhas narrativas, tornando-as impossíveis?*". Com lucidez, Musil denuncia aí outra causa para a falta de acabamento. É verdade: há, em seu livro, uma ansiosa intemperança de problemas, excesso de debates indiscretos sobre demasiados assuntos, excesso de conversas com ar filosófico sobre a moral, a vida justa, o amor. Fala-se demais, e "quanto mais palavras forem necessárias, mais isso é mau sinal". O romancista nos dá então a terrível impressão de utilizar suas personagens para fazê-las exprimir idéias: erro maior, que destrói a arte e reduz a idéia à pobreza da idéia. A tal crítica, gostaríamos de poder responder que esse defeito, tão evidente, está implicado no tema da obra: o homem sem particularidades é o homem que tem, por vocação e por tormento, de viver a teoria de si mesmo, o homem abstrato que não é e não se realiza de maneira sensível. Aceitando a confusão à qual se presta, entre a expressão teórica e a expressão estética, Musil estaria pois apenas prosseguindo a experiência que lhe é própria. Mas não o creio. Vejo-o mais como infiel a si mesmo, por ter consentido em dividir sua obra em pensamentos já especializados e cenas concretas, em discursos teóricos e personagens ativas, em vez de voltar ao ponto mais originário no qual, na decisão de uma forma única, a fala que ainda não está particularizada diz a plenitude, diz o vazio do ser sem particularidade.

CAPÍTULO V
A DOR DO DIÁLOGO

Sobre o uso difícil da crítica. O crítico quase não lê. Não é sempre por falta de tempo; mas não pode ler porque só pensa em escrever, e se simplifica, às vezes complicando, se louva, se condena, se ele se livra apressadamente da simplicidade do livro, substituindo-a pela retidão de um julgamento ou pela afirmação benevolente de sua rica compreensão, é que a impaciência o empurra; é que, não podendo ler um livro, precisa não ter lido vinte, trinta ou muitos mais, e que nessa não-leitura inumerável, que por um lado o absorve, por outro o negligencia, convidando-o a passar cada vez mais depressa de um livro a outro, de um livro que ele não lê a outro que pensa já ter lido, a fim de chegar ao momento em que, não tendo lido nada de todos os livros, topará talvez com ele mesmo, na desocupação que lhe permitirá enfim começar a ler; isso se já não tiver, há muito tempo, se tornado por sua vez um autor.

Que a vontade simplificadora da crítica se una dificilmente à simplicidade do livro, que parece sempre simples demais ou muito pouco simples, é o que nos faz sentir *Le*

Square [A pracinha], de Marguerite Duras. Esse livro não é certamente ingênuo, e embora nos atinja desde suas primeiras páginas, por um contato ao qual não fugimos – é estranha essa espécie de lealdade que a leitura faz renascer em nós –, não tem, não pode ter a simplicidade cuja aparência nos oferece, pois a dura simplicidade das coisas simples, com as quais ele nos põe em relação, é dura demais para poder simplesmente aparecer.

Duas vozes quase abstratas, num lugar quase abstrato. É isso que nos atinge primeiramente, essa espécie de abstração; como se esses dois seres que conversam numa pracinha – ela tem vinte anos e é empregada doméstica; ele, mais velho, vai de feira em feira vendendo coisas de pouco valor – não tivessem outra realidade senão suas vozes, e esgotassem nessa conversa fortuita o que resta de chance e de verdade, ou mais simplesmente de palavras, a um homem vivo. Eles precisam falar, e essas palavras precavidas, quase cerimoniosas, são terríveis devido à contenção, que não é apenas a polidez das existências simples, mas é feita da extrema vulnerabilidade desses dois seres. O temor de ferir e o medo de ser ferido estão nas próprias falas. Elas se tocam, se retiram ao menor contato um pouco mais intenso; estão ainda vivas, certamente. Lentas, mas ininterruptas, e não se detendo por receio de não ter tempo: é preciso falar agora, ou nunca; entretanto sem pressa, pacientes e na defensiva, calmas também, como é calma a fala que, se não se contivesse, quebrar-se-ia num grito; e privadas, num grau doloroso, da facilidade da tagarelice que é a leveza e a liberdade de certa felicidade. Ali, no mundo simples da carência e da necessidade, as palavras se concentram no essencial, atraídas apenas pelo essencial, e monótonas, por conseguinte, mas também demasiadamente atentas àquilo que se deve dizer para não evitar as fórmulas brutais, que poriam fim a tudo.

DE UMA ARTE SEM FUTURO

É que se trata de um diálogo. A surpresa que esse diálogo provoca em nós nos faz perceber o quanto é raro; ele nos coloca diante de um acontecimento inabitual, quase mais doloroso do que maravilhoso. Nos romances, a parte que chamamos de dialogada é a expressão da preguiça e da rotina: as personagens falam para colocar brancos numa página, e por imitação da vida, na qual não há narrativa mas conversas; é preciso pois, de tempo em tempo, dar a palavra às pessoas, nos livros; o contato direto é uma economia e um repouso (para o autor mais ainda do que para o leitor). Ou então, por influência de alguns escritores norte-americanos, o diálogo se tornou de uma insignificância expressiva: mais desgastado do que na realidade, um pouco abaixo da fala nula que nos basta na vida corrente; quando alguém fala, é sua recusa de falar que se torna então sensível; seu discurso é seu silêncio: fechado, violento, nada dizendo a não ser ele mesmo, sua solidez abrupta, sua vontade de emitir palavras mais do que de falar. Ou simplesmente, como acontece na obra de Hemingway, a maneira sutil de se exprimir um pouco abaixo de zero é uma esperteza para nos fazer crer em algum alto grau de vida, de emoção ou de pensamento, truque honesto e clássico que freqüentemente dá certo e ao qual, em Hemingway, um talento melancólico fornece recursos variados. Mas as três grandes direções do "diálogo" romanesco moderno são representadas, acredito, pelos nomes de André Malraux, Henry James e Franz Kafka.

Malraux

Em seus dois grandes livros, *A condição humana* e *A esperança*, Malraux emprestou arte e vida a uma atitude mui-

224   *O LIVRO POR VIR*

to antiga e que, graças a ele, tornou-se uma forma artística: a atitude da discussão. O herói dessa forma foi, antigamente, Sócrates. Sócrates é o homem seguro a quem basta falar para chegar a um acordo: ele crê na eficácia da fala, contanto que ela não se contradiga e prossiga por tempo suficiente para provar e para estabelecer, por meio de provas, a coerência. Que as palavras devam necessariamente se sobrepor à violência, é esta a certeza que ele representa calmamente, e sua morte é heróica mas calma, porque a violência que interrompe sua vida não pode interromper a fala razoável que é sua verdadeira vida, e ao termo da qual há o acordo e a violência desarmada. Sem dúvida, as personagens de Malraux nos transportam longe de Sócrates: são apaixonadas, ativas e, na ação, entregues à solidão; mas, nos momentos de calma que seus livros nos concedem, se tornam, de repente, e quase naturalmente, as vozes dos grandes pensamentos da história; sem deixarem de ser elas mesmas, dão voz a cada lado desses grandes pensamentos, àquilo que pode ser formulado, em termos ideais, das forças implicadas em determinado conflito grave de nosso tempo – e eis o choque comovente de seus livros: descobrimos que a discussão ainda é possível. Esses simples deuses humanos, descansando por um instante em seu humilde Parnaso, não se insultam, também não dialogam, mas discutem, porque desejam ter razão, e essa razão é servida pela vivacidade flamejante das palavras, as quais permanecem porém sempre em contato com um pensamento comum a todos, e cuja comunidade preservada cada um respeita. Falta tempo para se chegar a um acordo. As calmarias, durante as quais fala o espírito dividido do tempo, chegam ao fim, e a violência se afirma novamente, mas uma violência entretanto transformada, porque não conseguiu

DE UMA ARTE SEM FUTURO 225

romper o discurso, nem o respeito pela fala comum que persiste em cada um dos homens violentos.

É preciso acrescentar que o êxito de Malraux é talvez único. Seus imitadores transformaram numa comodidade de expressão e num procedimento de argumentação aquilo que, nele, pela reconciliação da arte e da política, é uma manifestação criadora autêntica, um lirismo da inteligência[18]. Arte difícil, e acontece a Malraux se tornar um de seus imitadores, como se vê em *As nogueiras de Altenbourg*.

H. James

A parte da conversa é um dos grandes recursos da arte de Henry James. Isso é ainda mais notável pelo fato de essas conversas tratarem diretamente de nulidades mundanas, "em volta do chá na xícara da velha senhora", que Hawthorne dizia tê-lo enfeitiçado. Mas suas grandes obras, de proporções majestosas, como às vezes suas narrativas abreviadas, têm todas como pólos algumas conversas capitais em que a verdade secreta, apaixonada e apaixonante, difusa no livro todo, tenta aparecer no que tem de necessariamente dissimulado. Explicações extraordinárias em que os protagonistas se entendem perfeitamente, por intermédio dessa verdade oculta que eles sabem não ter o direito de entender, comunicando-se real-

---

18. A inteligência, e não mais a razão: qualquer que seja a aptidão a simplificar da crítica, é preciso notar discretamente que essa palavra, colocada no lugar da outra, afasta-nos muito de Sócrates. A inteligência se interessa por tudo: os mundos, as artes, as civilizações, os fragmentos de civilizações, os esboços e as realizações, tudo lhe importa e tudo lhe pertence. Ela é o interesse universal que compreende tudo apaixonadamente, tudo em relação com tudo.

mente em torno do incomunicável, graças à reserva com que a envolvem e pelo ar entendido que lhes permite falar sem falar daquilo, por um modo de formulação negativa, única maneira de conhecer o desconhecido que ninguém deve jamais nomear, sob pena de morte. (Em *A volta do parafuso*, a governanta mata realmente a criança pela terrível pressão que exerce sobre ela, para forçá-la a reconhecer e a dizer o que não pode ser dito.) James consegue, assim, colocar *como terceiro* nas conversas a parte de obscuridade que é o centro e peça central de cada um de seus livros, e a fazer dela, não apenas a causa de mal-entendidos, mas a razão de um ansioso e profundo entendimento. O que não pode ser expresso é o que nos aproxima e atrai, umas às outras, nossas falas de outra forma separadas. É em volta do que escapa a toda comunicação direta que se reforma sua comunidade.

Kafka

Opor James a Kafka seria arbitrário mas fácil. Pois vê-se imediatamente que aquilo que, em James, ainda aproxima nossas falas, o desconhecido, o não expresso, tende agora a separá-las. Há cisão, distância intransponível entre os dois lados do discurso: é a entrada em jogo do infinito, do qual não podemos nos aproximar salvo se dele nos afastamos. Daí o enrijecimento lógico, a necessidade mais forte de ter razão e de falar sem nada perder das prerrogativas do discurso racional. As personagens de Kafka discutem e refutam. "Ele sempre refutou tudo", diz uma delas. Essa lógica é, por um lado, a obstinação da vontade de viver, a certeza de que a vida não pode estar errada. Mas, por outro lado, já é, nas personagens, a força

DE UMA ARTE SEM FUTURO

do inimigo que sempre tem razão. O herói acredita estar ainda no estágio feliz da discussão. Trata-se de um processo comum, pensa ele, e o essencial do processo é que, no termo do debate representado pela acusação e pela defesa, quando todos os argumentos são formalizados, o julgamento deve exprimir o acordo de todos, a fala provada e reconhecida com a qual mesmo o derrotado fica contente, porque ele triunfa ao menos na prova que tem em comum com o adversário. Somente, para K., o processo consiste no fato de que a lei do discurso foi substituída por uma Lei Outra, estranha às regras e, em particular, à regra da não-contradição. Como se ignora em que momento ocorreu a substituição, como não se pode nunca distinguir as duas leis, nem saber se estamos às voltas com uma ou com outra, a falsa dualidade acarreta esta conseqüência: atingido pela Lei que está acima e abaixo da lógica, é no entanto em nome da lógica que o homem continua sendo acusado, com o dever de segui-la estritamente e a dolorosa surpresa, cada vez que ele pretende se defender contra as contradições por meios contraditórios, de se sentir culpado e mais culpado ainda. Finalmente, é ainda a lógica que o condena, ele, o homem cuja única caução, em toda essa história, foi sua pequena razão vacilante, e que o condena como inimigo da lógica, por uma decisão zombeteira em que se encontram reconciliadas, contra ele, a justiça da razão e a justiça absurda. (No fim do *Processo*, K. tenta um último apelo: "Havia ainda um recurso? Existiam objeções que ainda não foram levantadas? Certamente havia. Por mais que a lógica seja inabalável, ela não resiste a um homem que deseja viver." Preso na rede do desespero final, o condenado gostaria pois de fazer ainda novas objeções, de argumentar e refutar, isto é, apelar para a lógica uma última vez, mas ao mesmo tempo ele a recusa e, já sob a faca, invoca contra ela a vontade de viver que é pura violência: comportando-se assim como inimigo da razão e, por esta, desde então, racionalmente condenado.)

Seria um erro acreditar que o espaço oscilante e glacial, introduzido por Kafka entre as falas que conversam, apenas destrói a comunicação. O objetivo continua sendo a unidade. A distância que separa os interlocutores nunca é intransponível, ela só se torna tal para aquele que se obstina a transpô-la com a ajuda de um discurso em que reina a dualidade, que gera uma duplicidade cada vez maior, e aqueles falsos intermediários que são os duplos. De que maneira, longe de ser negativa, a impossibilidade das relações funda, em Kafka, uma nova forma de comunicação, é o que se deveria pesquisar. Pelo menos, fica claro que essas conversas não são, em nenhum momento, diálogos. As personagens não são interlocutores; as falas não podem ser trocadas e, embora comuns pelo sentido, nunca têm o mesmo alcance e a mesma realidade: umas são falas acima das falas, falas de juízes, falas de comando, de autoridade ou de tentação; outras, falas de esperteza, de fuga, de mentira, o que bastaria para impedi-las de serem alguma vez recíprocas.

O diálogo é raro

O diálogo é raro, e não devemos acreditar que ele seja fácil nem feliz. Escutemos as duas simples vozes de *Le Square*: não buscam o acordo, como as falas de uma discussão, que vão de prova em prova para se encontrar, pelo simples jogo da coerência. Buscam elas a compreensão definitiva que, pelo reconhecimento mútuo, as paci-

DE UMA ARTE SEM FUTURO

ficaria? Objetivo demasiadamente longínquo. Talvez busquem apenas falar, utilizando esse último poder que o acaso lhes dá e que talvez não lhes pertença para sempre. É esse último recurso, frágil e ameaçado que, desde as primeiras palavras, confere à simples conversa seu caráter de gravidade. Sentimos bem que, para essas duas pessoas, sobretudo para uma delas, o espaço, o ar e a possibilidade necessários para falar estão prestes a se esgotar. E talvez, se é que se trata de um diálogo, encontramos seu primeiro traço na aproximação dessa ameaça, limite aquém do qual o mutismo e a violência fecharão o ser. É preciso estar com as costas na parede para começar a falar *com* alguém. O conforto, a facilidade, o controle elevam a conversa às formas de comunicação impessoal, em que se fala em volta dos problemas e em que cada um renuncia a si mesmo para deixar falar momentaneamente o discurso em geral. Ou então, pelo contrário, se o limite é ultrapassado, encontramos a fala da solidão e do exílio, fala da extremidade, privada de centro e portanto sem interface, novamente impessoal, por perda da pessoa, que a literatura moderna conseguiu captar e fazer ouvir: fala da profundidade sem profundidade.

Marguerite Duras, pela extrema delicadeza de sua atenção, buscou e talvez captou o momento em que dois homens se tornam capazes de diálogo: para isso, é necessária a chance de um encontro fortuito, e também a simplicidade do encontro – numa pracinha, nada mais simples –, contrastante com a tensão oculta que esses dois seres têm de encarar, e aquela outra simplicidade que vem do fato de, se há tensão, esta não ter nenhum caráter dramático, não estar ligada a um acontecimento visível, a alguma grande infelicidade, algum crime ou alguma injustiça particular, mas ser banal, sem relevo e sem "interesse", portanto perfeitamente simples e quase apagada (não se pode dialogar a partir de uma grande infelicidade, assim como duas grandes infelicidades não poderiam conversar uma com a outra). E enfim, talvez seja isso o essencial, essas duas pessoas são postas em relação porque não têm nada em comum, a não ser o próprio fato de estarem, por razões muito diferentes, separadas do mundo comum onde entretanto vivem.

Isso é expresso da maneira mais simples e necessária, necessidade que está sobretudo presente em cada uma das palavras da moça. Em tudo o que ela diz, com um comedimento e uma discrição extremos, há a impossibilidade que reside no fundo das vidas humanas e que nossa condição nos faz sentir a cada instante: esse trabalho de doméstica que não é nem mesmo uma profissão, que parece ser uma doença, uma subescravidão, no qual ela não tem ligação real com ninguém, nem com o patrão, como o escravo tinha com seu dono, e nem mesmo com ela. E essa impossibilidade se transformou em sua vontade própria, o rigor bravio e obstinado com que ela recusa tudo o que poderia tornar sua vida mais leve, mas que a arriscaria também, por esse aligeiramento, a esquecer o que tem de impossível, e a perder de vista seu único objetivo: o encontro com alguém, com qualquer um que, casando-se com ela, a retire desse estado e a torne semelhante a todo o mundo. Seu interlocutor a faz notar, delicadamente, que ela talvez fosse muito infeliz com qualquer um. Ela não escolherá? Não deveria ela, naquele baile de Croix-Nivert a que vai todos os sábados, único momento de afirmação ao qual sua vida está suspensa, procurar ela mesma quem melhor lhe conviria? Mas, como escolher, quando se existe tão pouco, aos seus próprios olhos, quando, justamente para se fazer existir, conta-se apenas com

DE UMA ARTE SEM FUTURO 231

a escolha de alguém? "Pois, se eu deixasse a escolha a mim mesma, todos os homens me conviriam, todos, com a única condição de que eles me quisessem um pouco." O senso "comum" responderia que não é tão difícil ser escolhida, e que essa moça de vinte anos, embora doméstica, tem belos olhos e não deixará de sair, pelo casamento, de sua condição infeliz, para se tornar feliz e infeliz como toda a gente. Isso é verdade, mas só é verdade para aquele que já pertence ao mundo comum. Aí está a raiz profunda da dificuldade. Daí vem a tensão que forma o diálogo: quando se tomou consciência do impossível, a impossibilidade afeta e infecta o próprio desejo de sair dela pelas vias mais normais: "Quando um homem a convida para dançar, a senhorita pensa imediatamente que ele podia desposá-la? – Sim, é isso. Sou muito prática, como o senhor vê, esse é meu mal. Como poderia ser diferente? Parece-me que eu não poderia amar ninguém antes de ter um começo de liberdade, e esse começo só um homem me pode dar."

Que, do encontro fortuito na pracinha sairá a outra forma de encontro que é a vida partilhada, essa idéia vem naturalmente, no fim, consolar o espírito do leitor como, talvez, o da autora. É preciso pois esperar, mas sem grande esperança. É que o interlocutor, o pequeno viajante de comércio, melhor dizendo um vendedor ambulante que vai de cidade em cidade, arrastado cada vez mais longe por sua mala, sem futuro, sem ilusão e sem desejo, é um homem gravemente ferido. A força da moça consiste em, embora não tendo nada, desejar uma única coisa que lhe permitirá desejar todas as outras, ou mais exatamente tomar de empréstimo a vontade comum a partir da qual ela começará a ter, a não ter, segundo as possibilidades gerais. Esse desejo indomável, heróico e absoluto, essa coragem é, para ela, a saída, mas também o que lhe fecha a saída, pois a violência do desejo torna impossível o que é desejado. O homem é mais sensato, tem a sensatez que aceita e nada pede; essa aparente sensatez está em relação com o perigo da solidão que, sem o contentar, de certa forma o preenche, a ponto de não lhe deixar tempo para almejar outra coisa. Ele parece ser, como se diz, um desclassificado; deixou-se levar a esse empreguinho, que nem chega a ser um, mas que se impôs a ele pela necessidade de vaguear na qual encontra a única possibilidade que lhe resta e que encarna precisamente o que ele é. Por isso, embora se exprima com toda a prudência necessária para não desencorajar a moça, ele representa, para ela, a tentação: o atrativo desse futuro sem futuro, que de repente a faz chorar silenciosamente. Como ela, ele é "*o último dos últimos*", mas não é apenas um homem privado da felicidade comum; tem também, teve, durante suas viagens, algumas breves iluminações felizes, humildes cintilações que descreve de boa vontade e acerca das quais ela o interroga, primeiro com um vago interesse e mesmo certa reprovação, depois, infelizmente, com uma curiosidade cada vez mais desperta e fascinada. A felicidade *privada*, que pertence à solidão, fazendo que esta por um instante se ilumine e desapareça, está ali, felicidade que é então como a outra forma do impossível e que recebe dele um brilho talvez deslumbrante, talvez enganador e afetado.

Entretanto, falam: eles se falam, mas sem estarem de acordo. Não se compreendem totalmente, não têm entre eles o espaço comum em que se realiza a compreensão, e todas as suas relações repousam apenas no sentimento tão intenso e tão simples de estarem *igualmente* um e outro fora do círculo comum das relações. Isso é muito. Isso

DE UMA ARTE SEM FUTURO

cria uma proximidade instantânea e uma espécie de completo entendimento sem entendimento, que faz com que cada um preste a maior atenção ao outro, e se exprima com mais escrúpulos e paciência pelo fato de que as coisas a serem ditas só podem ser ditas uma vez, e não podem mais deixar de ser ditas, pois elas não se beneficiariam da compreensão fácil que usufruímos no mundo comum, esse mundo em que só muito raramente se oferecem a nós a chance e a dor de um verdadeiro diálogo.

CAPÍTULO VI
A CLARIDADE ROMANESCA

De onde vem a luz que reina numa narrativa como *Le Voyeur*? Uma luz? É mais uma claridade, mas uma claridade surpreendente, que penetra tudo, dissipa todas as sombras, destrói toda espessura, reduz toda coisa e todo ser à finura de uma superfície brilhante. É uma claridade total, igual, que poderia ser considerada monótona; ela é sem cor, sem limite, contínua, impregna todo o espaço e, como é sempre a mesma, parece transformar também o tempo, dando-nos o poder de o percorrer segundo novas direções.

Claridade que torna tudo claro, e já que revela tudo, exceto ela mesma, é o que há de mais secreto. De onde vem ela? A partir de onde nos ilumina? No livro de Alain Robbe-Grillet, impõe-se a aparência da mais objetiva descrição. Tudo é aí descrito minuciosamente, com uma precisão regular e como que por alguém que se contentasse em "ver". Parece que vemos tudo, mas que tudo é apenas visível. O resultado é estranho. Outrora, André Breton censurou a tendência dos romancistas a descrever, sua vontade de fazer com que nos interessemos pelo papel

DE UMA ARTE SEM FUTURO 235

amarelo da parede do quarto, pelo piso de ladrilhos branco e preto, pelos armários, pelas cortinas, detalhes fastidiosos. É verdade, essas descrições são tediosas; não há leitor que não as pule, contente no entanto por elas estarem ali, precisamente para serem deixadas para trás: é que temos pressa de entrar no quarto, de ir diretamente ao que vai acontecer. Mas se nada acontecesse? Se o quarto permanecesse vazio? Se tudo o que ocorre, todos os acontecimentos que surpreendemos, todos os seres que entrevemos só contribuíssem para tornar o quarto visível, cada vez mais visível, mais suscetível de ser descrito, mais exposto à claridade de uma descrição completa, firmemente delimitada e no entanto infinita? O que haveria de mais apaixonante, de mais singular também, de mais cruel, talvez? Em todo caso, de mais próximo do surrealismo (Raymond Roussel)?

A mancha cega

Nesse romance policial, não há nem polícia nem intriga policial. Talvez haja um crime, mas sem dúvida não é o crime de que a narrativa, com demasiada premeditação, quer convencer-nos. Mas há uma incógnita. Durante as horas que Mathias, o caixeiro-viajante, passou na pequena cidade de sua infância, vendendo relógios de pulso, introduziu-se um tempo morto que não pode ser recuperado. Desse vazio, não podemos nos aproximar diretamente. Não podemos nem mesmo situá-lo num momento determinado do tempo comum, mas assim como, na tradição do romance policial, o crime nos conduz ao criminoso por um labirinto de rastros e indícios, da mesma forma, aqui, desconfiamos que a descrição minuciosamente objetiva, em que tudo é recenseado, expresso e revelado, tenha uma lacuna que parece ser a origem e a fonte dessa extrema claridade, pela qual vemos tudo, exceto ela mesma. O ponto obscuro que nos permite ver, o sol situado eternamente abaixo do horizonte, a mancha cega que o olhar ignora, ilhota de ausência no seio da visão, eis o objetivo da busca e o lugar, o cerne da intriga.

Como somos conduzidos a ele? Menos pelo fio de uma anedota do que por uma arte refinada de imagens. A cena à qual assistimos nada mais é do que uma imagem central que se constrói pouco a pouco, por uma superposição de detalhes, de figuras, de lembranças, pela metamorfose e a inflexão insensível de um desenho ou de um esquema em torno do qual tudo o que o viajante vê se organiza e se anima. Por exemplo, no momento de desembarcar na ilha, à qual volta pela primeira vez desde sua infância, para aí passar algumas horas e vender seus relógios, Mathias vê, gravado na parede do dique, um signo em forma de oito. "Era um oito deitado: dois círculos iguais, de pouco mais que dez centímetros de diâmetro, tangentes pelo lado. No centro do oito, vê-se uma excrescência avermelhada que parece ser o pivô, roído pela ferrugem, de um antigo gancho de ferro." Nada mais objetivo, mais próximo da pureza geométrica à qual deve tender uma descrição sem sombra. Entretanto, o "oito" vai assombrar a narrativa como um motivo de obsessão: será a configuração do caminho percorrido através da ilha, a espécie de duplo circuito, do qual conhecemos um e não podemos conhecer o outro. Será, sobre cada porta que ele deve abrir, os dois círculos escuros formados pelas fibras da madeira ou pela pintura, imitando as irregularidades e os nós. Será o quádruplo anel de ferro através do qual são passadas as pernas e os braços da menina que

DE UMA ARTE SEM FUTURO 237

ele tortura, na realidade ou na imaginação, para pôr em evidência a esbelteza de seu corpo. Será, sobretudo, o duplo círculo perfeito dos olhos que estão no centro desse romance da visão, fixando as coisas com a impassibilidade e a crueldade de um olhar absoluto, ou ainda do olhar imóvel que atribuímos a alguns pássaros e que evocam as fotografias antigas.

Não devemos nos espantar de que a hora irrecuperável, subtraída ao emprego útil do dia, seja preenchida pela suposta figura de um suplício. Será verdade que o caixeiro-viajante tenha enveredado por um caminho que não pertence ao percurso normal, "lá na virada"? Terá ele verdadeiramente procurado e encontrado a menina que o teria provocado, por certa semelhança com uma amiga de outrora? Terá ela sido amarrada, despida, torturada com leves queimaduras, antes de ter seu corpo nu lançado ao mar? Será Sade, aquele rapaz tranqüilo? Mas quando ocorreu a cena? Lentamente, por sucessivos toques, vemos sua elaboração muito anterior ao instante em que pôde realizar-se: ela circula através da narrativa toda, está por detrás de cada coisa e sob o rosto de cada pessoa, interpõe-se entre duas frases, entre dois parágrafos, é a própria transparência da claridade fria graças à qual vemos tudo, pois é o vazio no qual tudo se torna transparência. A cena de violência entrevista (ou imaginada) por Mathias, no começo, numa ruela; a menina que ele vê no barco, de pé e como que amarrada para um suplício; o cartaz do cinema, o quarto vazio com o quadro da menina ajoelhada, o recorte de jornal, o jogo das cordinhas, e depois, para além do acontecimento, o cadáver de uma pequena rã sobre a estrada, "coxas abertas, braços em cruz": esses são os movimentos pelos quais a imagem central, que não vemos, que não podemos ver, pois ela é invisível, se deixa olhar por um instante nas circunstâncias reais, como um leve espectro de claridade. Diríamos que o tempo, disperso por uma secreta catástrofe interior, deixa aparecer segmentos de futuro através do presente, ou os deixa entrar em comunicação com o passado. O tempo sonhado, o tempo lembrado, o tempo que poderia ter sido, o futuro, enfim, se transformam incessantemente na presença irradiante do espaço, lugar de expansão da pura visibilidade.

Metamorfose do tempo em espaço

Esse é, acredito, o interesse essencial do livro. Tudo nele é claro; tudo, pelo menos, se esforça por aceder à claridade que é a essência da extensão, e a própria narrativa, como os objetos, os acontecimentos e os seres, ali se arruma numa disposição homogênea, em linhas de série, em figuras geométricas, com uma arte voluntária que poderíamos facilmente comparar com o cubismo. Joyce, Faulkner, Huxley, muitos outros já atormentaram o tempo e romperam com os hábitos da sucessão ordinária; fizeram-no, às vezes, por meras razões técnicas, outras vezes por profundas razões interiores e a fim de exprimir as vicissitudes da duração pessoal. Mas não parece que o objetivo de Robbe-Grillet seja pintar as obsessões de seu herói ou o itinerário psicológico do projeto que o anima: se o passado, o futuro, o que está na frente ou atrás tendem, em sua narrativa, a se depositar sobre a superfície lisa do presente, por um jogo sutil e calculado de perspectivas e aproximações, é para obedecer à exigência do espaço sem sombra e sem espessura, no qual tudo deve expandir-se – para que tudo seja descrito –, como na simultaneidade de um quadro, por essa metamorfose do tempo

DE UMA ARTE SEM FUTURO

em espaço que cada narrativa tenta talvez realizar, com maior ou menor êxito.

Por isso, *Le Voyeur* nos informa sobre uma das direções da literatura romanesca. Sartre mostrou que o romance não devia corresponder à premeditação do romancista, mas à liberdade das personagens. No centro de toda narrativa, há uma consciência subjetiva, um olhar livre e inesperado que faz surgirem os acontecimentos pela visão com a qual os capta. Esse é o núcleo vivo que se deve preservar. A narrativa, sempre dependente de um ponto de vista, deveria ser escrita como que do interior, não pelo romancista cuja arte, abraçando tudo, domina o que cria, mas segundo o impulso de uma liberdade infinita mas limitada, situada e orientada no próprio mundo que a afirma, a representa e a trai. Crítica viva, profunda, e que coincidiu freqüentemente com as obras maiores do romance moderno. É sempre necessário lembrar ao romancista que não é ele quem escreve sua obra, mas que ela se busca através dele e que, por mais lúcido que deseje ser, ele está entregue a uma experiência que o ultrapassa. Difícil e obscuro movimento. Mas será apenas o movimento de uma consciência contra a liberdade da qual não se deve atentar? E a voz que fala numa narrativa será sempre a voz de uma pessoa, uma voz pessoal? Não é primeiramente, pelo álibi do Ele indiferente, uma estranha voz neutra que, como a do espectro de *Hamlet*, erra de um lado para outro, falando não se sabe de onde, como que através dos interstícios do tempo que ela não deve, porém, destruir nem alterar?

Numa tentativa como essa de Robbe-Grillet, assistimos a um esforço novo por fazer falar, na narrativa, a própria narrativa. A história é aparentemente contada do ponto de vista único de quem a viveu, o *voyeur* de comércio cujos passos seguimos. Não sabemos o que ele sabe, não vemos o que ele viu, e talvez o que nos distingue dele seja o fato de sabermos um pouco menos do que ele, mas é também a partir desse "menos", desse buraco na narrativa, que se origina sua própria claridade, a estranha luz igual, errante, que ora nos parece vir da infância, ora do pensamento, ora do sonho, pois ela tem, do sonho, a precisão, a suavidade e a força cruel.

A estiagem

Há pois nesse livro, mas coincidindo com a consciência do herói, ou com o acontecimento central dessa consciência, uma espécie de intermitência, uma zona da qual somos mantidos afastados, da qual ele também é afastado, para que, por essa lacuna no interior dele mesmo, seja feita luz e se exerça a pura potência de ver: a estiagem. É certo que se trata aqui de uma tentativa de reduzir ou destruir o valor do que chamamos de interioridade; mas, se a narrativa tem o interesse e a naturalidade dos verdadeiros enigmas, é que a claridade fria que ocupa o lugar da vida interior permanece sendo a abertura misteriosa dessa mesma intimidade, acontecimento ambíguo, reservado, que só pode ser evocado sob o pretexto de um assassinato ou de um suplício[19].

---

19. Em *La Jalousie* [O ciúme], a intriga e a narração têm como centro uma forte ausência. Segundo a análise dos editores, seria necessário entender que quem nos fala nessa ausência é a própria personagem do ciumento, o marido que vigia a mulher. É, acredito, desconhecer a realidade autêntica dessa narrativa da qual o leitor é convidado a aproximar-se. Ele percebe que algo falta, pressente que é essa falta que permite tudo dizer e tudo ver, mas como essa falta seria identificada com alguém? como haveria aí ainda um nome e uma identidade? é sem nome, sem rosto; é a pura presença anônima.

O crime do *voyeur* é um crime que ele não cometeu, que o tempo cometeu para ele. No dia que devia consagrar inteiramente a atos úteis, regularmente coordenados (sua profissão, venda de relógios, é o símbolo fácil desse tempo sem defeito), introduziu-se um tempo vazio e nulo. Mas esse tempo perdido, roubado ao encadeamento regrado do dia comum, não é a profundidade da duração pessoal que Bergson exprimiu. É, pelo contrário, um tempo sem profundidade, cuja ação consiste mais em reduzir tudo o que é profundidade – e primeiramente a profunda vida interior – a modificações de superfície, como para permitir a descrição dos movimentos dessa vida em termos de espaço. Na narrativa, os mesmos objetos são por vezes descritos, à distância de poucas páginas, com mudanças quase insensíveis. Acontece também que a personagem central – esse homem que comercia o ver –, entrando em diferentes casas, parece entrar na mesma casa, transportado apenas a pontos um pouco diferentes e, já que tudo o que é interior, a imagem das lembranças, a imagem do imaginário, está sempre prestes a se afirmar numa quase exterioridade, o herói está também sempre prestes a passar do espaço de sua imaginação ou de sua memória ao espaço da realidade, pois é como se ele tivesse chegado ao limite em que poderiam juntar-se, num fora irrepresentável, as grandes dimensões do ser. Daí ser quase indiferente saber se o ato do suplício foi real ou imaginário, ou ainda se ele é a coincidência casual de imagens vindas de regiões diferentes ou de pontos diferentes do tempo. Não podemos nem devemos sabê-lo. Se foi mesmo a mão de Mathias que tocou a menina, essa ação não é mais suscetível de ser reconhecida do que a ação vazia do tempo, a ação insensível que nunca vemos mas que se deposita de maneira visível sobre a superfície das coisas, reduzidas precisamente à nudez de sua superfície.

242   *O LIVRO POR VIR*

Podemos admirar a maestria de Alain Robbe-Grillet, a reflexão com a qual ele sustenta uma pesquisa nova, e o lado experimental de seus livros. Mas creio que o que os torna atraentes é, primeiro, a claridade que os atravessa, e essa claridade tem também a estranheza da luz invisível que ilumina com evidência alguns de nossos grandes sonhos. Não devemos nos espantar com a semelhança existente entre o espaço "objetivo" que o olhar de Robbe-Grillet tenta atingir, não sem riscos e peripécias, e o espaço interior de nossas noites. Pois o que faz o tormento dos sonhos, seu poder de revelação e de encantamento, é que eles nos transportam em nós para fora de nós, lá onde o que nos é interior parece estender-se numa pura superfície, sob a luz falsa de um eterno fora.

CAPÍTULO VII
H.H.

1. A busca de si mesmo

Essas duas letras designam o viajante que um dia, por volta de 1931, pertenceu à associação secreta dos Peregrinos do Oriente e participou das vicissitudes dessa migração encantada. Designam também as iniciais de duas outras personagens de romance, Hermann Heilner e Harry Haller, o primeiro, um jovem que fugiu do seminário protestante de Maulbronn, o segundo, um qüinquagenário atormentado, solitário, selvagem e veemente, que por volta de 1926 vagueia, no limite da loucura, pelas regiões obscuras de uma grande cidade, sob o nome de "lobo das estepes". H.H. é enfim Hermann Hesse, nobre autor de língua alemã que a glória do Prêmio Nobel recompensou tardiamente, sem no entanto lhe dar a juventude do renome que nunca faltou a Thomas Mann.

É certamente um escritor de reputação mundial, que perpetua ainda na literatura universal a figura do homem de grande cultura, do criador cioso de sabedoria e capaz de pensamento, cujo tipo talvez tenha desaparecido na França com Valéry e Gide. Além disso, teve o mérito de não participar nos erros apaixonados de seu tempo. Desde 1914, foi considerado como homem de idéias malsãs, porque elevou-se dolorosamente contra a guerra e desaprovou o rebaixamento dos intelectuais, satisfeitos com um conflito cuja significação eram incapazes de compreender. Dessa ruptura, que ele sentiu cruelmente e que repercutiu até em seu espírito, restou uma lembrança de animosidade de que, muito tempo depois, mesmo tendo ele se tornado o autor célebre de *Demian* e de *O lobo da estepe*, seu país não o absolveu. É verdade que ele abandonara a nacionalidade alemã por volta de 1923. É também verdade que vivia à margem, ora na Suíça, ora na Itália, exilado em si mesmo, sempre inquieto e dividido, por esse aspecto homem de seu tempo e, no entanto, muito estrangeiro a seu tempo. Seu destino é curioso. Mais do que qualquer outro, ele tem direito ao título de cosmopolita. Primeiramente, por sua família: seu pai é germano-russo; sua avó tem o sobrenome Dubois, fala francês e pertence à Suíça romanda; sua mãe nasceu nas Índias; um de seus irmãos foi inglês; ele mesmo, embora nascido na Suábia, é primeiramente cidadão suíço e, para fazer seus estudos no país natal, precisou naturalizar-se wurtemberguês. Cosmopolita por sua origem, seus conhecimentos e mesmo por alguns de seus gostos espirituais, ele não gozou da simpatia internacional de que alguém como Rilke se beneficiou muito rapidamente. Não direi que lhe faltou ser conhecido na França, ou então seria preciso compreender que, se ele evita os contatos pessoais com a literatura francesa, num momento em que esta se encontra particularmente viva, as razões desse afastamento estão ligadas à sua arte e ao seu destino.

Estaria essa arte um pouco à margem, afastada pelo menos das grandes forças inovadoras de que Proust, Joyce,

DE UMA ARTE SEM FUTURO   245

Breton, para semear ao acaso alguns nomes, evocam logo
a certeza ativa? Talvez, com efeito. Entretanto, isso também não é verdadeiro. As relações que trava entre a literatura e ele mesmo, entre cada um de seus livros e as crises
graves de sua vida; a necessidade de escrever que está ligada, nele, à preocupação de não afundar, vítima de seu
espírito dividido; o esforço que faz para acolher a anomalia e a neurose, e para compreendê-la como um estado normal num tempo anormal; a cura psicanalítica à
qual se submete e que dá origem a um de seus mais belos romances; a libertação que no entanto não o liberta,
mas que ele desejaria aprofundar alternando psicanálise
e meditação, Jung e exercícios de ioga, depois tentando
situar-se com relação aos grandes intérpretes do taoís-
mo; e apesar disso, apesar dessa sabedoria com a qual se
sente aparentado, o desespero que o acomete e o faz escrever, em 1926, com grande veemência literária, um dos
romances-chave de nosso tempo, *O lobo da estepe*, no
qual o expressionismo poderia reconhecer uma de suas
obras-primas: tudo isso, essa relação entre a literatura e
uma busca vital, o recurso à psicanálise, o apelo à Índia
e à China, e até à violência mágica, e uma vez expressio-
nista, que sua arte conseguiu atingir, tudo isso deveria
ter feito de sua obra uma forma representativa da literatura moderna.

Isso acontece, é verdade, por volta de 1930. A Alemanha se retira cada vez mais dele, e ele se entrincheira cada
vez mais numa solidão que a doença não lhe permite
abrir ao mundo agitado da imigração. Entretanto, escreve
ainda três livros que, longe de serem obras de um espírito
sobrevivente, exprimem sua maestria tardia e a reconciliação feliz, finalmente obtida, de seus dons por tanto tempo conflituosos. O último, e o mais amplo, é *O jogo das*

246   *O LIVRO POR VIR*

contas de vidro. Em preparação desde 1931, publicado em 1943, causou uma forte impressão no pequeno meio que ainda se interessava pela literatura inatual, em particular entre os escritores alemães emigrados e em Thomas Mann, que ainda não tinha escrito o *Doutor Fausto* mas se preparava para escrevê-lo e que ficou, segundo disse, quase assustado com a semelhança daquela obra com a que estava empreendendo. Uma semelhança realmente curiosa, mas que faz aparecer sobretudo a independência dos talentos, a singularidade das obras e a maneira incomparável como problemas aparentados procuram, na literatura, sua solução. Obra importante, que a guerra não conseguiu abafar, pois foi ela que o Prêmio Nobel quis valorizar. Podemos certamente ler esse livro e interessar-nos por ele sem nos preocupar com H.H., pois é uma obra que se afirma por ela mesma em torno de uma idéia central, misteriosa e bela, que só necessita, para ser compreendida, de nossa experiência.

Entretanto, esse livro tem certa aparência de frieza. Impessoal, ele se desenvolve com uma maestria vigiada à qual parece faltar a paixão própria do escritor. Seria uma tranqüila alegoria espiritual, composta de maneira erudita, quase pedante, por um autor que se ocuparia com os problemas de seu tempo sem tomar parte neles? Aquele que o lê bem não pode se enganar. Hesse está ali ainda presente, mesmo no esforço um pouco constrangido que faz para estar ausente, e está sobretudo presente pela busca que sempre uniu, para ele, os problemas da obra e as exigências de sua própria vida. Nem todos os seus livros são autobiográficos, mas quase todos falam intimamente dele. Ele disse da poesia que ela não tinha hoje outro valor senão o "*de exprimir sob forma de confissão, e com a maior sinceridade possível, seu próprio desamparo e o*

DE UMA ARTE SEM FUTURO

desamparo de nosso tempo" (isso, é verdade, em 1925, numa época em que estava particularmente em conflito com ele mesmo). Sempre, num canto de suas narrativas, há algum H.H., ou as iniciais de seu nome, às vezes dissimulado, às vezes mutilado. Mesmo quando ele assina um de seus livros com um pseudônimo, como *Demian*, publicado sob o nome emprestado de Emile Sinclair, é ainda para se reencontrar, buscando identificar-se magicamente com uma presença escolhida: aqui, o amigo de Hölderlin, que o protegeu da loucura nos primeiros tempos e lhe permitiu viver ainda um pouco no mundo.

Essa busca dele mesmo em sua obra e através dela é cativante, e constitui seu grande interesse. Ela evidencia também seus limites. Como ele consegue – em parte – se libertar e se dominar em sua obra e, finalmente, pelo mesmo movimento, libertar a obra dele mesmo, eis o que poderíamos ver na curva de sua existência de escritor, e que dá ao *Jogo de contas de vidro* sua verdade mais intensa, aquela que toda a sua vida parece ter buscado, às vezes mesmo em prejuízo da literatura, e que ele só descobre enfim numa imagem em que a vida desaparece em favor da obra.

Seus biógrafos o mostraram dividido entre tendências opostas: errando, fixando-se, libertando-se quase que escandalosamente dos seus e, no entanto, fiel à tradição espiritual de sua família, fundando por sua vez uma família e se tornando muito cedo um homem sensato que possui sua casa e leva a vida calma de um burguês alemão, mas sofrendo com essa segurança, que deseja, e sofrendo também por não poder suportá-la. Se, em 1914, ele tem a força de se subtrair ao delírio das paixões, é porque não segue a via comum e é animado por um enérgico sentido próprio. Mas ele não fica facilmente contente

248

O LIVRO POR VIR

consigo mesmo; considera que, se pensa de modo diferente dos outros, isso prova que há nele uma discordância perigosa e que um dia terá de pagar por ela. E, com efeito, num dia em que as circunstâncias se agravam e sua vida familiar se desfaz, quando o espírito de sua mulher e a vida de seu filho mais novo parecem ameaçados, algo nele se parte, e é a crise de 1916 que o fará encontrar a psicanálise e que o transformará dolorosamente, mas poderosamente, em seu espírito e em sua arte.

Essa crise, espécie de segundo nascimento espiritual, é entretanto apenas a segunda. O acontecimento mais grave de sua vida interior se produziu quando ele tinha catorze anos, no dia em que fugiu do seminário de Maulbronn[20] e procurou escapar ao destino familiar, ao rigor das disciplinas pietistas, ao futuro pastoral em que deveria suceder a seu pai e seu avô. Durante dois dias, ele se escondeu na floresta. Que espanto para sua piedosa família! Confiam-no a uma espécie de exorcista que o considera possuído, mas que malogra em livrá-lo de seu demônio, o qual, segundo Hesse, era apenas o péssimo espírito poético.

Seríamos tentados a evocar André Gide, também dividido por oposições de ascendências e tendências. Mas tudo é bem diferente. A ruptura de Hesse é mais dolorosa e mais involuntária. O que lhe acontece, a obrigação de se libertar, é como uma desgraça incompreensível que exigirá longos anos para ser dominada e compreendida. Não é um rebelde triunfante. Não está menos ligado àquilo que rejeita do que ao espírito de independência. Bas-

---

20. Hölderlin também fez seus estudos em Maulbronn, e sabemos por suas cartas que sofreu muito ali. Hugo Ball pensa que, nos séculos XVIII e XIX, havia na Suábia uma espécie de neurose do internato religioso, *eine Stiflerneurose*: isso seria verdadeiro para Hölderlin, Waiblinger e Mörike.

DE UMA ARTE SEM FUTURO 249

taria pouca coisa para que, tornando-se poeta, ele se tornasse um doce poeta bucólico, feliz por encontrar, numa vaga efusão romântica, o esquecimento de suas dificuldades. E é isso mesmo o que acontece durante a primeira parte de sua vida, em que só se exprime a parte sonhadora, distraída e pacífica dele mesmo, aquela que, com *Peter Camenzind*, funda sua reputação. Na história dos adolescentes revoltados, isso é próprio dele. Tendo conseguido libertar-se violentamente para se tornar poeta, longe de dar expressão à revolta ou à violência de seus conflitos, ele faz, pelo contrário, tudo o que pode para perdê-las de vista e para chegar, por sua arte, a uma reconciliação ideal de que o romantismo, ao qual tem muita inclinação, lhe fornece os modelos complacentes[21]. Como ele goza rapidamente de uma reputação muito honrada, conseguindo, apesar de poeta, instalar-se na vida e no conforto da vida, esse êxito fecha pois, e parece que definitivamente, a crise de sua adolescência. Mas as forças de divisão que a provocaram, e das quais ele se recusou a tomar consciência, continuam agindo perigosamente e, aproveitando o desequilíbrio universal, são elas que o levarão ao violento abalo de 1916, do qual ele saberá, com lúcida coragem, tirar as mais belas chances de recriação.

Demian

Demian, que saiu dessa crise, é uma obra mágica em que o escritor se esforça por chegar a si mesmo até sua

---

21. Numa narrativa dessa época, *Sob a roda*, ele evoca sem dúvida seus tempos de seminário, e a fuga de Hermann Heilner é sua própria fuga. Mas, aproximando-se desse acontecimento, ele se mantém, tanto quanto pode, ansiosamente à distância.

confusão originária. O jovem Sinclair conta sua vida: como descobriu a divisão do mundo em duas zonas, uma clara, onde junto a seus pais a existência é reta e inocente, outra, da qual quase não se fala, que reside nas baixas regiões domésticas e onde aquele que passa é exposto a grandes forças malignas. Basta um acaso para que se caia nela, e o jovem Sinclair realmente cai, arrastado, pela chantagem de um malandro da periferia a uma série de ações repreensíveis, sob o peso das quais seu mundo infantil se altera e desmorona. É então que aparece Demian. Demian é apenas um colega de escola, um pouco mais velho. Ele não somente livrará Sinclair da chantagem, como também o iniciará no terrível pensamento do Mal que não se opõe ao bem, mas representa a outra face, sombria e bela, do divino. Ele mesmo é uma criatura estranha, fascinante. Enfrenta, ocasionalmente, o pastor, fazendo a apologia de Caim. Ou então, às vezes, durante a aula, seu rosto se imobiliza, torna-se pétreo, o rosto de um ser sem idade e como que sem aparência. Mais tarde, saberemos que ele vive relações de intimidade ilegítima com sua própria mãe.

O objetivo de Hesse é, visivelmente, a glorificação de um mundo demiúrgico, um mundo onde a moral, a lei, o Estado, a escola, o estrito rigor paterno devem calar-se, e no qual se faz sentir, como uma potência que autoriza tudo, o grande fascínio da atração materna. Esforço que lhe custa muito, para o qual utiliza ao acaso os recursos encontrados nos gnósticos, na psicanálise de Jung, na medíocre teosofia de Steiner. Isso não bastaria para encantar a narrativa. Mas a figura de Demian, a radiância dessa figura, a luz sombria que o ilumina e que acolhemos, como acolhemos à noite o sentido figurado de nossos desejos, eis o que ainda nos seduz, como leitores de um

DE UMA ARTE SEM FUTURO 251

outro tempo. A narrativa é simples, quase ingênua, como deve ser a lembrança do mundo infantil no limite do qual se realiza aquela grave experiência. E o autor não busca tornar-nos curiosos de seus segredos, dissimulando-os. O nome de Demian, como o de Eva, que é a mãe de Demian, dizem-nos imediatamente mais do que desejaríamos saber. Hesse será sempre assim. Ele não faz surgir pouco a pouco, da realidade cotidiana, o grande segredo mágico ao qual é apegado, mas parte do sentido mítico que acha imediatamente em si, e que nos dá ingenuamente como tal, conseguindo, por essa simplicidade ingênua, animá-lo num mundo que se abre momentaneamente ao nosso. Criticaram-no por não ter o dom das figuras vivas, dos detalhes cotidianos, da narração épica. Talvez; mas por que lhe pedir que seja diferente do que é? Por que, como ele mesmo diz, quando encontramos um açafrão num jardim, o criticaríamos por não ser uma palmeira? Em todas as suas narrativas, diz ele ainda, não se trata de história, de personagens, de episódios: todas são apenas, no fundo, monólogos em que uma única pessoa tenta recuperar suas relações com o mundo e com ela mesma. Assim, em *Demian*, sentimos bem que todas as figuras são apenas imagens de sonho, nascidas da vida interior do menino Sinclair, mas é belo que possamos acolher esse sonho e nos encontrar a nós mesmos através de sua luz.

Hesse aceita submeter-se à psicanálise, enquanto, na mesma época, Rilke e Kafka a rejeitam, embora um e outro tenham pensado em recorrer a ela para resolver suas dificuldades. Rilke teme despertar curado, e curado da poesia: simplificado em excesso. Para Hesse, as coisas não serão mais simples. Pelo contrário, ele apenas toma consciência de sua complexa divisão, da necessidade que tem de se contradizer e de não renunciar a suas contradições.

Continua desejando a unidade. Em sua primeira maturidade, é uma unidade vaga, de aparência e de inconsciência, que buscou na natureza e fechando os olhos para si mesmo. Agora, ele vê que aquela luz feliz era feita somente de sua ignorância. Durante os anos que se seguirão e que foram grandes anos de provação material e moral (ele rompeu todos os laços, vive sozinho em Montagnola em condições de penúria, tendo às vezes para comer apenas as castanhas colhidas na floresta), o que ele desejaria atingir, entender e fazer entender, é a dupla melodia, a flutuação entre dois pólos, o vai-e-vem entre os dois "pilares-princípios" do mundo. *"Se eu fosse músico, poderia escrever sem dificuldade uma melodia para duas vozes, que consistiria em duas linhas, duas seqüências de sons e de notas, capazes de responder uma à outra, de se completar, de se combater e de se manter, a cada instante e em cada ponto da série, na relação mais íntima e viva de troca e de oposição. E quem soubesse ler as notas poderia ler minha dupla melodia, ver e ouvir em cada som o contra-som, o irmão, o inimigo, o antípoda. Pois bem, essa voz dupla, esse eterno movimento de antítese, é o que eu gostaria de exprimir com as palavras, mas por mais que me esforce, não consigo..."*

Compreende-se por que ele será tentado pelas soluções da espiritualidade hindu, e mais ainda pela linguagem do pensamento chinês, assim como não cessou de ser atraído pelo grande sonho da poesia romântica, que desejaria unir magicamente os tempos, os espaços e os mundos, a partir da indeterminação interior. Ele dirá ainda: *"Para mim, as palavras mais elevadas da humanidade são aqueles pares de palavras nas quais a duplicidade fundamental foi expressa em signos mágicos, aquelas poucas sentenças e aqueles símbolos secretos em que as grandes oposições do mundo são reconhecidas como necessárias e, ao mesmo tempo,*

DE UMA ARTE SEM FUTURO 253

como ilusórias." Mas Hesse não é um espírito dialético, nem um homem de pensamento, nem mesmo talvez do pensamento que a poesia e a literatura escondem nelas, e que só é pensamento sob condição de permanecer aí dissimulado. É por isso que suas experiências o enriquecem, mas sem lhe dar pontos de apoio seguros. Sua aspiração à unidade é religiosa, mas a arte, que só pode ser discordante num tempo discordante, é também sua religião. E de que serviria salvar sua alma, dar-lhe coerência e equilíbrio, quando a verdade do mundo não é mais do que um dilaceramento apaixonado?

O lobo da estepe

O lobo da estepe, escrito dez anos após *Demian*, é a expressão desse movimento. Apesar do desespero que aí se manifesta, e do sentimento de irrealidade que finalmente predomina, é um livro forte e viril. O começo, como freqüentemente acontece em suas narrativas, é a parte mais verdadeira do livro: é o retrato de um solitário de cinqüenta anos (a idade de Hesse), que um dia aluga um quarto numa casa abastada de uma grande cidade e, apesar de suas boas maneiras, provoca ali um sentimento de mal-estar. Hesse é pródigo de poucos detalhes, mas suficientes para impor uma imagem: a secreta agitação, os movimentos nervosos do locatário estrangeiro, que contrastam com suas confortáveis roupas burguesas; seu andar hesitante, penoso, e no entanto seu ar altivo, sua elocução bem cuidada. Ou então, uma cena como esta: um dia, o filho da proprietária encontra esse homem distinto sentado no patamar, respirando o cheiro de encáustica e contemplando nostalgicamente a antecâmara do paraíso bem encerado da burguesia alemã. Isso nos faz sorrir, mas também é comovente, pois reconhecemos aí a grande necessidade de um lar, obsessão que Hesse não pode satisfazer: quando possui essa morada duradoura, o errante que existe nele a rejeita, assim como, solitário, não pode dispensar a amizade; da mesma maneira, o poeta ingênuo e bucólico se choca com o escritor cujos problemas atormentam até a destruição de si mesmo.

O tema do *Steppenwolf* é que o homem não é o lobo do homem, instinto e espírito, cisão rígida herdada do pensamento luterano; é preciso desmascarar e exorcizar essa duplicidade demasiadamente simples, descendo mais profundamente na dispersão do mundo interior. O outro tema é a tentativa desesperada de recuperar o mundo a partir do caos. No livro, deveriam juntar-se as dores daquele que escreve e as do tempo em que escreve, como se o escritor fechado em si mesmo, por mais introvertido que fosse, só pudesse tomar consciência de seu próprio desequilíbrio pelo desequilíbrio de sua época. Juntar-se ao mundo, mesmo que seja à custa da coerência de um eu ilusório. Conseguirá ele? Em certo sentido, não, e nem mesmo na representação dada por seu livro. A espécie de transfiguração mágica pela qual, descrevendo a escória de uma grande cidade, ele mascara o embaraço que sente em descrevê-la realmente aparece como um álibi. A iniciação na vida sensual nunca é mais do que o desenrolar de um sonho, mas aqui muito próximo da realidade e sem valor se não faz alusão a uma experiência real. No fim, o solitário se submete à prova do "Teatro mágico" onde, num jogo de espelhos e na cintilação da embriaguez, precisa encontrar-se com seu próprio inconsciente: moderna noite de Walpurgis, durante a qual H.H. dá livre curso a seu ódio pelas máquinas, enquanto, nas

DE UMA ARTE SEM FUTURO

regiões superiores, Mozart, Goethe, divindades sorridentes e desapegadas, assistindo ao desmoronamento do herói, lembram-lhe a existência de um mundo mais sereno, o das criações estéticas onde a própria técnica não suscita condenação[22].

O lobo da estepe é um livro rangente, no qual o imaginário, o real e a verdade da personagem central não conseguem ajustar-se. A impressão que fica é a da imagem dolorosamente artificial de um mundo também desprovido de naturalidade. Que um escritor tão avesso às expressões excessivas tenha precisado sair tanto de si mesmo, para dar à sua experiência a forma mais justa, é isso que retém a atenção. Seus amigos ficaram espantados com essa violência e essa desarmonia. Ele lhes respondeu: *"Não se trata, para mim, de opiniões, mas de necessidades. Não se pode ter o ideal da sinceridade e mostrar apenas os lados bonitos, as partes imponentes de seu ser."* E numa outra ocasião: *"Meus amigos tinham razão quando censuravam meus livros por terem perdido a harmonia e a beleza. Essas palavras me faziam rir. O que é a beleza, o que é a harmonia para o condenado à morte que corre entre paredes que desmoronam, buscando sua vida?"*

Temos então a impressão de que Hesse se perdeu de fato. Mas seu destino é mover-se nos contrastes. Mal esgotou uma experiência e esse esgotamento já o lança ao outro extremo. Aos períodos de explosões apaixonadas, sucedem-se tempos de retiro; ao delírio, a vontade sóbria e a certeza pacificadora. Com *O lobo da estepe*, ele pa-

---

22. A essa embriaguez simbólica que não nos persuade, eu oporia o destino de solidão, de desamparo e de danação que Malcolm Lowry soube representar ao descrever a embriaguez do "Cônsul", Geoffrey Firmin. *Sob o vulcão* é uma das grandes obras negras deste tempo. Alguns leitores o sabem.

256

O LIVRO POR VIR

rece ter tido, pela primeira vez, a força necessária para ir até o extremo de sua mais perigosa tendência. A maestria adquirida nessa experiência não será mais ameaçada. *O jogo das contas de vidro*, que é o aprimoramento dessa maestria, indica um espaço no qual ele terá enfim a permissão de se desprender de si mesmo e onde a obra poderá cessar de ser o joguete de suas dificuldades pessoais.

2. O jogo dos jogos

O jogo das contas de vidro foi escrito de 1931 a 1942, e mesmo em 1943, portanto numa época em que o mundo vive seus maiores conflitos e a Alemanha, suas horas fatais. Hesse, por mais retirado que estivesse, experimentou o sofrimento e, dirá ele, a vergonha. É em parte como um sonho de compensação que, sob o nome de Castalie, ele edificará a cidade do espírito onde, depois das grandes desordens do século XX, num mundo momentaneamente reconciliado, as ciências e as artes florescem novamente. A história acontece em 2400. A data importa pouco. Não se trata de uma ficção científica, nem mesmo de uma narrativa utópica. O que Hesse busca é mais sutil e mais ambíguo. O que realiza, com nuances muito delicadas, é a existência acumulada de todos os tempos em determinado momento do tempo, sob forma de Jogo, no espaço espiritual do Jogo, a possibilidade de pertencer a todos os mundos, a todos os saberes e a todas as culturas. É o *Universitas litterarum*, um velho sonho da humanidade.

Mas é também um velho sonho de Hesse. A partir de *Demian*, e em quase todos os seus livros, sempre há um *Bund*, uma associação secreta, uma comunidade esotérica todo-poderosa e ineficaz, onipresente e inacessível, com

DE UMA ARTE SEM FUTURO 257

a qual a personagem principal procura, em vão, ligar-se. Podemos reencontrar aí uma idéia de Goethe e uma idéia de Nietzsche, e mais ainda a lembrança do romantismo alemão. Mas não é apenas um tema de empréstimo. A aspiração atormentada de Hesse à unidade aí se exprime antes de tudo, e o desejo de poder, sem romper com a solidão, entrar numa comunidade, restabelecer, pelas vias da arte e da magia, os laços com o pequeno círculo daqueles que possuiriam a verdade que, no entanto, não se pode possuir. A magia é a tentação à qual Hesse está sempre pronto a ceder. Ela lhe permite satisfazer comodamente seu horror dos tempos modernos e sua necessidade de encontrar, entretanto, um mundo onde não estaria mais só. Um ano antes de começar *O jogo das contas de vidro*, ele escreve *Viagem ao Oriente*. Essa pequena narrativa é uma representação ingênua, voluntariamente ingênua, da grande comunidade dos espíritos, dos iluminados e dos despertos, de todos os que buscam o Oriente, e o Oriente "*não é apenas um sítio, algo de geográfico, mas o lugar natal e a juventude das almas, o em toda parte e o nenhum lugar, a unificação de todos os tempos*".

Estamos aqui no estado maravilhoso do romantismo. Durante essa migração, H.H. convive tanto com as personagens de seus livros precedentes como com as de Hoffmann ou de Novalis, todos os seres da magia da infância. O objetivo é o mesmo que Novalis confiava ao *Märchen*, o revigoramento das lendas, o renascimento, por lembrança e por pressentimento, do reino originário desaparecido. Os viajantes do Oriente constituem uma ordem e, como toda ordem, esta tem por centro um segredo, o escrito lacrado que ninguém deve divulgar. De modo manifesto, o que Hesse deseja é unir a magia e a alegoria, a fé ingênua e a busca problemática, a simplicidade do conto e a iniciação ao conhecimento: isto é, reconciliar, como sempre, os dois lados de seu espírito e de seu talento. Mas, assim como a viagem emperra nas contestações e nas dúvidas, na narrativa, a ingenuidade se torna sutil ao contato com a alegoria, e a alegoria se torna ingenuidade.

Entretanto, essa pequena narrativa ajudou-o, certamente, a escrever seu grande romance, que retoma os mesmos temas. Ela o livrou da facilidade de seus devaneios. Tendo-os exprimido sob sua forma imediata, adquiriu a paciência necessária para fazê-los amadurecer, e a força para acolhê-los num nível mais elevado.

Uma arte nova

Castalie é também uma ordem, mas de caráter monástico e não mais mágico, uma província chamada, como lembrança de Goethe, "a Província pedagógica". Ali, separados do mundo, obedecendo a uma hierarquia estrita e cerimoniosa, certos homens escolhidos desde a infância, e formados em escolas especiais, dedica-se aos estudos desinteressados e a seu ensino. Gramática, filologia, música, matemática, todas as disciplinas científicas, todas as artes são ali praticadas num espírito de rigorosa pureza. Tratar-se-ia pois de uma ordem de homens cultos, de uma espécie de enciclopédia viva, um espaço fechado onde o espírito se protege para não ser mais exposto em caso de abalos universais? É um pouco isso. Se, no entanto, Castalie fosse apenas uma reserva, onde a cultura poderia perpetuar-se afastada do mundo sempre ameaçador, velho sonho também da humanidade estudiosa, nós nos desinteressaríamos de uma empresa tão pouco

DE UMA ARTE SEM FUTURO

exaltante. Mas Castalie tem, em seu centro, uma presença mais rara, em torno da qual se reúne, se celebra e se põe em jogo sob a forma de uma arte nova. Eis o dom de Castalie, e eis também o presente de Hesse, que não é medíocre, pois não é todos os dias que um criador, mesmo no âmbito de um livro romanesco, consegue fazer com que nos sintamos próximos da ficção de um grande jogo impossível.

Escrevendo *Doutor Fausto*, Thomas Mann teve também a ambição de imaginar uma forma artística nova, e soube dar, por uma evocação sábia, precisa e fascinante, o sentimento rico e convincente das obras escritas por um grande compositor ignorado. Proust tinha tido Vinteuil, e Balzac, a obra-prima desconhecida. Mas Hesse nos promete mais, não outro músico, nem mesmo uma forma de música que pareça levar a música um pouco mais além do que ouvimos dela, mas uma nova linguagem, exprimindo-se segundo uma disciplina nova que ele inventa realmente. Não de todo, porém, e é por isso que seu livro é a obra de um tentador, despertando nossa expectativa e quase nossa fé. Essa arte já está em nós, e o cronista que nos conta a história, num tom sentencioso, não se priva de designar todos aqueles que a pressentiram, desde Heráclito, Pitágoras, até Nicolau de Cusa, Leibniz, os grandes românticos alemães, com uma menção particular para os autores chineses que chegaram mais próximo dela.

É como uma idéia que tivesse caminhado durante todo o curso da história. É ora o simples sonho de uma língua universal agrupada, segundo os tempos, em torno de determinada ciência ou de determinada arte, e pela qual se tenta exprimir, em signos sensíveis, os valores e as formas. Ora – e já é um grau mais elevado – esse grande jogo, no qual o espírito se joga, quer tornar-se mestre

260 *O LIVRO POR VIR*

da totalidade dos conhecimentos, das culturas e das obras e, submetendo-os a uma medida comum, traduzi-las num espaço de harmonia onde nascerão novas relações, ao mesmo tempo que se afirmará, como um canto, o ritmo oculto, a lei última, ou simplesmente a possibilidade de trocas infinitas.

Nesse estágio, o Jogo sai diretamente do sonho pitagórico, mas não menos diretamente das especulações de Novalis que, na grande embriaguez do fim do século XVIII, afirmava que a poesia é ciência e que a forma consumada da ciência deve ser poética. Nesse mesmo estágio, e quando vemos os jogadores desmontarem as obras por estudos minuciosos, analisar os sistemas e extrair deles as medidas que permitem fazer ressoarem juntos um diálogo de Platão, certa lei da física e um coral de Bach, tendemos a reconhecer nesse jogo um malabarismo de virtuose, destinado a nos fazer refletir sobre os excessos em que caem, em suas pesquisas, intelectuais demasiadamente puros.

Mas acima do Jogo há um Jogo mais alto; ou, para falar mais justamente, esses trabalhos de erudição, esses estudos de síntese, esses grandes esforços para reunir, num espaço comum, a infinita variedade dos conhecimentos e das obras, constituem apenas um aspecto do Jogo. A meditação, entendida também como uma disciplina e uma técnica, forma o outro aspecto dele. O jogo se torna então o Jogo dos Jogos, a grande festa cultural, uma cerimônia coletiva na qual, pela aliança combinada, inspirada e sábia da música, da matemática e da meditação, poderá desenvolver-se, no espírito e no coração dos participantes, a arte das relações universais, capaz de despertar a cada vez o pressentimento do infinito ou de produzir a experiência da unidade. O Jogo deixa de ser o in-

DE UMA ARTE SEM FUTURO   261

ventário animado e harmonioso dos valores e das formas. Para os jogadores, imersos na ressonância sensível das fórmulas, ele não é nem mais uma maneira particularmente delicada de gozar do espírito: é um culto severo, uma festa religiosa durante a qual é facultada a aproximação de uma visão essencial, língua sagrada, alquimia sublime e também, talvez, a elaboração de um homem novo.

Naturalmente, Hesse percebeu que não podia representar de modo claro e lógico a idéia de tal jogo, e devemos admirar com que arte – uma arte segura, refinada e irônica, a arte que quase sempre lhe havia faltado – ele conseguiu, sem procurar enganar-nos magicamente e também sem imobilizar sua imagem por exposições dogmáticas, combinando habilmente o preciso e o impreciso, variando os pontos de vista, traçando, a partir dessas indicações diferentes, círculos em torno do mesmo pensamento, fazer-nos considerar realizável a arte cujo traço essencial é não poder ser realizada.

Saindo de Castalie

Seu livro não tem unicamente por centro Castalie, a Província pedagógica, a aldeia dos jogadores, seus institutos, suas células, cuja evocação reconstitui, de maneira viva e persuasiva, emprestada às lembranças de Maulbronn, a imagem de uma comunidade intelectual fechada. Embora Hesse tivesse pensado inicialmente em sua obra como uma espécie de ópera sem figuras, em que os temas, ao se desenvolverem, representassem o jogo do eterno movimento das forças e das formas, decidiu contar nela a vida de um dos Mestres do Jogo, homem de personalidade excepcional que chamou de Josef Knecht – José Cria-

262   *O LIVRO POR VIR*

do –, menos para o opor a Wilhelm Meister do que para dar seqüência ao grande Mestre dos Viajantes do Oriente, Léo o criado, e sobretudo para marcar sua rejeição a todos os Fürer, mesmo os de essência espiritual. Essa biografia poderia ter apenas um interesse de exposição: ilustrar e animar o espaço de Castalie, através da história de um de seus representantes privilegiados. Talvez Josef Knecht tenha sido, de início, apenas o altivo castaliano, homem de espírito encerrado em sua diferença. Num poema composto nessa época[23], ele evoca o Jogo como uma atividade exercida por e para ele mesmo, que o consola e pacifica, e cujo segredo lhe teria sido ensinado por Josef Knecht: *"E agora começa, em meu coração, um jogo de pensamentos ao qual me dedico há muitos anos, chamado Jogo das contas de vidro. Uma bonita invenção que tem a música por suporte e a meditação por princípio. Josef Knecht é o mestre desse jogo e a ele devo o que sei dessa bela imaginação."*

Assim, Joseph Knecht se torna, para ele, um companheiro próximo, um homem realmente possível, que não lhe serviu apenas para fazer passar ao plano da existência a essência de uma arte impossível, mas para explorar o sentido e talvez os perigos da experiência estranha que se propôs. O resultado foi quase surpreendente. Intérprete exemplar de uma arte suprema e de uma língua sagrada, o mesmo movimento que o faz identificar Knecht com Castalie o conduz, finalmente, ao rejeitar Castalie, a

---

23. Quando Hesse prepara um romance, experimenta freqüentemente seus temas dando-lhes uma expressão poética. É preciso assinalar que Hesse ilustrou vários livros seus com numerosas aquarelas. Em certos momentos de sua vida, pintou centenas de quadros. A arte plástica, arte de maestria, é para ele uma disciplina salutar, um meio de se concentrar, ao contrário da música. Paul Klee é uma das personagens de *Viagem ao Oriente*.

DE UMA ARTE SEM FUTURO

não poder mais contentar-se com aquilo que aparece, entretanto, como uma imagem de absoluto. Essa atitude, na verdade, é assumida de modo ambíguo. Por um lado, temos aí algo como uma crítica racional da orgulhosa província do espírito, que se isolou do mundo, ignora a história, desdenha seu tempo, enquanto seu principal papel deveria ser um papel pedagógico, o de educar a terra, como Novalis já o dizia dos poetas: "Somos encarregados de uma missão, somos chamados a formar a terra." Dessa maneira, Hesse condena pateticamente seu próprio isolamento e, dando um passo decisivo em direção ao mundo, pretende não fazer mais da unidade uma relação secreta entre os dois pólos do espírito, Deus e eu, mas uma afirmação que passa primeiramente pela comunidade viva dos homens. É a última palavra de sua experiência solitária, o que é também justo e simpático. Mas o resultado disso, para seu livro e para a ficção do livro, é um pouco embaraçoso. Pois, da mesma forma que admitimos de boa vontade o tempo intemporal evocado pela era do Jogo, ficamos espantados, ao olhar o mundo através das janelas de Castalie, por vê-la semelhante à Alemanha do século XVIII mais do que ao tempo futuro, historicamente datado e situado, em que somos solicitados a crer. Será que Hesse não contradiz aqui, ligeiramente, o movimento básico de seu livro? Ele deseja corresponder à realidade do mundo comum, mas, em sua narrativa, esse mundo não é mais do que um fundo de quadro onde, certamente, nada acontecerá. Desconfiamos que sua volta ao mundo é um voto piedoso que ele mesmo não cumpriu e que só tem, então, um sentido alegórico. Isso perturba nosso interesse.

Temos, felizmente, outra desconfiança. O fim de Knecht é simples mas estranho. Mestre supremo do Jogo, ele se demite de suas funções, decide voltar à vida comum

264   *O LIVRO POR VIR*

e exercer aí a profissão de professor, tornando-se o preceptor de um jovem aluno, bem-dotado e indisciplinado, imagem comovente de Hesse quando criança. Mal atravessa o limiar ideal de Castalie, para encontrar seu discípulo, Knecht desaparece, durante um banho matinal nas águas geladas de um lago da alta montanha. Esse fim só alude a causas naturais. Mas o biógrafo nos lembra, com insistência, que ele é legendário, e que, a partir do momento em que Knecht saiu da Província, entrou numa região onde a verdade histórica não basta mais. Somos pois convidados a compreender os últimos atos de Knecht, sua demissão, a decisão alegre que o liberta do passado, como a realização de uma vontade superior à sua, e o frio malogro final como o mistério que coroa tudo. Essa última cena fala, com efeito, por ela mesma. Thomas Mann a admirava e via nela, curiosamente, um grande sentido erótico. Diante do sol que se levanta, o jovem aluno de Knecht se entrega a uma gesticulação desordenada, espécie de dança efervescente à qual ele se abandona, para sua própria surpresa e, finalmente, vergonha, como se estivesse revelando seu segredo àquele mestre estrangeiro. Para disfarçar seu embaraço, propõe-lhe um mergulho na água do lago, e nadar até a outra margem, que a luz do sol ainda não atingiu. Knecht, cansado por causa da altitude, sente-se muito pouco à vontade, mas não quer decepcionar o aluno, mostrando-se pouco esportivo. Ele se joga, por sua vez, no frio penetrante das águas, que logo o vencem. Dessa morte, o adolescente vai sentir-se obscuramente responsável e, mais do que todas as lições, ela contribuirá para despertar nele o novo ser em que deve transformar-se, a fim de responder ao apelo dos tempos futuros.

Temos, nesse fim, um exemplo da arte de Hesse e da simplicidade com a qual ele se abre à transparência ale-

DE UMA ARTE SEM FUTURO 265

górica. Cada detalhe está ali por ele mesmo e por um sentido ideal que evoca claramente. A volta de Knecht ao mundo é simbolizada pela ascensão à montanha, última ultrapassagem que ele deve executar para ir além de sua existência pessoal. O sol nascente é como a aparição do absoluto de que Castalie era apenas a glorificação momentânea, e que não pode durar sob nenhuma forma, mesmo a mais pura. Knecht acaba na lenda, transformado num Demian anônimo, vítima ofertada em sacrifício ao absoluto a que ele serve, e desaparecendo para que o horizonte humano possa alargar-se. (Hesse procurou exprimir poeticamente, e talvez felizmente, a natureza enigmática de seu herói, sua personalidade impessoal, acrescentando à narrativa três biografias imaginárias que este teria escrito. São exercícios escolares, dizem-nos. No fim dos estudos, cada castaliano escolhe uma época e uma cultura na qual imagina o que poderia ter sido. Hesse aplica pois, em segundo grau, seu próprio método de experiência. É também uma maneira de fazer de seu livro uma espécie de Jogo de contas, para mostrar a unidade de uma pessoa através da cintilação de circunstâncias cambiantes e da variedade de culturas discordantes. Enfim, por um tipo de análise que não é psicológico, ele tenta penetrar na profundidade de uma vida, sugerindo a plenitude das possibilidades que o movimento de uma narrativa linear não poderia traduzir.)

Muitos outros traços são destinados a falar ao espírito. Mesmo o lago sugere a atração das forças obscuras, o apelo das profundezas maternas onde aquele que volta ao mundo cai, por uma paixão mais elevada. Esse tipo de morte exerceu, sobre Hesse, um fascínio ao qual ele muitas vezes cedeu em suas narrativas, nas quais há quatro ou cinco mortes por afogamento. Aí, o sentido alegórico dá lugar à provocação mágica. Em *O jogo das contas de vi-*

266   *O LIVRO POR VIR*

dro, em que no entanto o herói principal representa mais a obra do que seu autor, Hesse não deixou de estabelecer, entre a ficção e sua vida, toda uma rede de associações. Assim, ele se descreve ironicamente sob a figura de um eremita quase maníaco, que vive na fronteira de Castalie, interrogando os oráculos à maneira chinesa. A escola em que Knecht faz seus estudos se chama Hellas, em lembrança do instituto escolar onde outrora, em Maulbronn, um escolar foi infeliz. O primeiro inventor do Jogo das contas é Bastian Perrot de Calw. Mas Perrot de Calw, em Nagold, teve em seus ateliês de mecânica o jovem Hesse como aprendiz, quando este, tendo renunciado aos estudos clássicos, tentou em vão vários ofícios. O padre Jacobus, que inicia Knecht nos estudos históricos, é Jacob Burckhardt. Thomas von der Trave, um dos Mestres do Jogo, é Thomas Mann. Esses nomes significariam que o Jogo das contas seria ainda um outro jogo, um *roman à clés*, e até mesmo um romance de crítica contemporânea no qual, ao fazer por exemplo um retrato fiel de Thomas Mann, amical e respeitoso, Hesse criticaria sua situação intelectual, a de um homem de letras demasiadamente puro? Estaríamos enganados se o imaginássemos. Esses nomes, essas alusões, esses detalhes que só são secretos para o leitor inadvertido, têm o papel de um memorial mágico em que o passado acena para o escritor, e se insinua amistosamente no espaço um pouco frio das coisas e dos tempos que não existem. E sem dúvida, nessa obra final, Hesse tenta recuperar uma vez mais o acontecimento obscuro de que toda a sua vida dependeu: Knecht deixa a comunidade fechada de Castalie como o jovem Hesse fugiu, um dia, do seminário de Maulbronn. O homem maduro, mestre de sua vocação, como o adolescente, no desamparo de sua sensibilidade, libertam-se um do outro e realizam perigosamente seu destino. Finalmente, no pon-

DE UMA ARTE SEM FUTURO

to extremo de sua experiência, é para sua infância que o escritor se volta uma última vez, e o herdeiro que escolhe, o sucessor que dá a si mesmo é o rapazinho difícil, decepcionante, que ele foi outrora e ao qual entrega resolutamente as chaves do futuro.

O espírito envelhecido

O livro tem, portanto, vários prolongamentos, e poderia ser lido de várias maneiras. Mas é a imagem do Jogo que permanece como o centro em torno do qual tudo gravita, o sonho superior de tempos desconhecidos que, no entanto, desperta em nós uma lembrança. Temos aí uma nova resposta às perguntas que Malraux ilustrou, um pouco mais tarde, ao dar um nome à experiência do Museu imaginário. O Jogo é o Museu dos Museus. Nele, cada vez que é jogado, todas as obras, todas as artes e todos os conhecimentos se animam e despertam, em sua infinita variedade, em suas relações cambiantes, em sua fugitiva unidade. É, de fato, uma realização suprema. Estaríamos, pois, no fim da história? No momento crepuscular em que o pássaro de Minerva e de Hegel, alçando seu vôo noturno, transforma o dia em noite, transforma o dia ativo, criador e sem reflexão, na calma e silenciosa transparência da noite? É preciso que o dia esteja acabado para que possa ser narrado e dito. Mas o dia, transformado em sua própria narrativa, é precisamente a noite. Tal perspectiva pertence ao livro de Hesse? O cronista faz esta observação: é que a nova arte do Jogo só pôde nascer pela decisão heróica e ascética de renunciar a toda criação de obras de arte. Não é mais o momento de ainda escrever poemas ou de enriquecer a música com novas "peças". O espírito criador deve refluir sobre si mesmo, e a obra única

268   *O LIVRO POR VIR*

será doravante a presença infinita de todas as obras. A arte é a consciência cantante, saber, música, meditação da totalidade das artes e, ainda mais, do todo oculto nesse todo, celebração meio estética, meio religiosa, em que o todo se joga e é posto em jogo, num divertimento soberano.

O Jogo é a coroação da cultura. Uma exigência absoluta aí se cumpre. Esse poderia ser nosso destino, e é visível que Hesse gostou dele. Mas também se assustou com ele. *O jogo das contas de vidro*, no qual, sob esse nome infantil[24], realiza-se a verdadeira comunidade com a qual sempre sonhou, é um desabrochamento tardio. Com aquilo que é mais alto começa o declínio. O espírito de Castalie é o espírito que envelheceu. Se ele se proíbe criar novas obras, é porque cessou de ser conquistador. O absoluto não é, então, mais do que o isolamento fatigado de uma alta forma espiritual, estrangeira à realidade viva e que, ignorando-a, pensa ser tudo, mas é apenas a totalidade vazia da ignorância.

Eis-nos caídos muito baixo. O Jogo se torna um sonho estéril e uma consolação enganadora, no melhor dos casos a música melancólica do declínio. Entre essas duas interpretações, Hesse hesita escolher. Dessa incerteza, seu livro recebe algo como a falsa luz de um enigma, e essa divisão ora o enriquece, ora o enfraquece. É que existe outra hesitação mais grave. O que é o Jogo? Uma criação su-

---

24. Por esse nome, Hesse quis sem dúvida fazer-nos refletir sobre a relação da mais alta cultura com o despertar infantil. Mas em seu último livro, *Beschwörungen* [Conjurações], ele nos conta que, quando criança, dispunha de um jogo de cartas representando escritores e artistas, com a enumeração de suas obras. E acrescenta: "Esse panteão de imagens coloridas pode bem ter dado o primeiro impulso à idéia de representar, sob o nome de Castalie e do Jogo das contas de vidro, a *Universitas litterarum et artium*, abarcando todos os tempos e todas as culturas."

DE UMA ARTE SEM FUTURO

prema que consiste em reunir, numa unidade viva, o conjunto de todas as obras e as criações de todos os tempos. Mas o que é importante aqui, o que é primeiro? A unidade ou o todo? A unidade que é Deus ou o todo, que é a afirmação do homem realizado? Alguns comentadores alemães apressaram-se a ver, no livro de Hesse, uma obra hegeliana. Isso não faz sentido. O Jogo é talvez a consciência erudita e cantante do todo, mas é precisamente por isso que a decadência o ameaça, e o esgotamento. Pelo contrário, na medida em que é uma etapa em direção à unidade, a realização provisória da unidade, ele contém, segundo o autor, grandes promessas, pois significa *"uma forma escolhida, simbólica, da busca da perfeição, uma sublime alquimia, a aproximação, para além de todas as imagens e as diversidades, do espírito que é uno em si, aproximação de Deus".*

De qualquer maneira, o Jogo deve pois ser ultrapassado. A morte de Knecht é o momento religioso em que a ultrapassagem se realiza. Mas o Jogo deve ser ultrapassado porque desconhece a história e sua marcha para a frente, ou porque é a via justa conduzindo ao centro, e que cessa quando o centro é atingido, a visão unitária com o Deus que reside em nós? O livro de Hesse diz tudo isso, mas é talvez dizer demasiadas coisas ao mesmo tempo; é mais do que ele pode dizer. E, da mesma forma, no que concerne à coerência romanesca, seria preciso perguntar se não é perigoso, quando está colocada no coração da obra uma grande imagem que a sustenta inteiramente, rebaixá-la a uma figura superficial, que parece então montada voluntariamente com vistas à crítica que se deseja fazer dela? Numa obra, a contestação da obra é talvez sua parte essencial, mas deve realizar-se no sentido e no aprofundamento da imagem que é seu centro, e que só começa a aparecer quando vem o fim, no qual desaparece.

CAPÍTULO VIII
O DIÁRIO ÍNTIMO E A NARRATIVA

O diário íntimo, que parece tão livre de forma, tão dócil aos movimentos da vida e capaz de todas as liberdades, já que pensamentos, sonhos, ficções, comentários de si mesmo, acontecimentos importantes, insignificantes, tudo lhe convém, na ordem e na desordem que se quiser, é submetido a uma cláusula aparentemente leve, mas perigosa: deve respeitar o calendário. Esse é o pacto que ele assina. O calendário é seu demônio, o inspirador, o compositor, o provocador e o vigilante. Escrever um diário íntimo é colocar-se momentaneamente sob a proteção dos dias comuns, colocar a escrita sob essa proteção, e é também proteger-se da escrita, submetendo-a à regularidade feliz que nos comprometemos a não ameaçar. O que se escreve se enraíza então, quer se queira, quer não, no cotidiano e na perspectiva que o cotidiano delimita. Os pensamentos mais remotos, mais aberrantes, são mantidos no círculo da vida cotidiana e não devem faltar com a verdade. Disso decorre que a sinceridade representa, para o diário, a exigência que ele deve atingir, mas não deve ultrapassar. Ninguém deve ser mais sincero do que o au-

DE UMA ARTE SEM FUTURO

tor de um diário, e a sinceridade é a transparência que lhe permite não lançar sombras sobre a existência confinada de cada dia, à qual ele limita o cuidado da escrita. É preciso ser superficial para não faltar com a sinceridade, grande virtude que exige também a coragem. A profundidade tem suas vantagens. Pelo menos, a profundidade exige a resolução de não manter o juramento que nos liga a nós mesmos e aos outros por meio de alguma verdade.

O lugar da imantação

Não é por contar acontecimentos extraordinários que a narrativa se distingue do diário. O extraordinário também faz parte do ordinário. É porque ela trata daquilo que não pode ser verificado, daquilo que não pode ser objeto de uma constatação ou de um relato. A narrativa é o lugar da imantação, que atrai a figura real para os pontos em que ela deve se colocar, respondendo ao fascínio de sua sombra. *Nadja* é uma narrativa. Começa com estas palavras: "Quem sou eu?" A resposta é uma figura viva que poderíamos ter encontrado certo dia, em certas ruas que conhecemos. Essa figura não é um símbolo, nem um pálido sonho. Ela não se assemelha à Dorothée que aparecia, de tempo em tempo, ao jovem Jünger, nem ao Demian que Hesse teve como companheiro nos bancos da escola: imagem atraente do gênio eterno. Nadja foi tal como se oferece na surpresa da narrativa: uma vida de acaso, nascida do acaso e encontrada por acaso; fiel a esse acaso a ponto de obrigar aquele que a segue a entrar nos desvios mais perigosos – mais poluidores – de uma vida fortuita. Mas por que a forma do diário, esse relato que é o diário, não conviria a tal acontecimento, situado, datado, preso na rede dos atos cotidianos? É que nada é mais estrangeiro à realidade em que vivemos, na certeza do mundo comum, do que o acaso, aquele acaso que tomou, para Breton, a figura de uma jovem mulher, e nada pode ser mais diferente da constatação cotidiana do que o encaminhamento inquieto, sem rota e sem limites, que torna necessária a perseguição do que aconteceu, mas que, pelo fato de ter acontecido, rasga o tecido dos acontecimentos. Abre-se na vida de quem encontra o acaso, como na de quem encontra "verdadeiramente" uma imagem, uma lacuna imperceptível que o obriga a renunciar à luz tranqüila e à linguagem usual, para manter-se sob a fascinação de uma outra claridade e em relação com a dimensão de uma outra língua.

Narra-se o que não se pode relatar. Narra-se o que é demasiadamente real para não arruinar as condições da realidade comedida que é a nossa. *Adolfo* não é a história purificada de Benjamin Constant: é uma espécie de ímã para desligar dele sua sombra – aquilo que ele desconhece – e levá-lo para trás de seus sentimentos, no espaço incandescente que estes lhe designam, mas que o próprio fato de "vivê-los", assim como o andamento da vida cotidiana e das coisas a fazer, lhe dissimularam constantemente. Em seu diário, Mme. de Staël não é menos tempestuosa, e Constant não é menos dilacerado do que na narrativa. Mas, em *Adolfo*, os sentimentos se orientam para o centro de gravidade que é seu lugar verdadeiro, que ocupam inteiramente, expulsando o movimento das horas, dissipando o mundo e, com o mundo, o poder de vivê-las; longe de se aligeirar, um pelo outro, num equilíbrio que os tornaria suportáveis, eles caem juntos no espaço da narrativa, espaço que é também o da paixão e da noite, onde eles não podem ser nem atingidos, nem ultrapassados, nem traídos, nem esquecidos.

DE UMA ARTE SEM FUTURO

A armadilha do diário

O interesse do diário é sua insignificância. Essa é sua inclinação, sua lei. Escrever cada dia, sob a garantia desse dia e para lembrá-lo a si mesmo, é uma maneira cômoda de escapar ao silêncio, como ao que há de extremo na fala. Cada dia nos diz alguma coisa. Cada dia anotado é um dia preservado. Dupla e vantajosa operação. Assim, vivemos duas vezes. Assim, protegemo-nos do esquecimento e do desespero de não ter nada a dizer. *"Prendamos com alfinetes nossos tesouros"*, diz horrorosamente Barrès; e Charles du Bos, com a simplicidade que lhe é própria: *"O diário, na origem, representou para mim o supremo recurso para escapar ao desespero total diante do ato de escrever"*; e também: *"O curioso, no meu caso, é quão pouco tenho o sentimento de viver quando meu diário não recolhe seu depósito."*[25] Mas que um escritor tão puro quanto Virginia Woolf, que uma artista tão empenhada em criar uma obra que retivesse somente a transparência, a auréola luminosa e os leves contornos das coisas, tenha se sentido de certa maneira obrigada a voltar para junto de si, num diário tagarela em que o Eu se derrama e se consola, isso é significativo e perturbador. O diário aparece aqui como uma proteção contra a loucura, contra o perigo da escrita. Lá, em *As ondas*, ruge o risco de uma obra em que é preciso desaparecer. Lá, no espaço da obra, tudo se perde e talvez a própria obra se perca. O diário é a âncora que raspa o fundo do cotidiano e se agarra às asperezas da vaidade. Da mesma forma, Van Gogh tem suas cartas e um irmão para quem escrevê-las.

---

25. Algumas dessas citações são tiradas do livro de Michèle Leleu, *Les Journaux intimes*.

274   *O LIVRO POR VIR*

Parece haver, no diário, a feliz compensação, uma pela outra, de uma dupla nulidade. Aquele que nada faz de sua vida escreve que não faz nada, e eis, apesar de tudo, algo de feito. Aquele que se deixa desviar da escrita pelas futilidades do dia, agarra-se a esses nadas para contá-los, denunciá-los ou gozá-los, e eis um dia preenchido. É "*a meditação do zero sobre ele mesmo*", de que fala, valentemente, Amiel.

A ilusão de escrever, e por vezes de viver, que ele dá, o pequeno recurso contra a solidão que ele garante (Maurice de Guérin interpela seu Caderno: "*Meu querido amigo, ... eis-me aqui à sua disposição, todo teu*"; e por que Amiel se casaria, já que diz: "*O diário ocupa o lugar do confidente, isto é, do amigo e da esposa*"?), a ambição de eternizar os belos momentos e mesmo de fazer da vida toda um bloco sólido que se pode abraçar com firmeza, enfim a esperança de, unindo a insignificância da vida com a inexistência da obra, elevar a vida nula à bela surpresa da arte, e a arte informe à verdade única da vida, o entrelaçamento de todos esses motivos faz do diário uma empresa de salvação: escreve-se para salvar a escrita, para salvar sua vida pela escrita, para salvar seu pequeno eu (as desforras que se tiram contra os outros, as maldades que se destilam) ou para salvar seu grande eu, dando-lhe um pouco de ar, e então se escreve para não se perder na pobreza dos dias ou, como Virginia Woolf, como Delacroix, para não se perder naquela prova que é a arte, que é a exigência sem limite da arte.

O que há de singular nessa forma híbrida, aparentemente tão fácil, tão complacente e, por vezes, tão irritante pela agradável ruminação de si mesmo que mantém (como se houvesse o menor interesse em pensar em si, em voltar-se para si mesmo), é que ela é uma armadilha.

DE UMA ARTE SEM FUTURO

Escrevemos para salvar os dias, mas confiamos sua salvação à escrita, que altera o dia. Escrevemos para nos salvar da esterilidade, mas nos tornamos Amiel que, voltando-se para as catorze mil páginas em que sua vida se dissolveu, reconhece nelas o que o arruinou "artística e cientificamente", por "uma preguiça ocupada e um fantasma de atividade intelectual"[26]. Escrevemos para nos lembrar de nós, mas, diz Julien Green: *"Eu imaginava que aquilo que anotava reanimaria, em mim, a lembrança do resto,... mas hoje nada mais resta senão algumas frases apressadas e insuficientes, que me dão, de minha vida passada, apenas um reflexo ilusório."*[27] Finalmente, portanto, não se viveu nem se escreveu, duplo malogro a partir do qual o diário reencontra sua tensão e sua gravidade.

O diário está ligado à estranha convicção de que podemos nos observar e que devemos nos conhecer. Entretanto, Sócrates não escreve. Os séculos mais cristãos ignoram esse exame que não tem por intermediário o silêncio. Dizem-nos que o protestantismo favorece essa confissão sem confessor, mas por que o confessor deveria ser substituído pela escrita? É preciso voltar a uma penosa mistura de protestantismo, de catolicismo e de romantismo, para que os escritores, empreendendo a busca deles mesmos nesse falso diálogo, tentem dar forma e linguagem àquilo que, neles, não pode falar. Aqueles que o percebem, e reconhecem pouco a pouco que não podem

---

26. O mesmo ocorreu com Jules Renard: *"Acho que cheguei ao fundo do poço... E este Diário que me distrai, me diverte e me esteriliza."*

27. Quem, mais do que Proust, deseja lembrar-se dele mesmo? Eis por que não há escritor mais avesso ao registro dia a dia de sua vida. Aquele que deseja lembrar-se deve confiar-se ao esquecimento, ao risco que é o esquecimento absoluto e ao belo acaso que se torna, então, a lembrança.

276

O LIVRO POR VIR

conhecer-se, mas somente transformar-se e destruir-se, e que prosseguem nesse estranho combate que os atrai para fora deles mesmos, num lugar ao qual não têm acesso, deixaram-nos, segundo suas forças, fragmentos, aliás por vezes impessoais, que podemos preferir à qualquer outra obra.

Os arredores do segredo

É tentador, para o escritor, manter um diário da obra que está escrevendo. Isso é possível? O *Diário dos moedeiros falsos* é possível? Interrogar-se sobre seus projetos, pesá-los, verificá-los; à medida que eles se desenvolvem, comentá-los para si mesmo, eis o que parece difícil. O crítico que, segundo dizem, é sempre o duplo do criador, não terá algo a dizer? Esse algo não pode tomar a forma de um diário de bordo no qual, dia após dia, inscrever-se-iam as felicidades e os erros da navegação? E, no entanto, tal livro não existe. Parece que devem permanecer incomunicáveis a experiência própria da obra, a visão pela qual começa, a "espécie de desvario" que provoca, e as relações insólitas que estabelece entre o homem que podemos encontrar no dia-a-dia e que, precisamente, escreve o diário de si mesmo, e aquele ser que vemos alçar-se por detrás de cada grande obra, para escrevê-la: entre Isidore Ducasse e Lautréamont[28].

Vemos por que o escritor só pode escrever o diário da obra que ele não escreve. Vemos também que esse diário só pode ser escrito tornando-se imaginário, e imer-

---

28. Mas, para Lautréamont, esse livro talvez exista: são os *Cantos de Maldoror*. Para Proust, a obra de Proust.

DE UMA ARTE SEM FUTURO 277

gindo-se, como aquele que escreve, na irrealidade da ficção. Essa ficção não tem, necessariamente, relação com a obra que se prepara. O *Diário íntimo* de Kafka é feito não apenas de notas datadas, que remetem à sua vida, de descrição de coisas que ele viu, de pessoas que encontrou, mas também de um grande número de esboços de narrativas, algumas de poucas páginas, a maioria de algumas linhas, todas inacabadas, embora muitas vezes já formadas, e, o que é mais impressionante, quase nenhuma tem relação com a outra, não é a retomada de um tema já posto em obra, assim como não tem relação evidente com os acontecimentos diários. Sentimos bem, entretanto, que esses fragmentos "se articulam", como diz Marthe Robert, "entre os fatos vividos e a arte", entre o Kafka que vive e o Kafka que escreve. Pressentimos também que esses fragmentos constituem os rastros anônimos, obscuros, do livro que busca realizar-se, mas somente na medida em que não têm parentesco visível com a existência da qual parecem ter saído, nem com a obra de que constituem a aproximação. Se, portanto, temos aqui o pressentimento do que poderia ser o diário da experiência criativa[29], temos ao mesmo tempo a prova de que esse diário seria tão fechado, e ainda mais separado do que a obra

---

29. Há outros: *Os cadernos de Malte* [de Rilke], por exemplo; *O coração aventureiro*, de Jünger; os *Carnês* de Joubert; talvez *A experiência interior* e *O culpado*, de Georges Bataille. Uma das leis secretas desses livros é que, quanto mais o movimento se aprofunda, mais tende a se aproximar da impessoalidade abstrata. Assim, Kafka substitui, pouco a pouco, as observações datadas sobre ele mesmo por considerações tanto mais gerais quanto mais íntimas. E lembremo-nos dos relatos de confidência místicos tão concretos, de Santa Teresa de Ávila, comparemo-los com os *Sermões* e *Tratados* do Mestre Eckhart ou com os comentários de São João da Cruz, e veremos que, ali também, é a obra abstrata que está mais próxima da experiência ardente da qual ela só fala de modo impessoal e indireto.

realizada. Pois os arredores de um segredo são mais secretos do que ele mesmo.

A tentação de manter "em dia" o diário de bordo da experiência mais obscura é sem dúvida ingênua. Entretanto, subsiste. Uma espécie de necessidade lhe dá sempre alguma chance. Por mais que o escritor saiba que não pode ir aquém de certo ponto sem mascarar, por sua sombra, o que veio contemplar, a atração das fontes, a necessidade de olhar de frente aquilo que sempre se esquiva, enfim o cuidado de ligar-se à sua pesquisa sem se preocupar com os resultados, é mais forte do que as dúvidas, e aliás as próprias dúvidas nos impelem, mais do que nos detêm. As tentativas poéticas mais firmes e as menos sonhadas de nosso tempo não pertencem a esse sonho? Não há Francis Ponge? Sim, Ponge.

CAPÍTULO IX
A NARRATIVA E O ESCÂNDALO

Pode ser que a mais "bela" narrativa contemporânea tenha sido publicada em 1941, por um autor cujo nome, Pierre Angélique, permaneceu desconhecido. Foi publicado, então, em cinqüenta exemplares; mais cinqüenta em 1945; hoje, um pouco mais. O título é *Madame Edwarda*, mas, quando, terminada a leitura, detemo-nos na quarta capa, encontramos, idêntico ao primeiro, este outro título: *Divinus Deus*.

Pus entre aspas a palavra "bela". Não porque a beleza esteja aí oculta: o livro é evidentemente belo. Mas o que é belo, aqui, nos torna responsáveis por nossa leitura de um modo que não nos permite remunerá-la com tal julgamento. O que está em jogo nessas poucas páginas?

"Se tiveres medo de tudo, lê este livro, mas primeiro, escuta-me: se ris, é porque tens medo. Um livro, acreditas, é coisa inerte. É possível. E no entanto se, como acontece, não souberes ler? deverias ter medo...? Estás sozinho? tens frio? sabes até que ponto o homem é 'tu mesmo'? imbecil? e nu?"

Da narrativa, gostaria de citar a primeira frase: *"Numa esquina, a angústia, uma angústia suja e inebriante, me descompôs (talvez por ter visto duas mulheres furtivas na escada de um lavabo)"*; e enfim o último parágrafo: *"Acabei. Do sono que nos deixou, por pouco tempo, no fundo do táxi, acordei primeiro, nauseado... O resto é ironia, longa espera da morte..."*

Entre esses limites, o que se inscreve é escandaloso? Certamente. Mas é a verdade da narrativa que nos choca, por um escândalo evidente que não sabemos, no entanto, situar. Gostaríamos de poder incriminar as palavras: nunca elas foram mais estritas; ou as circunstâncias, o fato de que Madame Edwarda seja uma prostituta de bordel, mas isso poderia ser reconfortante, pelo contrário; ou ainda que certos detalhes, que devemos reconhecer como obscenos, decorrem de uma necessidade que os enobrece, tornando-os inevitáveis não apenas pela arte mas também por um constrangimento talvez moral, talvez fundamental. A contradição tem, certamente, um grande poder escandaloso; que coisas muito baixas e gestos de que não convém falar se imponham a nós, de repente, como portadores dos mais altos valores, essa afirmação, no instante em que ela nos atinge, com uma evidência contrariante, incontestável e intolerável, nos toca escandalosamente, qualquer que seja nossa liberdade com relação ao que o costume nos faz considerar como muito baixo e muito alto.

Os esforços que fazemos para isolar teoricamente o ponto em que o escândalo nos atinge (apelando, por exemplo, ao que sabemos do sagrado, objeto de desejo e de horror), assemelham-se ao trabalho dos glóbulos para renovar a parte ferida. O corpo se restabelece, mas a experiência do ferimento permanece. Cura-se a chaga, não se pode curar a essência de uma chaga.

DE UMA ARTE SEM FUTURO

"*Balbuciei suavemente: 'Por que fazes isto?' – 'Vês, disse ela, eu sou DEUS...' – 'Estou louco...' – 'Não, deves olhar: olha!'*" Tal diálogo, nas circunstâncias em que acontece, pode parecer aberrante, pode também parecer o que há de mais fácil de escrever. Se não aderimos a ele – e, de certa maneira, o autor não busca nossa adesão; da mesma maneira, a sua tem um sentido que lhe escapa: assim é o escândalo, de tal natureza que nos escapa, enquanto não escapamos a ele –, mesmo que respondamos apenas pelo riso, pela ironia, o mal-estar ou a indiferença, há, na situação que a narrativa afirma diante de nós, uma certeza tão simples, embora completamente incerta, ligada a uma verdade tão exclusiva e tão extensa, que sentimos que nossa atitude, qualquer que seja, já faz parte dela e a confirma. Não há nenhuma maneira de reagir a essa história que não seja implicada e compreendida, dando logo testemunho de sua necessidade. É por isso que o livro nos retém, já que ele não poderia deixar-nos intactos, livro propriamente escandaloso, pois o que é próprio do escândalo é não podermos preservar-nos dele, e é por isso que nos expomos a ele, por mais que nos defendamos.

Nisso, o autor não é diferente de qualquer leitor. Não podemos dizer que ele, tendo sido atingido pelo acontecimento cuja narrativa nos toca, estaria assim mais próximo do centro da história. Qualquer que seja o modo como as coisas aconteceram, é a partir do instante em que são narradas que tudo se torna grave para ele, assim como, para Phèdre tudo começa quando ela aceita romper o silêncio em favor de Œnone, tornando-se culpada não por causa de sua monstruosa paixão inocente, mas culpada por torná-la culpada tornando-a possível, deixando-a passar da pura impossibilidade do silêncio à verdade escandalosa de sua realização no mundo. Há, em todo escritor trágico, essa necessidade do encontro de Phèdre e Œnone, esse movimento em direção à luz daquilo que não pode ser iluminado, o excesso que só se torna ultrapassagem e escândalo – nas palavras.

Que o livro mais incongruente, como o qualifica Georges Bataille em seu prefácio, seja finalmente o mais belo livro, e talvez o mais terno, isso é então totalmente escandaloso.

IV
PARA ONDE VAI A LITERATURA?

CAPÍTULO I

O DESAPARECIMENTO DA LITERATURA

Às vezes nos fazem estranhas perguntas; esta, por exemplo: "Quais são as tendências da literatura atual?" Ou então: "Para onde vai a literatura?" Sim, pergunta espantosa, mas o mais espantoso é que, se há uma resposta, esta é fácil: a literatura vai em direção a ela mesma, em direção à sua essência, que é o desaparecimento.

Os que têm necessidade de afirmações tão gerais podem voltar-se para o que chamamos de história. Ela lhes dirá o que significa a famosa frase de Hegel: "A arte é, para nós, coisa do passado"; palavras pronunciadas audaciosamente diante de Goethe, no momento de expansão do romantismo e quando a música, as artes plásticas e a poesia esperam obras consideráveis. Hegel, que inaugura seu curso sobre a estética com essa frase pesada, sabe disso. Sabe que as obras não faltarão à arte, admira as de seus contemporâneos e às vezes as prefere (ele também as conhece mal) e, no entanto, diz que "a arte é, para nós, coisa do passado". A arte não é mais capaz de portar a necessidade de absoluto. O que conta absolutamente, doravante, é a realização do mundo, a seriedade da ação e

286   *O LIVRO POR VIR*

a tarefa da liberdade real. A arte só está próxima do absoluto no passado, e é apenas no Museu que ela ainda tem valor e poder. Ou então, desgraça ainda mais grave, ela decai em nós até tornar-se simples prazer estético, ou auxiliar da cultura.

Isso é sabido. É um futuro já presente. No mundo da técnica, podemos continuar louvando os escritores e enriquecendo os pintores, podemos honrar os livros e enriquecer as bibliotecas; podemos reservar um lugar à arte porque ela é útil ou porque é inútil, constrangê-la, reduzi-la ou deixá-la livre. Seu destino, nesse caso favorável, é talvez o mais desfavorável. Aparentemente, a arte não é nada se não é soberana. Daí o mal-estar do artista, por ser ainda alguma coisa num mundo onde ele se vê, entretanto, injustificado.

Uma busca obscura, atormentada

A história fala assim grosseiramente. Mas, se nos voltamos para a literatura ou para as próprias artes, o que elas parecem dizer é bem diferente. Tudo acontece como se a criação artística, à medida que os tempos se fecham à sua importância, obedecendo a movimentos que lhe são estranhos, se aproximasse dela mesma por uma visada mais exigente e mais profunda. Não mais orgulhosa: é o *Sturm und Drang* que pretende exaltar a poesia pelos mitos de Prometeu e de Maomé; o que é então glorificado não é a arte, é o artista criador, a individualidade poderosa, e cada vez que o artista é preferido à obra, essa preferência, essa exaltação do gênio significa a degradação da arte, o recuo diante de sua potência própria, a busca de sonhos compensadores. Essas ambições desordenadas, embora admi-

PARA ONDE VAI A LITERATURA? 287

ráveis – como a expressa misteriosamente por Novalis: *"Klingsor, poeta eterno, não morra, fique no mundo"*; ou ainda Eichendorff: *"O poeta é o coração do mundo"* –, não são em nada semelhantes àquelas que, depois de 1850, para escolher essa data a partir da qual o mundo moderno vai mais decididamente em direção a seu destino, os nomes de Mallarmé e de Cézanne anunciam, àquelas que toda a arte moderna sustenta com seu movimento.

Nem Mallarmé nem Cézanne fazem pensar no artista como um indivíduo mais importante e mais visível do que os outros. Eles não buscam a glória, o vazio candente e resplandecente com o qual uma cabeça de artista, desde o Renascimento, sempre quis aureolar-se. Ambos são modestos, não voltados para eles mesmos mas para uma busca obscura, para uma preocupação essencial cuja importância não está ligada à afirmação de suas pessoas, nem ao nascimento do homem moderno, uma preocupação incompreensível para quase todos e, no entanto, à qual eles se ligam com uma obstinação e uma força metódica de que sua modéstia é apenas a expressão dissimulada.

Cézanne não exalta o pintor, nem mesmo, a não ser por sua obra, a pintura; e Van Gogh diz: *"Não sou um artista – como é grosseiro até mesmo pensar isso de si mesmo"*, e acrescenta: *"Digo isso para mostrar como acho tolo falar de artistas talentosos ou sem talento."* No poema, Mallarmé pressente uma obra que não remete a alguém que a teria feito, pressente uma decisão que não depende da iniciativa de determinado indivíduo privilegiado. E, contrariamente ao antigo pensamento segundo o qual o poeta diz: não sou eu quem fala, é o deus que fala em mim, essa independência do poema não designa a transcendência orgulhosa que faria da criação literária o equivalente da criação de um mundo por algum demiurgo; ela não significa nem mesmo a eternidade ou a imutabilidade da esfera poética, mas, pelo contrário, transtorna os valores habituais que atribuímos à palavra "fazer" e à palavra "ser".

Essa transformação espantosa da arte moderna, que acontece no momento em que a história propõe ao homem tarefas e objetivos muito diferentes, poderia aparecer como uma reação contra essas tarefas e esses objetivos, um esforço vazio de afirmação e de justificação. Isso não é verdade, ou só o é superficialmente. Houve casos de escritores e artistas que responderam ao apelo da comunidade por uma retirada frívola, e ao poderoso trabalho de seu século por uma glorificação ingênua de seus segredos ociosos, ou como Flaubert, por um desespero que os leva a se reconhecerem na condição que recusam. Ou então pensam salvar a arte fechando-a neles mesmos: a arte seria um estado de alma; poética significaria subjetivo.

Mas precisamente, com Mallarmé e com Cézanne, para usar simbolicamente esses dois nomes, a arte não busca esses frágeis refúgios. O que importa, para Cézanne, é a *"realização"*, não os estados de alma de Cézanne. A arte é poderosamente voltada para a obra, e a obra de arte, a obra que tem sua origem na arte, mostra-se como uma afirmação completamente diversa das obras que se medem pelo trabalho, os valores e as trocas, diversa mas não contrária: a arte não nega o mundo moderno, nem o da técnica, nem o esforço de libertação e de transformação que se apóia nessa técnica, mas exprime, e talvez realize, relações que *precedem* toda realização objetiva e técnica.

Busca obscura, difícil e atormentada. Experiência essencialmente arriscada em que a arte, a obra, a verdade e a essência da linguagem são questionadas e se põem em risco. É por isso que, ao mesmo tempo, a literatura se deprecia, se estende sobre a roda de Ixion, e o poeta se torna

PARA ONDE VAI A LITERATURA? 289

o inimigo amargo da figura do poeta. Em aparência, essa crise e essa crítica lembram apenas, ao artista, a incerteza de sua condição na civilização poderosa em que ele tem pouca participação. Crise e crítica parecem vir do mundo, da realidade política e social, parecem submeter a literatura a um julgamento que a humilha em nome da história: é a história que critica a literatura, e que empurra o poeta para um canto, colocando em seu lugar o publicitário, cuja tarefa está a serviço dos dias. Isso é verdade, mas, por uma coincidência notável, essa crítica estrangeira corresponde à experiência própria que a literatura e a arte conduzem por elas mesmas, e que as expõe a uma contestação radical. A essa contestação, o gênio céptico de Valéry e a firmeza de suas escolhas cooperam tanto quanto as violentas afirmações do surrealismo. Parece também que não há quase nada em comum entre Valéry, Hofmannsthal e Rilke. Entretanto, Valéry escreve: *"Meus versos não tiveram, para mim, outro interesse senão o de me sugerirem reflexões sobre o poeta"*; e Hofmannsthal: *"O núcleo mais interior da essência do poeta não é outra coisa senão o fato de ele saber que é poeta."* Quanto a Rilke, não o traímos se dissermos que sua poesia é a teoria cantante do ato poético. Nos três casos, o poema é a profundidade aberta sobre a experiência que a torna possível, o estranho movimento que vai da obra para a origem da obra, ela mesma transformada em busca inquieta e infinita de sua fonte.

É preciso acrescentar que, se as circunstâncias históricas exercem sua pressão sobre tais movimentos, a ponto de parecer dirigi-los (assim, diz-se que o escritor, tomando por objeto de sua atividade a essência duvidosa dessa atividade, se contenta em refletir a situação social pouco segura que é a sua), essas circunstâncias não têm poder suficiente para explicar o sentido dessa busca. Acabamos

290   *O LIVRO POR VIR*

de citar três nomes mais ou menos contemporâneos, e contemporâneos de grandes transformações sociais. Escolhemos a data de 1850 porque a revolução de 1848 é o momento em que a Europa começa a se abrir à maturidade das forças que a moldam. Mas tudo o que foi dito de Valéry, Hofmannsthal e Rilke poderia ser dito, e num nível bem mais profundo, de Hölderlin, que no entanto os precede de um século, e em quem o poema é essencialmente poema do poema (como disse, mais ou menos, Heidegger). Poeta do poeta, poeta em quem se faz canto a possibilidade, a impossibilidade de cantar, assim é Hölderlin e, para citar um novo nome, um século e meio mais jovem, assim é René Char, que lhe responde e, por essa resposta, faz surgir diante de nós uma forma de duração muito diferente da duração que capta a simples análise histórica. Isso não quer dizer que a arte, as obras de arte e ainda menos os artistas, ignorando o tempo, acedem a uma realidade subtraída ao tempo. Mesmo a "ausência de tempo" para a qual nos conduz a experiência literária não é, de modo algum, a região do intemporal, e, se pela obra de arte somos chamados ao abalo de uma iniciativa verdadeira (a uma nova e instável aparição do fato de ser), esse começo nos fala na intimidade da história, de uma maneira que talvez dê chance a possibilidades históricas iniciais. Todos esses problemas são obscuros. Considerá-los claros, ou mesmo claramente formuláveis, só poderia conduzir-nos a acrobacias de escrita e privar-nos da ajuda que nos dão, e que consiste em resistir fortemente a nós.

O que se pode pressentir é que a espantosa pergunta "Para onde vai a literatura?" aguarda talvez sua resposta da história, resposta que já lhe foi dada de certa maneira, mas ao mesmo tempo, por uma astúcia em que são postos em jogo os recursos de nossa ignorância, parece

PARA ONDE VAI A LITERATURA?

que, nessa pergunta, a literatura, tirando proveito da história a que ela se antecipa, interroga a si mesma e indica, certamente não uma resposta, mas o sentido mais profundo, mais essencial da questão própria que ela detém.

Literatura, obra, experiência

Falamos de literatura, obra e experiência; que dizem essas palavras? Parece falso ver, na arte de hoje, uma simples ocasião de experiências subjetivas ou uma dependência da estética; no entanto, quando se trata de arte, falamos sempre de experiência. Parece justo ver, na preocupação que anima os artistas e os escritores, não seu próprio interesse, mas uma preocupação que exige ser expressa em obras. As obras deveriam, pois, ser o mais importante. Mas será assim? De modo algum. O que atrai o escritor, o que impulsiona o artista não é diretamente a obra, é sua busca, o movimento que conduz a ela, a aproximação que torna a obra possível: a arte, a literatura e o que essas duas palavras dissimulam. Por isso um pintor, a um quadro, prefere os diversos estados desse quadro. E o escritor, freqüentemente, não deseja acabar quase nada, deixando em estado de fragmentos cem narrativas que tiveram a função de conduzi-lo a determinado ponto, e que ele deve abandonar para tentar ir além desse ponto. Daí que, por uma coincidência novamente espantosa, Valéry e Kafka, separados por quase tudo, próximos apenas pelo cuidado de escrever rigorosamente, juntam-se para afirmar: *"Toda a minha obra é apenas um exercício."*

Da mesma maneira, irritamo-nos ao ver as obras ditas literárias serem substituídas por uma massa cada vez maior de textos que, sob o nome de documentos, testemunhos, palavras quase brutas, parecem ignorar toda intenção literária. Dizem: isso não tem nada a ver com a criação das coisas da arte; dizem também: são testemunhos de um falso realismo. Quem sabe? Que sabemos nós dessa aproximação, mesmo que malograda, de uma região que escapa ao domínio da cultura comum? Por que essa palavra anônima, sem autor, que não toma a forma de livro, que passa e deseja passar, não nos advertiria de algo importante, algo de que aquilo que chamamos de literatura desejaria também falar? E não é notável, mas enigmático, notável como um enigma, que essa mesma palavra "literatura", palavra tardia, palavra sem honra que serve sobretudo aos manuais, que acompanha a marcha cada vez mais invasiva dos escritores de prosa, e designa, não a literatura, mas seus defeitos e excessos (como se estes lhe fossem essenciais), torne-se, no momento em que a contestação se faz mais severa, em que os gêneros se dissolvem e as formas se perdem, no momento em que, por um lado o mundo não tem mais necessidade de literatura, e por outro cada livro parece estranho a todos os outros e indiferente à realidade dos gêneros, no momento em que, além disso, o que parece exprimir-se nas obras não são as verdades eternas, os tipos, os caracteres, mas uma exigência que se opõe à ordem das essências, a literatura, assim contestada como atividade válida, como unidade dos gêneros, como mundo em que se abrigariam o ideal e o essencial, torne-se a preocupação, cada vez mais presente, embora dissimulada, daqueles que escrevem e, nessa preocupação, apresente-se a eles como aquilo que deve ser revelado em sua "essência"?

Preocupação na qual, é verdade, o que está em causa é talvez a literatura, mas não como uma realidade definida e segura, nem mesmo como um modo de atividade

PARA ONDE VAI A LITERATURA?

precisa: ela é antes aquilo que não se descobre, não se verifica e não se justifica jamais diretamente, aquilo de que só nos aproximamos desviando-nos, que só se capta indo para além dela, por uma busca que não deve preocupar-se com a literatura, com o que ela é "essencialmente", mas que se preocupa, pelo contrário, com reduzi-la, neutralizá-la ou, mais exatamente, com descer, por um movimento que finalmente lhe escapa e a negligencia, até um ponto em que apenas a neutralidade impessoal parece falar.

A não-literatura

Essas são contradições necessárias. Só importa a obra, a afirmação que está na obra, o poema em sua singularidade compacta, o quadro em seu espaço próprio. Só importa a obra, mas finalmente a obra só está ali para conduzir à busca da obra; a obra é o movimento que nos leva até o ponto puro da inspiração de que ela vem, e que só parece poder atingir desaparecendo como obra.

Só importa o livro, tal como é, longe dos gêneros, fora das rubricas, prosa, poesia, romance, testemunho, sob as quais ele se recusa a abrigar-se e às quais nega o poder de lhe atribuir seu lugar e de determinar sua forma. Um livro não pertence mais a um gênero, todo livro diz respeito somente à literatura, como se essa detivesse, de antemão, em sua generalidade, os segredos e as fórmulas exclusivas que permitem dar ao que se escreve a realidade de livro. Tudo aconteceria então como se, tendo-se dissipado os gêneros, a literatura se afirmasse sozinha, brilhasse sozinha na claridade misteriosa que propaga e que cada criação literária lhe devolve, multiplicando-a – como se houvesse, pois, uma "essência" da literatura.

Mas, precisamente, a essência da literatura escapa a toda determinação essencial, a toda afirmação que a estabilize ou mesmo que a realize; ela nunca está ali previamente, deve ser sempre reencontrada ou reinventada. Nem é mesmo certo que a palavra "literatura" ou a palavra "arte" correspondam a algo de real, de possível ou de importante. Isto já foi dito: ser artista é nunca saber que já existe uma arte, nem que já existe um mundo. Sem dúvida, o pintor vai ao museu e, por isso, tem certa consciência da realidade da pintura: ele sabe da pintura, mas seu quadro não sabe dela, sabe antes que a pintura é impossível, irreal, irrealizável. Quem afirma a literatura nela mesma não afirma nada. Quem a busca só busca o que escapa; quem a encontra só encontra o que está aquém ou, coisa pior, além da literatura. É por isso que, finalmente, é a não-literatura que cada livro persegue, como a essência do que ama e desejaria apaixonadamente descobrir.

Não se deve dizer que todo livro pertence apenas à literatura, mas que cada livro decide absolutamente o que ela é. Não se deve dizer que toda obra extrairia sua realidade e seu valor de seu poder de desvendar ou de afirmar essa essência. Pois nunca uma obra pode ter como objeto a pergunta que a conduz. Um quadro não poderia ser jamais começado se ele se propusesse tornar visível a pintura. Pode ser que todo escritor se sinta como se fosse chamado a responder sozinho, através de sua própria ignorância, pela literatura, por seu futuro que não é apenas uma questão histórica, mas, através da história, é o movimento pelo qual, ao mesmo tempo que "vai" necessariamente para fora dela mesma, a literatura pretende no entanto "voltar" a ela mesma, ao que ela é essencialmente. Talvez ser escritor seja a vocação de responder a essa pergunta, que aquele que escreve tem o dever de sus-

PARA ONDE VAI A LITERATURA? 295

tentar com paixão, verdade e maestria, e que, no entanto, ele nunca pode surpreender, e menos ainda quando se propõe a respondê-la, pergunta à qual ele pode, no máximo, dar uma resposta indireta pela obra, obra da qual nunca se é mestre, nunca se está seguro, que só deseja responder a ela mesma e que só torna a arte presente ali onde ela se dissimula e desaparece. Por que isso?

CAPÍTULO II
A BUSCA DO PONTO ZERO

Que livros, escritos, linguagem sejam destinados a metamorfoses às quais já se abrem, sem que o saibamos, nossos hábitos, mas se recusem ainda nossas tradições; que as bibliotecas nos impressionem por sua aparência de outro mundo, como se, nelas, com curiosidade, espanto e respeito descobríssemos, pouco a pouco, depois de uma viagem cósmica, os vestígios de outro planeta mais antigo, imobilizado na eternidade do silêncio, só não o perceberíamos se fôssemos muito distraídos. Ler, escrever, não duvidamos que tais palavras sejam solicitadas a ter, em nosso espírito, um papel muito diferente daquele que ainda tinham no começo do século XX: isso é evidente, qualquer rádio, qualquer tela nos advertem disso, e mais ainda esse rumor em volta de nós, esse zumbido anônimo e contínuo em nós, essa maravilhosa fala inesperada, ágil, incansável, que nos dota a cada momento de um saber instantâneo, universal, e faz de nós a mera passagem de um movimento em que cada um é sempre, de antemão, trocado por todos.

Essas previsões estão a nosso alcance. Mas eis o que é mais surpreendente: é que, bem antes das invenções da

PARA ONDE VAI A LITERATURA? 297

técnica, o uso das ondas e o apelo das imagens, teria bastado ouvir as afirmações de Hölderlin, de Mallarmé, para descobrir a direção e a extensão dessas mudanças de que nos persuadimos hoje, sem surpresa. A poesia, a arte, voltando-se para elas mesmas, por um movimento ao qual os tempos não são alheios, mas por exigências próprias que deram forma a esse movimento, projetaram e afirmaram transformações muito mais consideráveis do que essas cujas formas impressionantes percebemos agora, num outro plano, na comodidade cotidiana. Ler, escrever, falar, essas palavras, entendidas segundo a experiência em que se realizam, fazem-nos pressentir, diz Mallarmé, que, no mundo, não falamos, não escrevemos e não lemos. Não é um julgamento crítico. Que falar, escrever, que as exigências contidas nessas palavras devam cessar de convir aos modos de compreensão exigidos pela eficácia do trabalho e do saber especializado, que a fala possa não ser mais indispensável para entendermo-nos, isso não indica a indigência desse mundo sem linguagem, mas a escolha que ele fez e o vigor dessa escolha.

A dispersão

Com uma brutalidade singular, Mallarmé dividiu as regiões. De um lado, a fala útil, instrumento e meio, linguagem da ação, do trabalho, da lógica e do saber, linguagem que transmite imediatamente e que, como boa ferramenta, desaparece na regularidade do uso. Do outro, a fala do poema e da literatura, nos quais falar não é mais um meio transitório, subordinado e usual, mas procura realizar-se numa experiência própria. Essa divisão brutal, essa partilha dos impérios que tenta determinar rigorosamente as esferas, deveria pelo menos ter ajudado a literatura a se congregar em torno dela mesma, a torná-la mais visível, atribuindo-lhe uma linguagem que a distinguisse e unificasse. Mas foi ao fenômeno contrário que assistimos. Até o século XIX, a arte de escrever forma um horizonte estável, que seus praticantes não desejam arruinar ou ultrapassar. Escrever em versos é o essencial da atividade literária, e nada é mais evidente do que o verso, mesmo que, nesse quadro rígido, a poesia permaneça entretanto fugidia. Somos tentados a dizer que, pelo menos na França, e sem dúvida durante todo o período clássico da escrita, a poesia recebe a missão de concentrar nela os riscos da arte, e de salvar assim a linguagem dos perigos que a literatura a faz correr: protege-se a compreensão comum contra a poesia tornando-a muito visível, muito particular, domínio fechado por altos muros – e, ao mesmo tempo, protege-se a poesia contra ela mesma, fixando-a fortemente, impondo-lhe regras tão determinadas que o indefinido poético fica desarmado. Voltaire escreve talvez ainda em versos a fim de ser, em sua prosa, apenas o prosador mais puro e mais eficaz. Chateaubriand, que só pode ser poeta na prosa, começa a transformar a prosa em arte. Sua linguagem se torna fala de além-túmulo.

A literatura só é domínio da coerência e região comum enquanto ainda não existe, não existe para ela mesma e se dissimula. Assim que aparece, no longínquo pressentimento do que parece ser, ela explode em pedaços, entra na via da dispersão onde recusa deixar-se reconhecer por sinais precisos e determináveis. Como, ao mesmo tempo, as tradições permanecem poderosas, o humanismo continua a pedir ajuda à arte, a prosa deseja sempre combater pelo mundo, resulta disso uma confusão na qual, à primeira vista, não é razoável querer decidir do

PARA ONDE VAI A LITERATURA?

que se trata. Em geral, encontram-se causas limitadas e explicações secundárias para essa explosão. Incrimina-se o individualismo: cada um escreveria conforme si mesmo, e quer se distinguir de todos[1]. Incrimina-se a perda de valores comuns, a divisão profunda do mundo, a dissolução do ideal e da razão[2]. Ou então, para restabelecer um pouco de clareza, restauram-se as distinções da prosa e da poesia: abandona-se a poesia à desordem do imprevisível, mas nota-se que o romance domina hoje a literatura, que esta, na forma romanesca, permanece fiel às intenções usuais e sociais da linguagem, e nos limites de um gênero circunscrito permanece capaz de canalizá-la e especificá-la. Dizem freqüentemente que o romance é monstruoso, mas, com poucas exceções, é um monstro bem-educado e muito domesticado. O romance se anuncia por sinais claros que não se prestam a mal-entendidos. A predominância do romance, com suas liberdades aparentes, suas audácias que não colocam o gênero em perigo, a segurança discreta de suas convenções, a riqueza de seu conteúdo humanista, é, como outrora a predominância da poesia regrada, a expressão da necessidade que temos de nos proteger contra aquilo que torna a literatura perigosa: como se, ao mesmo tempo que o veneno, esta se apressasse a segregar para nosso uso o antídoto que permite seu consumo tranqüilo e durável. Mas talvez ela morra do que a torna inofensiva.

A essa busca de causas subordinadas, é preciso responder que a explosão da literatura é essencial, e que a

---

1. Mas não há menos queixas relativas à monotonia dos talentos e à uniformidade, à impessoalidade das obras.

2. Mas o romancista católico e o romancista comunista não têm quase nada que os distinga literariamente, o Prêmio Nobel e o Prêmio Stalin recompensam os mesmos usos, os mesmos signos literários.

dispersão em que ela entra marca também o momento em que ela se aproxima de si mesma. Não é a individualidade dos escritores que explica o fato de a escrita se colocar fora de um horizonte estável, numa região profundamente desunida. Mais profunda do que a diversidade dos temperamentos, dos humores e mesmo das existências, é a tensão de uma busca que coloca tudo em questão. Mais decisiva que o dilaceramento dos mundos, é a exigência que rejeita o próprio horizonte de um mundo. A palavra "experiência" também não deve mais fazer-nos crer que, se a literatura nos aparece hoje num estado de dispersão desconhecido em épocas anteriores, ela o deve à licença que faz dela o lugar de ensaios sempre renovados. Sem dúvida, o sentimento de uma liberdade ilimitada parece animar a mão que hoje deseja escrever: acredita-se que se pode dizer tudo e dizê-lo de todas as maneiras; nada nos retém, tudo está à nossa disposição. Tudo não é muito? Mas tudo é finalmente muito pouco, e aquele que começa a escrever, na despreocupação que o torna mestre do infinito, percebe, no fim, que, na melhor das hipóteses, consagrou todas as suas forças para buscar um único ponto.

A literatura não é mais variada do que outrora, é talvez mais monótona, assim como se pode dizer da noite que ela é mais monótona do que o dia. Ela não está desunida porque estaria mais entregue ao arbitrário daqueles que escrevem, ou porque, fora dos gêneros, das regras e das tradições, se torna o campo livre de tentativas múltiplas e desordenadas. Não é a diversidade, a fantasia e a anarquia dos experimentos que fazem da literatura um mundo disperso. É preciso exprimir-se de outra maneira, e dizer: a experiência da literatura é ela mesma experimento de dispersão, é a aproximação do que escapa à unidade, experiência do que é sem entendimento, sem acordo, sem direito – o erro e o fora, o inacessível e o irregular.

Língua, estilo, escrita

Num ensaio recente, um dos raros livros em que se inscreve o futuro das letras, Roland Barthes distinguiu a língua, o estilo e a escrita[3]. A língua é o estado da fala comum, tal como é dada a cada um de nós e a todos, em determinado momento do tempo e segundo nossa pertença a determinados lugares do mundo; escritores e não-escritores partilham-na igualmente; para a suportar dificilmente, acolhê-la constantemente ou recusá-la deliberadamente, não importa; a língua está ali, ela dá testemunho de um estado histórico em que somos lançados, que nos cerca e nos ultrapassa; é para todos o imediato, embora historicamente muito elaborada e muito distante de qualquer começo. Quanto ao estilo, ele seria a parte obscura, ligada aos mistérios do sangue, do instinto, profundidade violenta, densidade de imagens, linguagem de solidão na qual falam, cegamente, as preferências de nosso corpo, de nosso desejo, de nosso tempo secreto e fechado a nós mesmos. Assim como não escolheu sua língua, o escritor não escolheu seu estilo, a necessidade do humor, a cólera dentro de si, a tempestade ou a crispação, a lentidão ou a rapidez que lhe vêm de uma intimidade consigo mesmo, sobre as quais ele não sabe quase nada, e que dão à sua linguagem um tom tão singular quanto, a seu rosto, o ar que o torna reconhecível. Tudo isso ainda não é o que devemos chamar de literatura.

A literatura começa com a escrita. A escrita é o conjunto de ritos, o cerimonial evidente ou discreto pelo qual, independentemente do que se quer exprimir, e da ma-

---

3. Roland Barthes, *Le degré zéro de l'écriture* [trad. bras. *O grau zero da escrita*, São Paulo, Martins Fontes, 2000].

neira como o exprimimos, anuncia-se um acontecimento: que aquilo que é escrito pertence à literatura, que aquele que o lê está lendo literatura. Não é a retórica, ou é uma retórica de espécie muito particular, destinada a fazer-nos entender que entramos no espaço fechado, separado e sagrado que é o espaço literário. Por exemplo, como é mostrado num capítulo rico de reflexões sobre o romance, o passado simples francês, estranho à língua falada, serve para anunciar a arte da narrativa; ele indica previamente que o autor aceitou aquele tempo linear e lógico que é o da narração, a qual, clareando o campo do acaso, impõe a segurança de uma história bem circunscrita que, tendo tido um começo, vai com certeza para a felicidade de um fim, mesmo que este seja infeliz. O passado simples ou ainda o emprego privilegiado da terceira pessoa nos dizem: isto é um romance, assim como a tela, as cores e outrora a perspectiva nos diziam: isto é pintura.

Roland Barthes quer chegar a esta observação: houve uma época em que a escrita, sendo a mesma para todos, era acolhida por um consentimento inocente. Todos os escritores tinham, então, uma única preocupação: escrever bem, isto é, levar a língua comum a um grau mais elevado de perfeição ou de concordância com o que procuravam dizer; havia, para todos, unidade de intenção e uma moral idêntica. Não é mais assim hoje em dia. Os escritores que se distinguem por sua linguagem instintiva opõem-se ainda mais por sua atitude com relação ao cerimonial literário: se escrever é entrar num *templum* que nos impõe, independentemente da linguagem que é a nossa, por direito de nascimento e por fatalidade orgânica, um certo número de usos, uma religião implícita, um rumor que muda de antemão tudo o que podemos dizer, que o carrega de intenções tanto mais ativas quanto mais

PARA ONDE VAI A LITERATURA?

dissimuladas, escrever é primeiramente querer destruir o templo antes de o edificar; é pelo menos, antes de ultrapassar seu limiar, interrogar-se sobre as servidões daquele lugar, sobre o pecado original que constituirá a decisão de fechar-se nele. Escrever é, finalmente, recusar-se a ultrapassar o limiar, recusar-se a "escrever".

Explica-se assim, e discerne-se melhor a perda de unidade de que sofre ou se orgulha a literatura presente. Cada escritor faz da escrita seu problema, e desse problema, o objeto de uma decisão que pode mudar. Não é apenas pela visão do mundo, pelos traços da linguagem, os acasos do talento ou suas experiências particulares que os escritores se separam: desde que a literatura se mostra como um meio em que tudo se transforma (e se embeleza), desde que percebemos que esse ar não é o vazio, que essa claridade não apenas ilumina, mas deforma, dando aos objetos uma luz convencional, desde que pressentimos que a escrita literária – os gêneros, os signos, o uso do passado simples e da terceira pessoa – não é uma simples forma transparente, mas um mundo à parte onde reinam os ídolos, onde adormecem os preconceitos e vivem, invisíveis, as potências que alteram tudo, é para cada um uma necessidade procurar desligar-se desse mundo, e é uma tentação, para todos, a de arruiná-lo, a fim de o reconstruir puro de todo uso anterior, ou ainda melhor, de deixar o lugar vazio. Escrever sem "escrita", levar a literatura ao ponto de ausência em que ela desaparece, em que não precisamos mais temer seus segredos que são mentiras, esse é "o grau zero da escrita", a neutralidade que todo escritor busca, deliberadamente ou sem o saber, e que conduz alguns ao silêncio.

304   *O LIVRO POR VIR*

Uma experiência total

Essa maneira de ver[4] deveria ajudar-nos a captar melhor a extensão e a gravidade do problema que enfrentamos. Se seguirmos estritamente a análise, parece primeiramente que, livre da escrita, da linguagem ritual que tem seus usos, suas imagens, seus emblemas, suas formas experimentadas de que outras civilizações – a chinesa, por exemplo – parecem oferecer-nos modelos muito mais acabados, o escritor voltaria à língua imediata ou ainda à língua solitária que fala instintivamente nele. Mas o que significaria essa "volta"? A língua imediata não é imediata, e sobretudo, isso é essencial, logo que aquele que escreve quer agarrá-la, ela muda de natureza sob sua mão. Reconhece-se, aqui, o "salto" que é a literatura. Dispomos da linguagem comum e ela torna o real disponível, diz as coisas, dá-nos as coisas afastando-as, e ela mesma desaparece nesse uso, sempre nula e inaparente. Mas, transformada em linguagem de "ficção", torna-se inoperante, inusitada. Sem dúvida acreditamos receber ainda o que ela designa como na vida corrente, já que, ali, basta escrever a palavra "pão" ou a palavra "anjo" para dispor imediatamente, em nossa fantasia, da beleza do anjo e do sabor do pão – sim, mas em que condições? Com a condição de que o mundo em que nos é dado usar as coisas seja primeiramente destruído, que as coisas se afastem infinitamente delas mesmas, tornem-se novamente o lon-

---

4. Trata-se (eis o ponto importante) de prosseguir, com respeito à literatura, o mesmo esforço de Marx com respeito à sociedade. A literatura é alienada; ela o é, em parte, porque a sociedade com a qual se relaciona repousa sobre a alienação do homem; é também alienada por exigências que ela trai, mas hoje as trai nos dois sentidos do termo: as confessa e as engana, acreditando denunciar-se.

PARA ONDE VAI A LITERATURA? 305

gínquo indisponível da imagem; e que, também, eu não seja mais eu mesmo, e que não possa mais dizer "eu". Transformação assustadora. O que tenho pela ficção, eu o tenho, mas sob condição de o ser, e sê-lo por meio daquilo que dele me aproxima é o que me despoja de mim e de todo ser, assim como isso faz da linguagem, não mais aquilo que fala, mas o que é, a linguagem transformada em profundidade ociosa do ser, o meio em que o nome se torna ser, mas não significa nem desvenda.

Transformação assustadora, e além disso imperceptível, antes insensível, camuflando-se constantemente. O "salto" é imediato, mas o imediato escapa a toda verificação. Sabemos que só escrevemos quando o salto foi dado, mas para dá-lo é preciso primeiro escrever, escrever sem fim, escrever a partir do infinito. Querer recuperar a inocência ou a naturalidade da linguagem falada (como Raymond Queneau nos convida a fazer, não sem ironia) é pretender que essa metamorfose possa ser calculada como um índice de refração, como se se tratasse de um fenômeno imobilizado no mundo das coisas, quando ela é o próprio vazio desse mundo, um apelo que só ouvimos se nós mesmos tivermos mudado, uma decisão que entrega ao indeciso aquele que a toma. E aquilo que Roland Barthes chama de estilo, linguagem visceral, instintiva, linguagem colada à nossa intimidade secreta, aquilo que deveria portanto ser o mais próximo de nós é também o menos acessível, se é verdade que, para o captar, deveríamos não apenas afastar a linguagem literária mas também encontrar e depois fazer calar a profundidade vazia da fala incessante, o que Éluard pretendia talvez quando disse: poesia ininterrupta.

Proust fala primeiramente a linguagem de La Bruyère, de Flaubert: essa é a alienação da escrita, da qual ele se livra pouco a pouco, escrevendo sem parar, sobretudo cartas. É escrevendo, ao que parece, "tantas cartas" a "tantas pessoas", que ele desliza para o movimento de escrever que será o seu. Forma que admiramos hoje como maravilhosamente proustiana e que estudiosos ingênuos atribuem à sua estrutura orgânica. Mas quem fala aqui? Será Proust, o Proust que pertence ao mundo, que tem ambições sociais das mais vãs, uma vocação acadêmica, que admira Anatole France, que é cronista mundano no *Figaro*? Será o Proust que tem vícios, que leva uma vida anormal, que tem prazer em torturar ratos numa gaiola? Será o Proust já morto, imóvel e escondido, que seus amigos não reconhecem mais, estranho a ele mesmo, nada mais do que uma mão que escreve, que "escreve todos os dias e a todas as horas, constantemente" e como se estivesse fora do tempo, aquela mão que não pertence mais a ninguém? Dizemos Proust, mas sentimos que é o totalmente outro que escreve, não somente uma outra pessoa, mas a própria exigência de escrever, uma exigência que utiliza o nome de Proust mas não exprime Proust, que só o exprime desapropriando-o, tornando-o Outro.

A experiência que é a literatura é uma experiência total, uma questão que não suporta limites, não aceita ser estabilizada ou reduzida, por exemplo, a uma questão de linguagem (a menos que, sob esse único ponto de vista, tudo se abale). Ela é exatamente a paixão de sua própria questão, e força aquele que atrai a entrar inteiramente nessa questão. Assim, não lhe basta tornar suspeitos o cerimonial literário, as formas consagradas, as imagens rituais, a bela linguagem e as convenções da rima, do número e da narrativa. Quando encontramos um romance escrito segundo todos os usos do passado simples e da terceira pessoa, não encontramos, é óbvio, a "literatura",

PARA ONDE VAI A LITERATURA?

mas também não encontramos aquilo que a faria malograr, nada, na verdade, que impeça ou garanta sua aproximação. Centenas de romances, como existem hoje, escritos com maestria, com negligência, num belo estilo, apaixonantes, tediosos, são uns e outros igualmente estranhos à literatura, e isso não se deve nem à maestria, nem à negligência, nem à linguagem relaxada, nem à linguagem firme.

Orientando-nos para uma reflexão importante, que chama de grau zero da escrita, Roland Barthes também designou, talvez, o momento em que a literatura poderia ser agarrada. Mas, nesse ponto, ela não seria somente uma escrita branca, ausente e neutra; seria a própria experiência da "neutralidade" que jamais ouvimos, pois, quando a neutralidade fala, somente aquele que lhe impõe o silêncio prepara as condições de escuta; e, no entanto, o que há para ser ouvido é aquela fala neutra, aquilo que sempre já foi dito, que não pode cessar de dizer-se e não pode ser ouvido, tormento de que as páginas de Samuel Beckett nos dão o pressentimento.

CAPÍTULO III
"ONDE AGORA? QUEM AGORA?"

Quem fala nos livros de Samuel Beckett? Quem é esse "Eu" incansável, que aparentemente diz sempre a mesma coisa? Aonde ele quer chegar? O que espera esse autor que, afinal, deve estar em algum lugar? O que esperamos nós que o lemos? Ou então ele entrou num círculo onde gira obscuramente, arrastado pela fala errante, não privada de sentido mas privada de centro, fala que não começa nem acaba, mas é ávida, exigente, que nunca termina e cujo fim não suportaríamos, pois então teríamos de fazer a descoberta terrível de que, quando se cala, continua falando, quando cessa, persevera, não silenciosamente, pois nela o silêncio se fala eternamente.

Experiência sem saída, embora, de livro em livro, prossiga de uma maneira mais pura, rejeitando os fracos recursos que lhe permitiriam prosseguir.

É esse movimento que impressiona, em primeiro lugar. Aqui, alguém não escreve pelo honroso prazer de fazer um belo livro, e também não escreve sob aquele belo constrangimento que acreditamos poder chamar de inspiração: para dizer as coisas importantes que teria a nos dizer,

PARA ONDE VAI A LITERATURA?

ou porque essa seria sua tarefa, ou porque ele esperaria, ao escrever, avançar no desconhecido. E então, será para acabar com isso? Porque ele tenta se esquivar do movimento que o arrasta, dando a si mesmo a impressão de ainda o dominar, e porque, já que ele fala, poderia cessar de falar? Mas é ele quem fala? Qual é esse vazio que se torna fala, na intimidade daquele que aí desaparece? Onde ele caiu? *"Onde agora? Quando agora? Quem agora?"*

Na região do erro

Ele luta, isso é visível. Luta às vezes secretamente, como a partir de um segredo que nos oculta, que oculta também a si mesmo. Luta não sem esperteza, e depois com a esperteza mais profunda que consiste em mostrar seu jogo. O primeiro estratagema é o de interpor, entre ele e sua fala, máscaras e rostos. *Molloy* ainda é um livro em que aquilo que se exprime tenta tomar a forma tranqüilizante de uma história, e certamente não é uma história feliz, não apenas pelo que diz, que é infinitamente miserável, mas porque ela não consegue dizê-lo. Esse errante ao qual faltam os meios de errar (mas ele ainda tem pernas, tem até uma bicicleta), que gira eternamente em volta de um objetivo obscuro, dissimulado, confessado, novamente dissimulado, um objetivo que tem algo a ver com sua mãe morta, mas sempre agonizante, algo que, precisamente porque ele o alcança logo que o livro começa (*"Estou no quarto de minha mãe. Sou eu que vivo aqui, agora"*), o condena a errar à sua volta incessantemente, na estranheza daquilo que se dissimula e não quer revelar-se – sentimos bem que esse vagabundo está sujeito a um erro mais profundo, e que esse movimento descompassado se realiza numa região que é a da obsessão impessoal. Mas, por mais irregular que seja a visão que temos dele, Molloy continua sendo uma personagem identificável, um nome seguro que nos protege de uma ameaça mais turva. Há, entretanto, na narrativa, um movimento de desagregação inquietante: é esse movimento que, não podendo contentar-se com a instabilidade do vagabundo, exige ainda dele que, no fim, se desdobre, se torne um outro, se torne o policial Moran, o qual o persegue sem o atingir, e nessa perseguição entra, por sua vez, na via do erro sem fim. Sem o saber, Molloy se torna Moran, isto é, um outro, isto é, afinal ainda outra personagem, metamorfose que não perturba o elemento de segurança da história, introduzindo nela um sentido alegórico, talvez decepcionante, pois não o sentimos digno da profundidade que ali se dissimula.

Malone morre vai aparentemente mais longe. Aqui, o vagabundo se tornou um moribundo, e o espaço em que ele deve errar não oferece mais o recurso da cidade com cem ruas, com o horizonte livre da floresta e do mar, que *Molloy* ainda nos oferecia. Não há mais do que o quarto, o leito, há o bastão com o qual aquele que morre puxa ou empurra as coisas, aumentando assim o círculo de sua imobilidade, e sobretudo o lápis que o aumenta ainda mais, fazendo de seu espaço o espaço infinito das palavras e das histórias. Malone, como Molloy, é um nome e um rosto, e é também uma série de narrativas, mas essas narrativas não repousam mais sobre elas mesmas; longe de serem contadas para que o leitor acredite nelas, são imediatamente denunciadas em seu artifício de histórias inventadas: "*Desta vez, sei aonde vou... Agora é um jogo, vou jogar... Acho que poderei me contar quatro histórias, cada uma com um tema diferente.*" Por que essas histórias vãs? Para

PARA ONDE VAI A LITERATURA? 311

preencher o vazio no qual Malone sente estar caindo; por angústia diante do tempo vazio que vai tornar-se o tempo infinito da morte; para não deixar falar esse tempo vazio, e o único modo de o fazer calar é obrigá-lo a dizer, custe o que custar, alguma coisa, alguma história. Assim, o livro não é mais do que um meio de trapacear abertamente; daí o compromisso rascante que o desequilibra, o entrechoque de artifícios em que a experiência se perde, pois as histórias continuam sendo histórias; o brilho, a habilidade sarcástica dessas histórias, tudo o que lhes dá forma e interesse as desliga também de Malone, o moribundo, as desliga do tempo de sua morte para ligá-las ao tempo habitual da narrativa em que não acreditamos, e que aqui não nos importa, pois esperamos alguma coisa bem mais importante.

O inominável

Em *O inominável*, é verdade que as histórias tentam manter-se. O moribundo tinha um leito, um quarto; Mahood é um dejeto preso dentro da jarra que serve para decorar a entrada de um restaurante. Há também Worm, aquele que não nasceu e só tem por existência a opressão de sua incapacidade de ser; ao mesmo tempo, passam antigas figuras, fantasmas sem substância, imagens vazias girando mecanicamente em volta de um centro vazio ocupado por um "Eu" sem nome. Mas agora tudo mudou e a experiência entra em sua verdadeira profundidade. Não se trata mais de personagens sob a proteção tranqüilizante de seu nome pessoal, não se trata mais de uma narrativa, nem mesmo de uma narrativa conduzida no presente, sob a forma de monólogo interior. O que era narrativa tornou-se luta, o que tomava algum aspecto, mesmo que fosse o de seres em farrapos e em pedaços, é agora sem rosto. Quem fala aqui? Quem é esse Eu condenado a falar sem repouso, aquele que diz: *"Sou obrigado a falar. Nunca me calarei. Nunca?"* Por uma convenção tranqüilizadora, respondemos: é Samuel Beckett. Assim, parecemos acolher o que há de pesado numa situação que, não sendo fictícia, evoca o tormento verdadeiro de uma existência real. A palavra "experiência" faria alusão a algo que é verdadeiramente experimentado. Mas, dessa maneira, também buscamos reencontrar a segurança de um nome, e situar o "conteúdo" do livro naquele nível pessoal em que o que acontece ocorre sob a garantia de uma consciência, num mundo que nos poupa da infelicidade maior, a de ter perdido o poder de dizer Eu. Mas *O inominável* é precisamente uma experiência vivida sob a ameaça do impessoal, a aproximação de uma fala neutra que fala sozinha, que atravessa aquele que a escuta, que é sem intimidade, exclui toda intimidade, e que não podemos fazer calar, pois é o incessante, o interminável.

Então, quem fala aqui? Será o "autor"? Mas quem poderá designar esse nome se, de qualquer maneira, aquele que escreve já não é Beckett, mas a exigência que o arrastou para fora de si, o desapossou e o desalojou, entregou-o ao fora, fazendo dele um ser sem nome, o Inominável, um ser sem ser que não pode nem viver, nem morrer, nem cessar, nem começar, o lugar vazio em que fala a ociosidade de uma fala vazia e que é recoberta, bem ou mal, por um Eu poroso e agonizante.

É essa metamorfose que se anuncia aqui. É na intimidade dessa metamorfose que erra, numa vagabundagem imóvel em que luta, com uma perseverança que não significa algum poder mas a maldição do que não pode in-

PARA ONDE VAI A LITERATURA?

313

terromper-se, uma sobrevivência falante, o resto obscuro que não quer ceder.

Deveríamos, talvez, admirar um livro privado deliberadamente de todos os recursos, que aceita começar no ponto em que não há mais continuação possível, que ali se mantém obstinadamente, sem trapaça, sem subterfúgio, e faz ouvir, ao longo de trezentas páginas, o mesmo movimento desencontrado, a estagnação do que jamais avança. Mas isso ainda é o ponto de vista do leitor alheio, que considera tranqüilamente o que lhe parece ser um feito notável. Não há nada de admirável numa provação à qual não podemos nos furtar, nada que atraia a admiração no fato de estar preso e de dar voltas num espaço do qual não se pode sair nem mesmo pela morte, pois, para ali cair, foi preciso exatamente já ter caído fora da vida. Os sentimentos estéticos não cabem mais aqui. Talvez não estejamos em presença de um livro, mas talvez se trate de bem mais do que um livro: da aproximação pura do movimento de que vêm todos os livros, do ponto originário em que, sem dúvida, a obra se perde, que arruína permanentemente a obra, que restaura nela a ociosidade sem fim, mas com a qual é preciso também manter uma relação cada vez mais essencial, sob pena de não ser nada. O Inominável está condenado a esgotar o infinito: *"Não tenho nada a fazer, isto é, nada em particular. Tenho de falar, isso é vago. Tenho de falar não tendo nada a dizer, somente as palavras dos outros. Não sabendo falar, não querendo falar, tenho de falar. Ninguém me obriga a isso, não há ninguém, é um acidente, é um fato. Nada poderá jamais dispensar-me disso, não há nada, nada a descobrir, nada que diminua o que resta para ser dito, tenho de beber o mar, há pois um mar."*

314   *O LIVRO POR VIR*

Genet

Como isso aconteceu? Sartre mostrou como a literatura, exprimindo o "mal" profundo cuja opressão Genet teve de suportar, deu a ele, pouco a pouco, maestria e poder, fazendo-o elevar-se da passividade à ação, do informe à figura, e mesmo de uma poesia indecisa a uma prosa suntuosa e decidida. "*Nossa Senhora das Flores*, sem que o autor o perceba, é o diário de uma desintoxicação, de uma conversão: Genet se desintoxica dele mesmo e se volta para outrem; esse livro realiza a própria desintoxicação: nascido de um pesadelo, produto orgânico, condensação de sonhos, epopéia da masturbação, ele opera linha a linha, da morte à vida, do sonho ao despertar, da loucura à sanidade, uma passagem marcada por quedas..." "Infectando-nos com seu mal, ele se livra dele, e cada livro seu é uma crise de possessão catártica, um psicodrama: aparentemente, cada um deles apenas reproduz o precedente, mas, em cada um, esse possuído domina um pouco mais o demônio que o possui..."

Essa é uma forma de experiência que podemos chamar de clássica, aquela de que a interpretação tradicional das palavras de Goethe, "Poesia é libertação", garantiu a fórmula. *Os cantos de Maldoror* são também uma ilustração disso, já que ali vemos, pela força das metamorfoses, a paixão das imagens, a volta dos temas cada vez mais obsedantes, surgir pouco a pouco, do fundo da noite e por meio da própria noite, a realidade de seu rosto: assim nasce Lautréamont. Mas seria imprudente acreditar que a literatura, quando parece conduzir-nos à luz, conduza ao gozo pacífico da claridade racional. A paixão da luz comum que, em Lautréamont, já se eleva até a exaltação ameaçadora da banalidade, a paixão da linguagem comum que

PARA ONDE VAI A LITERATURA? 315

se destrói ao tornar-se afirmação sarcástica do lugar-comum e do pastiche levam-no também a perder-se no ilimitado da luz em que ele desaparece. Da mesma forma, para Genet, Sartre viu perfeitamente que, se a literatura parece abrir ao homem uma saída e facilitar-lhe o êxito da maestria, quando tudo deu certo, ela descobre bruscamente a falta de saída que lhe é própria, ou descobre ainda o malogro absoluto desse êxito e dissolve-se ela mesma na insignificância de uma carreira acadêmica. "No tempo de *Nossa Senhora das Flores*, o poema era a saída. Mas hoje, desperto, racionalizado, sem angústia pelo amanhã, sem horror, por que ele escreveria? Para se tornar um homem de letras? É justamente o que ele não quer... Imagina-se que um autor cuja obra resulta de uma necessidade tão profunda, cujo estilo é uma arma forjada com uma intenção tão precisa, do qual cada imagem, cada raciocínio resume tão claramente a vida toda, não pode de repente começar a falar de outra coisa... Quem perde ganha: ganhando o título de escritor, ele perde ao mesmo tempo a necessidade, o desejo, a ocasião e os meios de escrever."

Resta porém um modo clássico de descrever a experiência literária, segundo o qual o escritor se livra felizmente da parte sombria dele mesmo, numa obra em que esta se torna, por milagre, a ventura e a claridade própria da obra, e encontra um refúgio, ou melhor, o desabrochamento de seu eu solitário numa comunicação livre com outrem. Foi o que afirmou Freud, insistindo sobre as virtudes da sublimação, com aquela confiança tão comovente nos poderes da consciência e da expressão que ele tinha conservado. Mas as coisas não são sempre tão simples, e é preciso dizer que há um outro nível da experiência no qual vemos Michelangelo tornar-se cada vez mais atormentado, e Goya cada vez mais possuído, assim como o claro e alegre Nerval acabar enforcado num poste, e Hölderlin morrer para si mesmo, perdendo a posse racional de si mesmo por ter entrado no movimento demasiadamente forte do devir poético.

A aproximação de uma fala neutra

Como isso acontece? Só podemos sugerir, aqui, dois campos de reflexão: o primeiro, é que a obra não é de modo algum, para o homem que se põe a escrever, um recinto fechado no qual permanece, em seu eu tranqüilo e protegido, ao abrigo das dificuldades da vida. Talvez ele acredite mesmo estar protegido contra o mundo, mas é para expor-se a uma ameaça muito maior, e mais perigosa, porque ela o encontra desprevenido: aquela mesma que lhe vem do fora, do fato de que ele se mantém no fora. E contra essa ameaça ele não deve defender-se, deve, pelo contrário, entregar-se a ela. A obra exige que o homem que escreve se sacrifique por ela, se torne outro, se torne não um outro com relação ao vivente que ele era, o escritor com seus deveres, suas satisfações e seus interesses, mas que se torne ninguém, o lugar vazio e animado onde ressoa o apelo da obra.

Mas por que a obra exige essa transformação? Podemos responder: porque ela não poderia encontrar seu ponto de partida no que é familiar, e porque busca o que nunca antes foi pensado, nem ouvido, nem visto; mas essa resposta parece deixar de lado o essencial. Podemos ainda responder: porque ela priva o escritor, homem vivo e vivendo numa comunidade em que tem poder sobre o útil, apóia-se na consistência das coisas feitas ou a fazer, e participa, quer queira, quer não, na variedade de um pro-

PARA ONDE VAI A LITERATURA? 317

jeto comum; porque priva esse vivente de mundo, dando-lhe por morada o espaço do imaginário; e é, em parte, o mal-estar de um homem caído fora do mundo e, nessa distância, doravante incapaz de morrer e de nascer, atravessado por fantasmas, suas criaturas, nas quais ele não acredita e que não lhe dizem nada, o mal-estar evocado pelo *Inominável*. Entretanto, essa ainda não é a verdadeira resposta. Encontramo-la antes no movimento que, à medida que a obra tenta realizar-se, a traz de volta ao ponto em que enfrenta a impossibilidade. Ali, a fala não fala mais, ela é; nela nada começa, nada se diz, mas ela continua sendo e sempre recomeça.

É essa aproximação da origem que torna cada vez mais ameaçadora a experiência da obra, ameaçadora para aquele que a porta, ameaçadora para a obra. Mas é também somente essa aproximação que faz da arte uma busca essencial, e é por tê-la tornado sensível da maneira mais abrupta que *O inominável* tem mais importância para a literatura do que a maior parte das obras "bem-sucedidas" que ela nos oferece. Tentemos ouvir "*essa voz que fala, sabendo que é mentirosa, indiferente ao que diz, demasiadamente velha, talvez, e demasiadamente humilhada para poder dizer algum dia, enfim, as palavras que a farão cessar*". E tentemos descer a essa região neutra em que se afunda, doravante entregue às palavras, aquele que, para escrever, caiu na ausência de tempo, ali onde é preciso morrer de uma morte sem fim: "*... as palavras estão em toda parte, fora de mim, vejam só, há pouco eu não tinha espessura, eu as ouço, não é preciso ouvi-las, não é preciso ter uma cabeça, é impossível detê-las, existo em palavras, sou feito de palavras, das palavras dos outros, que outros, o lugar também, o ar também, as paredes, o solo, o teto, palavras, todo o universo está aqui, comigo, sou o ar, as paredes, emparedado, tudo cede,* *se abre, deriva, reflui, flocos, sou todos esses flocos, cruzando-se, unindo-se, separando-se, em qualquer lugar que eu vá me reencontro, me abandono, vou para mim mesmo, venho de mim, sempre só eu, uma parcela de mim, retomada, perdida, escapada, palavras, sou todas essas palavras, todas essas estrangeiras, essa poeira de verbo, sem fundo onde apoiar-se, sem céu onde dissipar-se, encontrando-se para dizer, esquivando-se para dizer, que eu sou todas elas, as que se unem, as que se separam, as que se ignoram, e não outra coisa, se, qualquer outra coisa, que sou outra coisa, uma coisa muda, num lugar duro, vazio, fechado, seco, nítido, negro, onde nada se move, nada fala, e escuto, e ouço, e busco, como um animal nascido em jaula de animais nascidos em jaula de animais nascidos em jaula de animais nascidos em jaula..."*

CAPÍTULO IV
MORTE DO ÚLTIMO ESCRITOR

Podemos sonhar com o último escritor, com o qual desapareceria, sem que ninguém o percebesse, o pequeno mistério da escrita. Para dar um ar fantástico à situação podemos imaginar que esse Rimbaud, ainda mais mítico do que o verdadeiro, ouve calar-se nele a fala que com ele morre. Podemos enfim supor que seria percebido, de certa maneira, no mundo e no círculo das civilizações, esse fim definitivo. O que resultaria disso? Aparentemente, um grande silêncio. É o que se diz, polidamente, quando algum escritor desaparece: uma voz se calou, um pensamento se dissipou. Que silêncio, então, se mais ninguém falasse daquela maneira eminente que é a fala das obras, acompanhada do rumor de sua reputação!

Sonhemos com isso. Épocas assim existiram, existirão, essas ficções são realidade em certo momento da vida de cada um de nós. Para surpresa do senso comum, no dia em que essa luz se extinguir, não será pelo silêncio, mas pelo recuo do silêncio, por um rasgão na espessura do silêncio e, através desse rasgão, a aproximação de um ruído novo, que se anunciará a era sem palavras. Nada de gra-

320   *O LIVRO POR VIR*

ve, nada de ruidoso: apenas um murmúrio que nada acrescentará ao grande tumulto das cidades que suportamos ouvir. Seu único caráter: ele é incessante. Uma vez ouvido, não poderá deixar de se fazer ouvir, e como nunca o ouvimos verdadeiramente, como escapa à escuta, escapa também a toda distração, tanto mais presente quanto mais tentarmos evitá-lo: a repercussão antecipada do que não foi dito e jamais o será.

A fala secreta sem segredo

Não é um ruído, embora, à sua aproximação, tudo se torne ruído à nossa volta (e é preciso lembrar que ignoramos, hoje, o que seria um ruído). É antes uma fala: isso fala, isso não pára de falar, é como um vazio falante, um leve murmúrio, insistente, indiferente, que sem dúvida é o mesmo para todos, que é sem segredo e, no entanto, isola cada um, separa-o dos outros, do mundo e dele mesmo, arrastando-o por labirintos zombeteiros, atraindo-o para um lugar cada vez mais longínquo, por uma fascinante repulsa, abaixo do mundo comum das palavras cotidianas.

A estranheza dessa fala é que ela parece dizer algo, enquanto talvez não diga nada. Ainda mais, parece que a profundidade nela fala, e o inédito nela se faz ouvir. Embora seja espantosamente fria, sem intimidade e sem felicidade, parece falar a cada um, parece dizer-lhe o que lhe seria mais próximo, se pelo menos pudesse ser fixada por um instante. Ela não é enganadora, pois não promete nem diz nada, falando sempre para um só mas impessoal, falando do interior embora seja o próprio fora, presente num lugar único onde, ouvindo-a, poderíamos ouvir tudo, mas é em lugar nenhum, em toda parte; e silenciosa, pois

PARA ONDE VAI A LITERATURA?

é o silêncio que fala, que se tornou essa falsa fala que não se ouve, essa fala secreta sem segredo.

Como fazê-la calar? Como ouvi-la, como não a ouvir? Ela transforma o dia em noite, faz das noites sem sono um sonho vazio e penetrante. Está abaixo de tudo o que se diz, por detrás de cada pensamento familiar, submergindo, engolindo imperceptivelmente todas as palavras honestas do homem, como um terceiro em cada diálogo, como um eco em cada monólogo. E sua monotonia poderia fazer crer que ela reina pela paciência, que esmaga por sua ligeireza, que dissipa e dissolve todas as coisas como o nevoeiro, impedindo os homens de se amarem pelo fascínio sem objeto com que substitui toda paixão. O que é, então? Uma fala humana? Divina? Uma fala que não foi pronunciada e que deseja sê-lo? Será uma fala morta, espécie de fantasma, inocente e atormentador como o são os espectros? Será a própria ausência de toda fala? Ninguém ousa discuti-lo, nem mesmo aludir a isso. E cada um, em sua solidão dissimulada, busca um modo próprio de torná-la vã, e é isso mesmo que ela deseja, ser vã e cada vez mais vã: é a forma de sua dominação.

Um escritor é aquele que impõe silêncio a essa fala, e uma obra literária é, para aquele que sabe penetrar nela, uma preciosa morada de silêncio, uma defesa firme e uma alta muralha contra essa imensidade falante que se dirige a nós, desviando-nos de nós. Se, nesse Tibete imaginário onde já não se descobririam em ninguém os sinais sagrados, toda literatura cessasse de falar, o que faria falta é o silêncio, e é essa falta de silêncio que revelaria, talvez, o desaparecimento da fala literária.

Diante de toda grande obra de arte plástica, a evidência de um silêncio particular nos atinge, como uma surpresa que nem sempre é um repouso: um silêncio sensível, às vezes autoritário, às vezes soberanamente indiferente, às vezes agitado, animado e alegre. E o livro verdadeiro tem sempre algo de estátua. Ele se eleva e se organiza como uma potência silenciosa que dá forma e firmeza ao silêncio e pelo silêncio.

Poderíamos objetar que, no mundo onde faltará de repente o silêncio da arte, e onde se afirmará a nudez obscura de uma fala nula e estrangeira, capaz de destruir todas as outras, haverá ainda, se não houver mais artistas nem escritores novos, o tesouro das obras antigas, o asilo dos Museus e das Bibliotecas, onde cada um poderá vir clandestinamente em busca de um pouco de calma e de ar silencioso. Mas é preciso supor que, no dia em que a fala errante se impuser, assistiremos a um desregramento muito particular de todos os livros: a uma reconquista, por ela, das obras que a haviam momentaneamente dominado, e que são sempre mais ou menos suas cúmplices, pois ela detém o segredo destas. Existe, em toda Biblioteca bem-feita, um Inferno onde ficam os livros que não devem ser lidos. Mas há, em cada grande livro, um outro inferno, um centro de ilegibilidade onde vela e espera a força escondida da fala que não é uma fala, doce hálito da eterna repetição.

De modo que os mestres daquele tempo, como não é muito ousado imaginar, não pensarão em abrigar-se em Alexandria, mas em condenar sua Biblioteca ao fogo. Com certeza, um grande nojo dos livros se apossará de todos: uma cólera contra eles, um desamparo veemente, e a violência miserável que observamos em todos os períodos de fraqueza que atraem a ditadura.

O ditador

O ditador, palavra que faz refletir. Ele é o homem do *dictare*, da repetição imperiosa que, cada vez que se anun-

PARA ONDE VAI A LITERATURA? 323

cia o período da palavra estrangeira, pretende lutar contra ela pelo rigor de um comando sem réplica e sem conteúdo. Opõe, àquilo que é murmúrio sem limite, a nitidez da palavra de ordem; substitui a insinuação do que não se ouve pelo grito peremptório; troca a queixa errante do espectro de *Hamlet*, que, como uma velha toupeira sob a terra, vagueia de um lugar a outro, sem poder e sem destino, pela fala fixada da razão real, que comanda e jamais duvida. Mas esse perfeito adversário, o homem providencial suscitado para cobrir, com seus gritos e suas decisões de ferro, o nevoeiro da ambigüidade da fala espectral, não será ele, na realidade, suscitado por ela? Não é ele sua paródia, sua máscara ainda mais vazia, sua réplica mentirosa quando, chamado pelos homens cansados e infelizes, para fugir ao terrível rumor da ausência – terrível, mas não enganador –, volta-se para a presença do ídolo categórico que só pede docilidade e promete o grande repouso da surdez interior?

Assim, os ditadores vêm naturalmente tomar o lugar dos escritores, dos artistas e dos pensadores. Mas, enquanto a fala vazia do comando é o prolongamento assustado e mentiroso do que se prefere ouvir, berrando nas praças públicas, a acolhê-lo e pacificá-lo em si mesmo, por um grande esforço de atenção, o escritor tem uma tarefa muito diferente e também uma responsabilidade muito diversa: a de entrar, mais do que ninguém, numa relação de intimidade com o rumor essencial. É somente a esse preço que ele pode impor-lhe o silêncio, ouvi-lo nesse silêncio e depois exprimi-lo, metamorfoseado.

Não existe escritor sem essa aproximação, sem a passagem por essa prova. Cada fala não-falante se parece muito com a inspiração, mas não se confunde com ela; conduz somente àquele lugar, único para cada um, o in-

324 O LIVRO POR VIR

ferno ao qual desceu Orfeu, lugar da dispersão e da discórdia, onde de repente é preciso enfrentá-la e achar, em si mesmo, nela e na experiência de toda arte, o que transforma a impotência em poder, o erro em caminho e a fala não-falante num silêncio a partir do qual ela pode verdadeiramente falar, e deixar falar nela a origem, sem destruir os homens.

A literatura moderna

Não são coisas simples. A tentação que a literatura atual sente, de se aproximar cada vez mais do murmúrio solitário, está ligada a muitas causas, características de nosso tempo, da história, do próprio movimento da arte, e tem por efeito fazer-nos quase ouvir, em todas as grandes obras modernas, o que estaríamos expostos a ouvir se, de repente, não houvesse mais arte nem literatura. É por isso que essas obras são únicas, e por isso também que elas nos parecem perigosas, pois nasceram imediatamente do perigo e mal o controlam.

Há certamente muitos meios (tantos quanto obras e estilos de obra) de dominar a palavra do deserto. A retórica é um desses meios de defesa, concebido de modo eficaz, e mesmo diabolicamente montado, para conjurar o perigo, mas também para torná-lo necessário e imperioso nos pontos justos em que as relações com ele podem tornar-se leves e proveitosas. Mas a retórica é uma proteção tão perfeita que esquece a razão pela qual foi organizada: não apenas para afastar, mas para atrair, desviando-a, a imensidão falante; para ser um posto avançado no meio da agitação das areias, e não um pequeno dique de fantasia que os passeantes vêm visitar aos domingos.

PARA ONDE VAI A LITERATURA?

Podemos notar que alguns "grandes" escritores têm algo de peremptório na voz, no limite do tremor e da crispação, que evoca, no âmbito da arte, a dominação do *dictare*. Diríamos que se apóiam sobre eles mesmos, ou sobre alguma crença, sobre sua consciência firme, mas logo fechada e limitada, a fim de tomar o lugar do inimigo que está neles e que só conseguem ensurdecer com a soberba de sua linguagem, a altura de sua voz e a firme decisão de sua fé, ou de sua falta de fé.

Outros têm o tom neutro, o apagamento e a transparência levemente turva pela qual parecem oferecer, à palavra solitária, uma imagem dominada daquilo que ela é, e como um espelho gelado, para que ela seja tentada a nele refletir-se – mas, freqüentemente, o espelho permanece vazio.

Admirável Michaux, o escritor que, no mais íntimo de si, uniu-se à voz estrangeira, e de repente desconfia que caiu na armadilha, e que aquilo que ali se exprime, com sobressaltos de humor, não é mais sua voz, mas uma voz que imita a sua. Para surpreendê-la e recuperá-la, ele possui os recursos de um humor redobrado, uma inocência calculada, desvios de esperteza, recuos, abandonos e, no momento em que vai perecer, a ponta súbita, acerada, de uma imagem que fura o véu do rumor. Combate extremo, vitória maravilhosa, mas despercebida.

Há também a tagarelice, e o que se chamou de monólogo interior, que não reproduz de nenhuma maneira, como se sabe, aquilo que o homem diz a si mesmo, pois o homem não fala consigo, e a intimidade do homem não é silenciosa mas, na maior parte do tempo, é muda, reduzida a alguns sinais espaçados. O monólogo interior é uma imitação muito grosseira, que só imita os traços aparentes do fluxo ininterrupto e incessante da fala não-falante. Não o esqueçamos, a força dessa fala reside em sua fraqueza, ela não se ouve, é por isso que não cessamos de ouvi-la, ela está o mais perto possível do silêncio, e é por isso que o destrói completamente. Enfim, o monólogo interior tem um centro, aquele "Eu" que traz tudo para si mesmo, enquanto a outra fala não tem centro, é essencialmente errante e sempre de fora.

É preciso impor-lhe silêncio. É preciso reconduzi-la ao silêncio que está nela. É preciso que ela se esqueça de si mesma, por um instante, para poder nascer, por uma tripla metamorfose, a uma fala verdadeira: a do Livro, diria Mallarmé.

CAPÍTULO V
O LIVRO PORVIR

I. *Ecce liber*

O Livro: o que significava essa palavra para Mallarmé? A partir de 1866, ele sempre pensou e disse a mesma coisa. Entretanto, o mesmo não é sempre o mesmo. Uma das tarefas seria a de mostrar por que e como essa repetição constitui o movimento que lhe abre, lentamente, um caminho. Tudo o que ele tem a dizer parece fixado desde o começo e, ao mesmo tempo, os traços comuns só o são grosseiramente.

Livro numeroso

Traços comuns: o livro, que desde o começo já é o Livro, o essencial da literatura, é também um livro, "simplesmente". Esse livro único é feito de vários volumes: cinco volumes, diz ele em 1866, muitos tomos, afirma ainda em 1885[5]. Por que essa pluralidade? Ela surpreende, vinda de

---

5. Em 1867, ele "delimita" o desenvolvimento da Obra a três poemas em verso e quatro poemas em prosa. Em 1871, mas aqui o pensamento

328   *O LIVRO POR VIR*

um escritor raro e que, sobretudo em 1885, não podia duvidar de tudo o que nele se recusava à extensão do discurso. Em sua jovem maturidade, ele parece precisar de um livro com várias faces, com um lado voltado para o que chama de Nada, outro para a Beleza, como a Música e as Letras, dirá ele mais tarde, *"são a face alternativa aqui alargada em direção ao obscuro; cintilante, ali, com certeza de um fenômeno, o único"*. Vemos que, desde então, essa pluralidade única vem da necessidade de dispor em patamares, segundo diferentes níveis, o espaço criador, e se ele fala tão corajosamente, naquela época, do plano da Obra como de uma tarefa já acabada, é porque medita sobre sua estrutura, a qual já existe em seu espírito previamente ao conteúdo[6].

Outro traço invariável: desse livro, ele vê primeiro a disposição necessária, livro *"arquitetural e premeditado, e não uma compilação de inspirações do acaso, mesmo que maravilhosas"*. Essas afirmações são tardias (1885), mas, desde 1868, ele diz que seu livro é *"tão bem preparado e hierarquizado"* (em outro lugar, diz: *"perfeitamente delimitado"*) que o autor não pode subtrair nada dele, nem mesmo colher nele determinada *"impressão"*, determinado pensamento ou disposição mental. Daí esta notável conclusão: se ele qui-

---

é um pouco diferente, anuncia um volume de contos, um volume de poesias, um volume de crítica. No manuscrito póstumo, publicado por Jacques Scherer, prevê quatro volumes, capazes de diversificarem-se em vinte tomos.

6. Mais tarde, ele exprimirá assim a ligação que, de um volume a vários outros, repete e amplifica as relações múltiplas presentes em cada um deles, e prontas para ali se desenvolverem, para se destacarem: *"Alguma simetria, paralelamente, que, da situação dos versos na peça se liga à autenticidade da peça no volume, voa, abre o volume, inscrevendo em vários, no espaço espiritual, a rubrica ampliada do gênio anônimo e perfeito como uma existência de arte"* (*Œuvres complètes*, Pléiade, Gallimard, p. 367).

PARA ONDE VAI A LITERATURA? 329

ser, doravante, escrever algo fora da Obra, só poderá escrever um *"soneto nulo"*. Isso anuncia estranhamente o futuro, pois essa exigência de reservar o Livro – que nunca será mais do que sua própria reserva – parece havê-lo destinado a não escrever mais do que poemas nulos, isto é, a dar força e existência poética somente àquilo que *existe* fora de tudo (e fora do livro que é esse tudo), mas, assim fazendo, a descobrir o próprio centro do Livro.

... sem acaso

O que significam as palavras "premeditado, arquitetural, delimitado, hierarquizado"? Todas indicam uma intenção calculadora, a disposição de um poder de extrema reflexão, capaz de organizar necessariamente o conjunto da obra. Trata-se, primeiramente, de uma preocupação simples: escrever segundo regras de composição estrita; em seguida, de uma exigência mais complexa: escrever de uma maneira rigorosamente refletida, de acordo com a maestria do espírito e para assegurar-lhe seu pleno desenvolvimento. Mas há ainda outra intenção, representada pela palavra "acaso", e a decisão de suprimir o imprevisto. Em princípio, é sempre a mesma vontade de uma forma regrada e reguladora. Em 1866, ele escreve a Coppée: *"O acaso não enceta um verso, isto é a grande coisa."* Mas acrescenta: *"Vários de nós atingimos isso, e creio que as linhas tão perfeitamente delimitadas, aquilo a que devemos visar acima de tudo é que, no poema, as palavras – que já são por elas mesmas suficientes, não necessitando receber nenhuma impressão de fora – reflitam-se umas nas outras até parecerem não ter mais sua cor própria, mas serem somente as transições de uma escala musical."* Temos aí muitas afirmações que os textos

330   *O LIVRO POR VIR*

posteriores aprofundarão. Decisão de excluir o acaso, mas em concordância com a decisão de excluir as coisas reais e de recusar, à realidade sensível, o direito à designação poética. A poesia não responde ao apelo das coisas. Ela não está destinada a preservá-las, nomeando-as. Pelo contrário, a linguagem poética é *"a maravilha de transpor um fato natural para seu quase desaparecimento vibratório"*. O acaso será vencido pelo livro se a linguagem, indo até o extremo de seu poder, atacando a substância concreta das realidades particulares, não deixar mais aparente senão *"o conjunto das relações existentes em tudo"*. A poesia se torna então o que seria a música, se reduzida à sua essência silenciosa: um andamento e um desdobramento de puras relações, isto é, a mobilidade pura.

A tensão contra o acaso significa: ora o trabalho de Mallarmé para acabar, pela técnica própria do verso e considerações de estrutura, a obra transformadora das palavras; ora uma experiência de caráter místico ou filosófico, aquela que a narrativa *Igitur* executou, com uma riqueza enigmática e parcialmente realizada.

Limitando-me aqui a alguns pontos de referência, quero somente lembrar que as relações de Mallarmé com o acaso são dadas num duplo encaminhamento: por um lado, é a busca de uma obra necessária que o orienta para uma poesia de ausência e de negação, em que nada de anedótico, nem de real, nem de fortuito deve ter lugar. Mas, por outro lado, dessas poderosas negativas, que agem também na linguagem e que ele só parece usar para chegar, rasurando o que é vivo, a uma fala rigorosa, sabemos que faz uma experiência direta, de uma importância essencial, experiência que poderíamos chamar de imediata, se precisamente o imediato não fosse "imediatamente" negado nessa experiência. Lembremos somente a declaração de 1867, a Lefébure: "*Criei minha obra somente por eliminação, e toda verdade adquirida nascia somente da perda de uma impressão que, tendo cintilado, tinha-se consumado e me permitia, graças às suas trevas dissolvidas, avançar mais profundamente na sensação das Trevas Absolutas. A Destruição foi minha Beatriz.*"

... impersonalizado

O livro que é o Livro é um livro entre outros. É um livro numeroso, que parece se multiplicar por ele mesmo, por um movimento que lhe é próprio e no qual a diversidade do espaço em que se desenvolve, segundo diferentes profundidades, realiza-se necessariamente. O livro necessário é subtraído ao acaso. Escapando ao acaso por sua estrutura e sua delimitação, realiza a essência da linguagem, que desgasta as coisas transformando-as em sua ausência e abrindo essa ausência ao devir rítmico, que é o movimento puro das relações. O livro sem acaso é um livro sem autor: impessoal. Essa afirmação, uma das mais importantes de Mallarmé, continua colocando-nos em dois planos: um, que responde às pesquisas de técnica e de linguagem (é, por assim dizer, o lado Valéry de Mallarmé); outro, que responde a uma experiência, aquela que as cartas de 1867 vulgarizaram. Uma não existe sem a outra, mas suas relações não foram elucidadas.

Seria necessário um estudo minucioso para precisar todos os níveis em que Mallarmé dispõe sua afirmação. Às vezes, ele quer dizer somente que o livro deve permanecer anônimo: o autor se limitará a não assiná-lo ("*admitido o volume não comportar nenhum signatário*"). Não há relações diretas, e ainda menos de posse, entre o poema e o poeta. Este não pode atribuir-se aquilo que escreve.

332   *O LIVRO POR VIR*

E aquilo que escreve, mesmo que sob seu nome, permanece essencialmente sem nome.

Por que esse anonimato? Podemos ver uma resposta quando Mallarmé fala do livro como se este já existisse, inato em nós e escrito na natureza: "*Acredito que tudo isso está escrito na natureza, de modo que só se deixe de olhos fechados os interessados a nada ver. Essa obra existe, todo o mundo tentou fazê-la, sem o saber; não existe um gênio ou um palerma que não tenha encontrado um traço dela, sem o saber.*" Essas observações respondem a uma enquete e só dizem, talvez, o que é acessível a uma curiosidade exterior. Com Verlaine, ele não se exprime diferentemente. Escreve em outra ocasião: "*Uma ordenação do livro de versos brota inata ou em toda parte, elimina o acaso; entretanto isso é necessário para omitir o autor.*" Mas aqui o sentido já é outro: Mallarmé sentiu a tentação do ocultismo. O ocultismo ofereceu-se como uma solução aos problemas a ele propostos pela exigência literária. Essa solução consiste em separar a arte de alguns de seus poderes, em tentar realizá-los à parte, transformando-os em potências imediatamente utilizáveis para fins práticos. Solução que Mallarmé não aceita. Citam-se suas declarações de simpatia, mas negligenciam-se as reservas que sempre as acompanham: "*Não, vocês não se contentam como eles* [os pobres cabalistas], *por inatenção e mal-entendido, em destacar de uma Arte operações que lhe são integrais e fundamentais para realizá-la erradamente, é ainda uma veneração inábil. Vocês apagam nela até mesmo o sentido inicial, sagrado...*"[7]

---

7. Mallarmé opõe, aqui, os jornalistas e os pobres cabalistas, acusados de terem matado, por envenenamento, o abade Boullan. Ora, do ponto de vista da Arte, os primeiros são muito mais culpados do que os segundos, embora estes errem "destacando de uma Arte operações que lhe são integrais". (A magia não deve ser separada da arte.)

PARA ONDE VAI A LITERATURA? 333

Para Mallarmé, não pode haver outra magia senão a literatura, a qual só se cumpre enfrentando a si mesma, de uma maneira que exclui a magia. Ele explica que, se há somente duas vias abertas à pesquisa mental, a estética e a economia política, "*é, desta última visada, principalmente, que o alquimista foi o glorioso, apressado e confuso precursor*". A palavra "apressado" é notável. A impaciência caracteriza a magia, ambiciosa de dominar imediatamente a natureza. Pelo contrário, é a paciência que preside à afirmação poética[8]. A alquimia pretende criar e fazer. A poesia *des-cria* e institui o reino do que não existe e não pode, designando ao homem como sua vocação suprema algo que não pode ser enunciado em termos de poder (é preciso notar que estamos, aqui, no oposto de Valéry).

Mallarmé, que aliás só teve contatos mundanos com as doutrinas ocultistas, foi sensível às analogias exteriores. Tomou-lhes de empréstimo algumas palavras, uma certa cor, recebeu delas certa nostalgia. O livro escrito na natureza evoca a Tradição transmitida desde a origem e confiada à guarda dos iniciados: livro oculto e venerável que brilha por fragmentos, aqui e ali. Os românticos alemães exprimiram o mesmo pensamento do livro único e absoluto. Escrever uma Bíblia, diz Novalis, eis a loucura que todo homem entendido deve acolher para ser completo. Ele nomeia a Bíblia como o ideal de todo livro, e Friedrich Schlegel evoca "o pensamento de um livro infinito, absolutamente livro, o livro absoluto", enquanto Novalis pretende ainda utilizar a forma poética do *Märchen* [Contos de fadas] no projeto de continuar a Bíblia. (Mas, aqui, afastamo-nos muito de Mallarmé. Veja-se sua crítica severa a Wagner: "*Se o espírito francês, imaginativo e abstrato, por-*

---

8. *Prose pour des Esseintes.*

334   *O LIVRO POR VIR*

tanto poético, lança um brilho, não será dessa maneira: ele tem repugnância pela Lenda, e nisso está de acordo com a Arte em sua integridade, que é inventiva.")

Há sem dúvida um nível em que Mallarmé, exprimindo-se à maneira dos ocultistas, dos românticos alemães e da *Naturphilosophie*, está disposto a ver no livro o equivalente escrito, o próprio texto da natureza universal: *"Quimera, ter pensado nisso o atesta... que mais ou menos todos os livros contenham a fusão de algumas repetições contadas: ou mesmo que ele seria apenas um – no mundo, sua lei –, bíblia como a simulam as nações..."*[9] É uma de suas tendências, não podemos negá-lo (da mesma forma, ele sonha com uma língua que seria *"materialmente a verdade"*).

Mas há outro nível em que a afirmação do livro sem autor toma um sentido muito diferente e, a meu ver, muito mais importante. *"A obra implica o desaparecimento elocutório do poeta, que cede a iniciativa às palavras, mobilizadas pelo choque de sua desigualdade..." "O desaparecimento elocutório do poeta"* é uma expressão muito próxima daquela que se encontra na famosa frase: *"Para que a maravilha de transpor um fato natural para seu quase desaparecimento vibratório, segundo o jogo da fala, entretanto, senão [para que dele emane, sem o embaraço de uma lembrança próxima ou concreta, a noção pura]."* O poeta desaparece sob a pressão da obra, pelo mesmo movimento que faz desaparecer a realidade natural. Mais exatamente: não basta dizer que as coisas se dissipam e o poeta se apaga, é preciso

---

9. Mas, se cotejarmos este texto com aquele em que ele propõe reduzir todo o teatro a uma peça única e múltipla, *"desdobrando-se paralelamente a um ciclo recomeçado de anos"*, veremos que está aqui provavelmente longe das visadas românticas e ocultistas: o que escrevemos é necessariamente o mesmo, e o devir do que é o mesmo é, em seu recomeço, de uma riqueza infinita (*Œuvres complètes*, p. 313).

PARA ONDE VAI A LITERATURA? 335

ainda dizer que ambos, sofrendo o suspense de uma destruição verdadeira, afirmam-se nesse desaparecimento e no devir desse desaparecimento – uma vibratória, outra elocutória. A natureza é transposta pela palavra no movimento rítmico que a faz desaparecer, incessante e infinitamente; e o poeta, pelo fato de falar poeticamente, desaparece nessa fala e se torna o próprio desaparecimento que se realiza nessa fala, única iniciadora e princípio: fonte. *"Poesia, sagração."* A *"omissão de si"*, a *"morte como um tal"*, que está ligada à sagração poética, faz da poesia um verdadeiro sacrifício, mas não com vistas a turvas exaltações mágicas – por uma razão quase técnica: é que aquele que fala poeticamente se expõe a essa espécie de morte, que está necessariamente em ação na verdadeira fala.

"feito, sendo"

O livro é sem autor porque se escreve a partir do desaparecimento falante do autor. Ele precisa do escritor, na medida em que este é ausência e lugar da ausência. O livro é livro quando não remete a alguém que o tenha feito, tão puro de seu nome e livre de sua existência quanto do sentido próprio daquele que o lê. Se o homem fortuito – o particular – não tem lugar no livro como autor, como o leitor poderia ser aí importante? *"Impersonalizado, o volume, na mesma medida em que dele nos separamos como autor, não reclama a aproximação de qualquer leitor. Tal, saiba, entre os acessórios humanos, ele tem lugar sozinho: feito, sendo."*
Essa última afirmação é uma das mais gloriosas de Mallarmé. Ela reúne, sob uma forma que traz a marca da decisão, a exigência essencial da obra. Sua solidão, sua completa realização, a partir dela mesma, de algo como

336   *O LIVRO POR VIR*

um lugar; a dupla afirmação nela justaposta, separada por um hiato lógico e temporal do que a *faz* ser e do *ser* em que ela se pertence, indiferente ao "fazer"; portanto a simultaneidade de sua presença instantânea e do devir de sua realização: logo que é feita, cessando de ter sido feita e não dizendo nada mais do que isto: que ela é.

Estamos, aqui, tão longe quanto possível do Livro da tradição romântica e da tradição esotérica. Este é um livro substancial, que existe pela verdade eterna da qual é a divulgação oculta, embora acessível: divulgação que coloca aquele que o consegue em posse do segredo e do ser divinos. Mallarmé rejeita a idéia de substância, como a idéia da verdade permanente e real. Quando nomeia o essencial – quer seja o ideal, o sonho –, isso sempre se refere a algo que só tem por fundamento a irrealidade reconhecida e afirmada da ficção. Daí que seu maior problema seja: existe alguma coisa como as Letras? De que maneira a literatura existe? Sabe-se, também, que Mallarmé retira toda realidade ao presente: "... *não existe presente, não – um presente não existe*"; "*Mal informado aquele que se declare seu próprio contemporâneo...*". E, pela mesma razão, ele não admite nenhuma passagem no devir histórico, em que tudo seria corte e ruptura: "*tudo se interrompe, efetivo, na história, poucas transfusões*". Sua obra é ora imobilizada numa virtualidade branca, imóvel, ora – e é o mais significativo – animada por uma extrema descontinuidade temporal, entregue a mudanças de tempo, a acelerações, lentidões, "*paradas fragmentárias*", sinal de uma essência totalmente nova da mobilidade, em que outro tempo se anunciaria, tão estranho à permanência eterna quanto à duração cotidiana: "*aqui adiantando, ali rememorando, no futuro, no passado, sob* uma aparência falsa de presente".

Sob essas duas formas, o tempo expresso pela obra, contido por ela, interior a ela, é um tempo sem presente.

PARA ONDE VAI A LITERATURA? 337

E, igualmente, o Livro nunca deve ser olhado como estando verdadeiramente ali. Não podemos tê-lo em mão. Entretanto, se é verdade que não há presente, se o presente é necessariamente inatual e, de certa forma, falso e fictício, ele será o tempo por excelência da obra irreal, não mais aquele que ela exprime (este é sempre passado ou futuro, salto sobre o abismo do presente), mas aquele em que ela se afirma na evidência que lhe é própria, quando, pela coincidência de sua própria irrealidade com a irrealidade do presente, ela faz existir uma pela outra, numa luz de relâmpago que ilumina, a partir da obscuridade da qual é apenas a concentração ofuscante. Negando o presente, Mallarmé o reserva à obra, fazendo desse presente o da afirmação sem presença, em que aquilo que é brilha ao mesmo tempo que se desvanece (*"o instante que eles aí brilham e morrem numa flor rápida, sobre alguma transparência etérea"*). A evidência do livro e seu brilho manifesto são portanto tais que dele devemos dizer que é, que está presente, já que sem ele nada estaria jamais presente, mas que, no entanto, ele está sempre em falta com relação às condições da existência real: sendo, mas impossível.

Jacques Scherer diz que o manuscrito póstumo[10] mostra bem que o livro, contrariamente às zombarias dos crí-

---

10. O manuscrito que Henri Mondor entregou a Jacques Scherer foi cuidadosamente organizado por este e publicado sob o título: *Le "Livre" de Mallarmé, Premières recherches sur des documents inédits*. Esse manuscrito nos esclarece acerca do projeto central? Talvez, mas com a condição de não nos fazer crer que estamos materialmente diante do manuscrito do Livro. De que se compõe esse "Livro"? Não de um texto contínuo, como *Igitur*, nem de longos fragmentos ainda separados, mas de ínfimas notas, palavras isoladas e números indecifráveis, jogados sobre folhas soltas. Todas essas folhas e essas notas se referem a um mesmo trabalho? Nós o ignoramos. A ordem em que estão hoje publicadas tem algo a ver com a ordem em que foram encontradas depois da morte de Mallarmé, e que

338   *O LIVRO POR VIR*

ticos, não era de modo algum uma fábula, e que Mallarmé refletiu seriamente sobre sua realização efetiva. Observação talvez ingênua. Quase todos os escritos teóricos de

---

mesmo então podia ser apenas uma classificação ao acaso ou a ordenação acidental de um antigo trabalho? Também não sabemos. Ignoramos, e isso é o mais grave, o que essas notas conservadas, não se sabe por qual decisão, representam com relação a todas as outras que – diz Henri Mondor – foram destruídas em sua maioria. Por conseguinte, ignoramos o lugar que lhes era destinado por Mallarmé no conjunto de sua pesquisa: talvez elas não significassem nada que já não lhe parecesse um pouco estranho, talvez elas fossem, não o que ele acolhia, mas o que teria deixado de acolher, ou ainda pensamentos superficiais redigidos longe dele e como uma diversão. Enfim, já que ele só reconhecia sentido e realidade naquilo que estava expresso na estrutura apropriada e na firmeza formal de sua linguagem, essas notas informes não tinham para ele nenhum valor, e ele proibia que nelas se distinguisse alguma coisa: era o próprio indistinto. Incerteza quanto à data ou às datas dessas notas, seu pertencimento, sua coerência exterior, sua orientação e mesmo sua realidade. Assim se apresenta, como a publicação mais arriscada, composta de palavras fortuitas, dispersas de maneira aleatória sobre folhas reunidas por acidente, o único livro essencial que parece escrito por ele mesmo para submetê-lo ao acaso. Fracasso que não tem nem mesmo o interesse de ser o de Mallarmé, já que é obra ingênua de editores póstumos, muito semelhantes aos viajantes que, de tempo em tempo, nos trazem pedaços da Arca de Noé ou lascas de pedra representando as Tábuas da Lei quebradas por Moisés. Tal é, pelo menos, o primeiro pensamento diante desses documentos apresentados como um esboço do Livro. Mas o segundo pensamento é diferente: a publicação dessas páginas quase vazias, com palavras mais desenhadas do que escritas, que nos fazem tocar o ponto em que a necessidade se encontra com a imagem da pura dispersão, talvez não tivesse desagradado a Mallarmé.

Lembrarei entretanto, não para indignar-me, mas para evocar a interessante ruptura moral à qual consentem os homens mais probos, cada vez que se coloca a questão de publicações póstumas, que esse manuscrito foi publicado contra a vontade formal do escritor. Se o caso de Kafka é ambíguo, o de Mallarmé é claro. Mallarmé morre inesperadamente. Entre a primeira crise – da qual ele se recupera, e que é ainda apenas uma ameaça incerta – e a segunda, que acaba com ele em poucos

PARA ONDE VAI A LITERATURA? 339

Mallarmé fazem alusão a esse projeto da Obra, são seu pensamento constante e dão, a respeito dela, visões cada vez mais aprofundadas e de tal ordem que a Obra não realizada se afirma, para nós, de uma maneira entretanto es-

---

instantes, passam-se poucas horas. Mallarmé aproveita esse *sursis* para redigir uma *"recomendação quanto a meus papéis"*. Ele queria que tudo fosse destruído. *"Queimem, por conseguinte: não há ali nenhuma herança literária, meus pobres filhos."* Ainda mais: ele recusa qualquer ingerência estrangeira e qualquer exame curioso: o que deve ser destruído deve ser subtraído previamente a todos os olhares. *"Não submetam nem mesmo à apreciação de alguém: ou recusem toda ingerência curiosa ou amical. Digam que neles não se distingue nada, o que aliás é verdade."* Vontade firme; vontade imediatamente negligenciada e tornada vã. Os mortos são bem frágeis. Alguns dias mais tarde, Valéry já é autorizado a olhar os papéis e, há cinqüenta anos, com uma regularidade constante e surpreendente, não cessam de se publicarem inéditos importantes e incontestáveis, como se Mallarmé nunca tivesse escrito tanto quanto depois de morto.

Conheço a regra formulada por Apollinaire: "Deve-se publicar tudo." Ela faz sentido. Atesta a tendência profunda daquilo que está escondido a vir à luz, do segredo à revelação sem segredo, de tudo o que é calado à afirmação pública. Não é uma regra nem um princípio. É a potência sob o reino da qual cai todo aquele que escreve, de maneira ainda mais dura se este a ela se opõe ou a contesta. A mesma potência confirma o caráter impessoal das obras. O escritor não tem nenhum direito sobre elas e não é nada em face delas, está sempre já morto e suprimido. Que sua vontade, portanto, não seja feita. Logicamente, se julgamos conveniente ignorar a intenção do autor depois de sua morte, deveríamos aceitar que também a ignorássemos enquanto ele está vivo. Ora, enquanto ele está vivo, o que acontece é aparentemente o contrário. O escritor quer publicar e o editor não o quer. Mas é apenas uma aparência. Pensemos em todas as forças secretas, amicais, opiniáticas, insólitas, que se exercem sobre nossa vontade, para nos forçar a escrever e a publicar o que não queremos. Visível-invisível, a potência está sempre ali, não ligando a mínima para nós e, para nossa surpresa, roubando nossos papéis de nossas próprias mãos. Os vivos são bem frágeis.

Que potência é essa? Não é nem o leitor, nem a sociedade, nem o Estado, nem a cultura. Dar-lhe um nome e realizá-la, em sua própria irrealidade, foi também o problema de Mallarmé. Ele a chamou de "o Livro".

340

sencial. Os que são indiferentes a esse gênero de garantia e continuam a ver, em Mallarmé, alguém que, durante trinta anos, enganou a todos falando soberbamente de uma Obra nula, e agitando com um ar misterioso papeluchos insignificantes, não serão convencidos por essas novas provas. Pelo contrário, acharão nesses detalhes com os quais, em torno de um livro inexistente, são minuciosamente tratadas todas as questões materiais e financeiras de sua publicação, os sintomas de um estado mórbido bem conhecido e perfeitamente catalogado.

É preciso dizer mais: se o livro existisse, eu gostaria de saber como Jacques Scherer se arranjaria para nos dizer: *Ecce liber*, e fazer com que o reconhecêssemos, se a essência desse livro é tornar irreal seu próprio reconhecimento, sendo, além disso, o conflito infinito entre sua presença evidente e sua realidade sempre problemática.

"Memorável crise"

O que se pode reter, entretanto, das condições práticas (balzaquianas) – financiamento, tiragem, preço de venda – nas quais o manuscrito busca projetar a realização da obra, é que elas confirmam a extrema atenção que Mallarmé sempre concedeu às possibilidade de ação histórica e do próprio devir literário. Já há algum tempo começamos a perceber que Mallarmé não estava constantemente fechado em seu salão da rua de Rome. Ele se interrogou acerca da história. Interrogou-se acerca das relações entre a ação geral – fundamentada na economia política – e aquela que se determina a partir da obra (*"a ação restrita"*). Constatando que, para o escritor, *"a época"* é talvez sempre um *"túnel"*, um tempo de intervalo, um entretempo, exprimiu a idéia de que, melhor do que se

PARA ONDE VAI A LITERATURA? 341

arriscar segundo circunstâncias que não poderiam nunca ser totalmente favoráveis, era preferível lançar-se contra toda oportunidade histórica, nada fazendo para ajustá-las ao tempo, mas, pelo contrário, pondo em evidência o conflito, o dilaceramento temporal, a fim de extrair, destes, um esclarecimento. A obra deve pois ser a consciência do desacordo entre "*a hora*" e o jogo literário, e essa discordância faz parte do jogo, é o próprio jogo[11].

Mallarmé não foi menos atento à crise maior que atravessa, em seu tempo, a literatura. Cessaram, enfim, de ver nele um poeta simbolista, assim como não se pensa mais em aproximá-lo de Hölderlin e do romantismo. Não se trata absolutamente da peripécia simbolista quando, em *A música e as letras*, ele formula da maneira mais clara a crise que foi primeiramente a sua, trinta anos antes, vendo nela, com razão, uma crise histórica própria da geração recente: "*... em agitação, graças à geração recente, o ato de escrever perscrutou-se até sua origem. Muito adiante, pelo menos, quanto ao ponto, eu o formulo: – A saber se é oportuno escrever.*" E logo depois: "*Algo como as Letras existe?... Poucos se confrontaram com esse enigma, que ensombrece, assim como o faço, tardiamente, tomado por uma brusca dúvida concernente àquilo de que gostaria de falar com entusiasmo.*" "*Intimação extraordinária*", à qual sabemos que ele responde: "*Sim, a Literatura existe e, por assim dizer, sozinha, à exceção de tudo.*"

O projeto e a realização do Livro são claramente ligados a esse questionamento radical. A literatura só poderia ser concebida em sua integralidade essencial a partir da experiência que lhe retira as condições usuais de possibilidade. Foi assim para Mallarmé, já que, ao conceber a Obra, é no momento justo em que, tendo "*sentido*

---

11. *Œuvres complètes*, p. 373.

342 *O LIVRO POR VIR*

sintomas muito inquietantes causados pelo simples fato de escrever", escreve doravante porque escrever deixa de se apresentar a ele como uma atividade possível. *"Tempestade, lustral."* Somente essa tempestade, durante a qual todas as convenções literárias são arrebatadas, e que obriga a literatura a buscar seu fundamento ali onde dois abismos se juntam, tem como conseqüência um outro transtorno. Mallarmé a ele assiste com uma surpresa capital: *"Trago, de fato, novidades... Caso como esse ainda não se viu. Tocaram no verso"*; *"Os governos mudam: sempre a prosódia permanece intacta"*. Eis o tipo de acontecimento que, a seu ver, deve definir essencialmente a história. A história se reverte porque há uma mudança total da literatura, a qual só se funda contestando-se radicalmente e se interrogando *"até a origem"*. Mudança que se traduz, primeiramente, pelo questionamento da métrica tradicional.

Grave atentado, para Mallarmé. Por quê? Isso não fica claro. Ele sempre afirmou – é uma de suas observações mais constantes – que em toda parte onde há ritmo, há verso, e que só importam a descoberta e o domínio dos puros motivos rítmicos do ser. Reconheceu que, para que tudo possa chegar à fala, a quebra dos grandes ritmos literários era indispensável. Mas ao mesmo tempo, falando dessa prosódia agora negligenciada, ele fala de uma pausa da poesia, do intervalo que ela atravessa, concedendo-se um lazer, como se o verso tradicional marcasse, por sua falta, a ruptura da própria poesia. Tudo isso nos faz pressentir a grande transformação que o atentado contra a rima *"guardiã"* representa para ele. Entretanto, sua última obra é um *"poema"*. Poema essencial (e não um poema em prosa), mas que, pela primeira e única vez, rompe com a tradição: não apenas consente a ruptura, mas inaugura intencionalmente uma arte nova, arte ainda por vir e o porvir como arte. Decisão capital e obra ela mesma decisiva.

PARA ONDE VAI A LITERATURA? 343

2. Um novo entendimento do espaço literário

Se (de maneira um pouco apressada) admitirmos que Mallarmé sempre reconheceu, no verso tradicional, o meio de vencer o acaso *"palavra por palavra"*, veremos que há, em *Um lance de dados*, uma estreita correspondência entre a autoridade da frase central, declarando invencível o acaso, e a renúncia à forma menos casual de todas: o verso antigo. A frase *"Um lance de dados jamais abolirá o acaso"* não faz mais do que produzir o sentido da forma nova cuja disposição ela traduz. Mas, assim fazendo, e já que há uma correlação precisa entre a forma do poema e a afirmação que o atravessa, sustentando-o, a necessidade se restabelece. O acaso não é liberado pela ruptura do verso regrado: pelo contrário, sendo precisamente expresso, ele está submetido à lei exata da forma que lhe corresponde e à qual deve corresponder. O acaso é, senão vencido, pelo menos captado no rigor da fala e elevado à figura firme de uma forma em que ele é encerrado. Daí, novamente, como uma contradição que abranda a necessidade.

Reunido pela dispersão

Não é menos firmemente indicada, em *Um lance de dados*, a própria obra que ele constitui e que não faz do poema uma realidade presente ou somente futura, mas, sob a dimensão negativa de um passado irrealizado e de um futuro impossível, o designa na extrema distância de um talvez excepcional. Se nos basearmos apenas nas certezas que determinam a produção real das coisas, tudo está ali disposto para que o poema não possa acontecer.

Um lance de dados, cuja presença certa nossas mãos, nossos olhos e nossa atenção afirmam, é não apenas irreal e incerto, mas só poderá existir se a regra geral, que dá ao acaso *status* de lei, se romper em alguma região do ser, lá onde o que é necessário e o que é fortuito serão ambos vencidos pela força do desastre. Obra que portanto não está ali, mas está presente na única coincidência com o que está sempre além. *Um lance de dados* só existe na medida em que exprime a extrema e requintada improbabilidade desse poema, dessa Constelação que, graças a um talvez excepcional (sem outra justificativa a não ser o vazio do céu e a dissolução do abismo), se projeta *"sobre alguma superfície vacante e superior"*: nascimento de um espaço ainda desconhecido, o próprio espaço da obra.

Muito próximo, então, do Livro, pois só o Livro se identifica com o anúncio e a espera da obra que ele é, sem outro conteúdo a não ser a presença de seu futuro infinitamente problemático, estando sempre antes de poder ser e não cessando de estar separado e dividido para resultar, no fim, em sua própria divisão e em sua própria separação. *"Vigiando duvidando rolando brilhando e meditando."* Seria necessário determo-nos aqui sobre essas cinco palavras pelas quais a obra se apresenta, na invisibilidade do devir que lhe é próprio. Cinco palavras muito puras de toda provocação mágica e que, na tensão indefinida em que parece elaborar-se um novo tempo, o tempo puro da espera e da atenção, solicitam somente o pensamento para que este vigie o brilho do movimento poético.

Naturalmente, não direi que *Um lance de dados* é o Livro, afirmação que a exigência do Livro privaria de todo sentido. Mas, muito mais do que as notas reanimadas por Jacques Scherer, o poema dá ao Livro apoio e realidade, ele é sua reserva e sua presença sempre dissimulada,

PARA ONDE VAI A LITERATURA? 345

o risco de sua aposta, a medida de seu desafio desmedido. Do Livro, ele tem o caráter essencial: presente com o traço de relâmpago que o divide e reúne, e no entanto extremamente problemático, a ponto de continuar sendo, mesmo hoje, para nós tão familiarizados (acreditamos) com tudo o que não é familiar, a obra mais improvável. Poderíamos dizer que assimilamos, de maneira mais ou menos feliz, a obra de Mallarmé, mas não *Um lance de dados*. *Um lance de dados* anuncia um livro completamente diferente do livro que ainda é o nosso: ele deixa pressentir que aquilo que chamamos de livro segundo o uso da tradição ocidental, no qual o olhar identifica o movimento da compreensão com a repetição de um vai-e-vem linear, só se justifica pela facilidade da compreensão analítica. No fundo, precisamos reconhecer o seguinte: temos os livros mais pobres que se possam conceber, e continuamos a ler, depois de alguns milênios, como se estivéssemos sempre começando a aprender a ler.

É, ao mesmo tempo, no sentido da maior dispersão e no sentido de uma tensão capaz de *reunir* a infinita diversidade, pela descoberta de estruturas mais complexas, que *Um lance de dados* orienta o futuro do livro. O espírito, diz Mallarmé depois de Hegel, é *"dispersão volátil"*. O livro que recolhe o espírito recolhe, portanto, um poder extremo de explosão, uma inquietude sem limites, que o livro não pode conter, que exclui todo conteúdo, todo sentido limitado, definido e completo. Movimento de diáspora que nunca deve ser reprimido, mas preservado e acolhido como tal, no espaço que se projeta a partir dele e ao qual esse movimento apenas responde, resposta a um vazio infinitamente multiplicado, onde a dispersão toma forma e aparência de unidade. Um livro assim, sempre em movimento, sempre no limite do esparso, será

346 *O LIVRO POR VIR*

também sempre reunido em todas as direções, pela própria dispersão e segundo a divisão que lhe é essencial, que ele não faz desaparecer, mas aparecer, mantendo-a para nela se realizar.

Um lance de dados nasceu de um entendimento novo do espaço literário, um espaço onde podem ser engendradas, por meio de novas relações de movimento, novas relações de compreensão. Mallarmé sempre teve consciência do fato, mal conhecido até ele e talvez depois dele, de que a língua era um sistema de relações espaciais infinitamente complexas, cuja originalidade nem o espaço geométrico ordinário nem o espaço da vida prática nos permitem captar. Nada se cria e nada se diz de maneira criativa senão pela aproximação prévia do lugar de extrema vacância onde, antes de ser falas determinadas e expressas, a linguagem é o movimento silencioso das relações, isto é, "a escansão rítmica do ser". As palavras só estão ali para designar a extensão de suas relações: o espaço em que elas se projetam e que, mal é designado, se dobra e redobra, não estando em nenhum lugar onde está[12]. O espaço poético, fonte e "*resultado*" da linguagem, nunca existe como uma coisa: mas sempre "*se espaça e se dissemina*". Daí o interesse de Mallarmé por tudo o que o conduz para a essência singular do lugar: o teatro, a dan-

---

12. Poderíamos aqui indicar que a atenção concedida por Heidegger à linguagem, e que tem um caráter de extrema urgência, é atenção às palavras consideradas à parte, concentradas nelas mesmas, e tais palavras tidas como fundamentais e atormentadas até que se faça ouvir, na história de sua formação, a história do ser – mas nunca às relações entre as palavras, e menos ainda ao espaço anterior que essas relações supõem, e cujo movimento originário é o único que torna possível a linguagem como desdobramento. Para Mallarmé, a linguagem não é feita de palavras, mesmo que puras: ela é aquilo em que as palavras já estão sempre desaparecidas, e o movimento oscilante de aparição e desaparecimento.

PARA ONDE VAI A LITERATURA? 347

ça, sem esquecer que é também próprio dos pensamentos e sentimentos humanos produzirem um "meio". *"Toda emoção sai de nós, alarga um meio; ou em nós funde e o incorpora."* A emoção poética não é, pois, um sentimento interior, uma modificação subjetiva, mas é um estranho fora no qual somos jogados em nós, fora de nós. Assim, acrescenta ele, a dança: *"Assim essa emanação múltipla em torno de uma nudez, grande pelos vôos contraditórios em que esta se ordena, tempestuosos, planando a amplia até dissolvê-la: central..."*

Essa nova língua que, segundo pretendem alguns, Mallarmé criou por não se sabe que desejo de esoterismo – e que Jacques Scherer estudou muito bem há tempos – é uma língua estrita, destinada a elaborar, segundo novas vias, o espaço próprio da linguagem, que nós, em nossa prosa cotidiana assim como no uso literário, reduzimos a uma simples superfície percorrida por um movimento uniforme e irreversível. A esse espaço, Mallarmé restitui a profundidade. Uma frase não se contenta com desenrolar-se de maneira linear; ela se abre; por essa abertura, sobrepõem-se, soltam-se, afastam-se e juntam-se, em diferentes níveis de profundidade, outros movimentos de frases, outros ritmos de falas, que se relacionam uns com os outros segundo firmes determinações de estrutura, embora estranhas à lógica comum – lógica de subordinação – a qual destrói o espaço e uniformiza o movimento. Mallarmé é o único escritor que pode ser considerado profundo. Ele não o é de maneira metafórica, e em razão do sentido intelectual daquilo que diz; mas o que diz supõe um espaço com várias dimensões, e só pode ser ouvido segundo essa profundidade espacial que precisamos apreender simultaneamente em diferentes níveis (aliás, o que quer dizer a fórmula que usamos: "isto é profundo"?

348   *O LIVRO POR VIR*

A profundidade do sentido consiste no passo para trás – à distância – que o sentido nos faz dar com relação a ele).

Um lance de dados é a afirmação sensível desse novo espaço. É esse espaço transformado em poema. A ficção que nele se opera não parece ter outro objetivo – pela experiência do naufrágio, do qual nascem e no qual se extenuam figuras cada vez mais sutilmente alusivas a espaços sempre mais longínquos – senão chegar à dissolução de toda extensão real, à *"neutralidade idêntica do abismo"* com a qual, no ponto extremo da dispersão, nada mais se afirma exceto o lugar: o nada como o lugar onde nada tem lugar. Será então o eterno nada que *Igitur* procurava atingir? Uma pura e definitiva vacância? Não, mas bulício indefinido de ausência, o *"inferior marulho qualquer"*, as *"paragens do vago onde toda realidade se dissolve"*, sem que essa dissolução possa jamais dissolver o movimento dessa dissolução, devir incessantemente por vir na profundeza do lugar.

Ora, é o lugar, *"hiante profundeza"* do abismo que, revertendo-se à altitude da exceção, funda o outro abismo do céu vazio, para aí tomar a forma de uma Constelação: dispersão infinita juntando-se na pluralidade definida de estrelas, poema em que, das palavras restando apenas o espaço, esse espaço se irradia em puro brilho estelar.

O espaço poético e o espaço cósmico

É evidente que, se o pensamento poético de Mallarmé se formula de modo privilegiado em termos de universo, não é apenas por influência de Poe (*Eureka, O poder da palavra*), mas antes por exigência do espaço criador, criador como infinitamente vazio e de um vazio infinitamente

PARA ONDE VAI A LITERATURA?   349

movediço. O diálogo de *Brinde fúnebre* nos permite pressentir a qualificação que, segundo Mallarmé, convém ao homem: ele é um ser de horizonte; é a exigência dessa distância que existe em sua fala, alargando, mesmo por sua morte, o espaço com o qual ele se confunde desde que fala:

> *O nada para esse Homem abolido de outrora:*
> *"Lembrança de horizontes, o que és tu, ó Terra?"*
> *Brada esse sonho; e, voz cuja claridade se altera,*
> *O espaço tem por brinquedo o grito: "Não sei!"*

Entre o terror de Pascal diante do silêncio eterno do espaço e o encantamento de Joubert em face do céu constelado de vazios, Mallarmé dotou o homem de uma experiência nova: o espaço como aproximação de um *outro* espaço, origem criadora e aventura do movimento poético. Se ao poeta pertencem a angústia, a preocupação com a impossibilidade, a consciência do nada e o tempo do desamparo que é seu tempo, "tempo do intervalo e do interregno", seria inexato, como se costuma fazer, colocar sobre o rosto de Mallarmé a máscara estóica e ver nele apenas o lutador do desespero lúcido. Se fosse preciso escolher entre termos de vaga filosofia, não seria o pessimismo que corresponderia melhor a seu pensamento, pois é sempre do lado da alegria, da afirmação exaltante, que a poesia se declara, cada vez que Mallarmé se vê obrigado a situá-la. A célebre frase, em *A música e as letras*, diz essa felicidade; diz que o *"civilizado edênico"* que cuidou de conservar uma piedade pelas vinte e quatro letras, assim como pelo sentido de suas relações, possui *"acima de qualquer outro bem, o elemento das felicidades, uma doutrina ao mesmo tempo que uma pátria"*. A palavra "pátria" nos remete à palavra "morada". A poesia, diz Mallarmé, res-

350   *O LIVRO POR VIR*

pondendo com certa impaciência a um correspondente, "*dota assim de autenticidade nossa morada*"[13]. Só moramos autenticamente ali onde a poesia tem lugar e dá lugar. Isso é muito próximo das palavras atribuídas a Hölderlin (num texto tardio e contestado): "*... é poeticamente que o homem permanece*". Há também este outro verso de Hölderlin: "*Mas o que permanece, os poetas o fundam.*" Pensamos em tudo isso, mas talvez de uma maneira que não corresponde à interpretação acreditada pelos comentários de Heidegger. Pois, para Mallarmé, aquilo que os poetas fundam, o espaço – abismo e fundamento da palavra –, é o que não fica, e a morada autêntica não é o abrigo onde o homem se preserva, mas está em relação com o escolho, pela perdição e pelo abismo, e com a "*memorável crise*" que, somente ela, permite atingir o vazio movente, lugar onde a tarefa criadora começa.

Quando Mallarmé dá ao poeta como dever, e ao Livro como tarefa: "*a explicação órfica da Terra*", "*a explicação do homem*", o que entende ele por essa palavra repetida, "explicação"? Exatamente o que essa palavra comporta: a exibição da Terra e do homem no espaço do canto. Não o conhecimento daquilo que uma e outro são naturalmente, mas o desenvolvimento – fora de sua realidade dada e naquilo que eles têm de misterioso, de não esclarecido, pela força dispersiva do espaço e pelo poder reunificante do devir rítmico – do homem e do mundo. Pelo fato de haver poesia, há não apenas algo de transformado no universo, mas uma espécie de mudança essencial do univer-

---

13. "*A poesia é a expressão, pela linguagem humana devolvida a seu ritmo essencial, do sentido misterioso dos aspectos da existência; ela dota assim de autenticidade nossa morada, e constitui a única tarefa espiritual.*" E, no "devaneio de um poeta francês" sobre Richard Wagner: "*O Homem, e depois sua autêntica morada terrestre, trocam uma reciprocidade de provas.*"

PARA ONDE VAI A LITERATURA? 351

so, que a realização do Livro apenas descobre ou cujo sentido ela funda. A poesia sempre inaugura *outra coisa*. Com respeito ao real, podemos chamá-la de irreal (*"esse país não existiu"*); com respeito ao tempo de nosso mundo, *"o interregno"* ou *"o eterno"*; com respeito à ação que modifica a natureza, *"a ação restrita"*. Mas essas maneiras de dizer não fazem mais do que deixar recair na compreensão analítica o entendimento daquela *outra coisa*.

Uma observação é aqui necessária. *Brinde fúnebre*, o soneto *Quando a sombra começou* e *Um lance de dados* formam três obras em que, com vinte e cinco anos de intervalo, são igualmente postos em relação o espaço poético e o espaço cósmico. Entre esses poemas, há muitas diferenças. Uma é flagrante. No soneto, não há nada de mais certo do que a obra poética acendendo-se no céu como *"um astro em festa"*; de uma dignidade e de uma realidade superiores, sol dos sóis, em torno do qual os *"fogos vis"* dos astros reais só giram para testemunhar seu brilho. *"Sim, eu sei..."* Mas, em *Um lance de dados*, a certeza desapareceu: tão longínqua quanto improvável, oculta pela altitude à qual a eleva a exceção, não presente mas somente e sempre em reserva, num futuro em que ela poderia se formar, a Constelação da obra se esquece antes de ser, mais do que se proclama. Será preciso concluir que, tomado pela dúvida, Mallarmé quase não acredita mais na criação da obra, nem em sua equivalência estelar? Será preciso vê-lo aproximando-se da morte em estado de descrença poética? De fato, isso seria lógico. Mas, precisamente, vemos aqui o quanto a lógica é enganadora, quando pretende legiferar para *outra coisa* (de que ela tenta fazer um outro mundo supraterrestre ou uma outra realidade, espiritual). *Um lance de dados* diz o contrário, de modo muito mais firme do que o soneto e de uma maneira que nos engaja num futuro mais essencial, a decisão própria da palavra criadora. E o próprio Mallarmé, cessando de dar à obra o gênero de certeza que só convém às coisas, e evocando-a apenas na perspectiva sob a qual sua presença pode chegar a nós, como a espera do que há de mais longínquo e de menos seguro, está numa relação muito mais confiante com a afirmação da obra. O que poderia ser traduzido dizendo (de modo inexato): a dúvida pertence à certeza poética, assim como a impossibilidade de afirmar a obra nos aproxima de sua afirmação própria, aquela que as cinco palavras *"vigiando duvidando rolando brilhando e meditando"* confiam ao cuidado do pensamento.

A obra e o segredo do devir

A presença da poesia está por vir: ela vem para além do futuro e não cessa de vir quando está ali. Uma outra dimensão temporal, diferente daquela de que o tempo do mundo nos fez mestres, está em jogo em suas palavras, quando estas põem a descoberto, pela escansão rítmica do ser, o espaço de seu desdobramento. Nada de certo aí se anuncia. Aquele que se apega à certeza, ou mesmo às formas inferiores da probabilidade, não está caminhando em direção ao "horizonte", assim como não é o companheiro de viagem do pensamento cantante, cujas cinco maneiras de se jogar se jogam na intimidade do acaso.

A obra é a espera da obra. Somente nessa espera se concentra a atenção impessoal que tem por vias e por lugar o espaço próprio da linguagem. *Um lance de dados* é o livro por vir. Mallarmé afirma claramente, e em particular no prefácio, seu desígnio que é de exprimir, de uma maneira que as transforma, as relações do espaço com o movimento temporal. O espaço que não existe mas "se escande", "se

PARA ONDE VAI A LITERATURA? 353

interioriza", se dissipa e repousa segundo as diversas formas da mobilidade do escrito, exclui o tempo ordinário. Nesse espaço – o próprio espaço do livro –, jamais o instante sucede ao instante, segundo o desenrolar horizontal de um devir irreversível. Não se conta, ali, algo que teria ocorrido, mesmo que ficticiamente. A história é substituída pela hipótese: *"Seja que..."* O acontecimento do qual o poema faz seu ponto de partida não é dado como fato histórico e real, ou ficticiamente real: ele só tem valor relativamente a todos os movimentos de pensamento e de linguagem que podem dele resultar, e cuja figuração sensível *"com retiradas, prolongamentos, fugas"* parece ser outra linguagem, instituindo o jogo novo do espaço e do tempo.

Isso é necessariamente muito ambíguo. De um lado, temos a tentativa de excluir a duração histórica, substituindo-a por relações de proporção e de reciprocidade de que a busca de Mallarmé sempre fez grande uso: *"se isto é aquilo, aquilo é isto"*, lemos nas notas do manuscrito póstumo, ou ainda: *"duas alternativas de um mesmo assunto – ou isto ou aquilo – (e não tratados em seqüência, historicamente – mas sempre intelectualmente)"*. Assim como ele lamentou que o século XVII francês, em vez de buscar a tragédia nas lembranças da Grécia e de Roma, não a tivesse descoberto na obra de Descartes (Descartes unido a Racine: Valéry tentará se lembrar, um pouco superficialmente, desse sonho), da mesma forma ele busca imitar os procedimentos do rigor geométrico, para libertar a fala da sucessão sensível e devolver-lhe o domínio de suas próprias relações. Mas é apenas uma imitação. Mallarmé não é Espinosa. Ele não geometriza a linguagem. *"Seja que"* lhe basta. Desde então, *"tudo acontece, abreviado, em hipótese; evita-se a narrativa"*. Por que se evita a narrativa? Não somente porque se elimina o tempo da narrativa, mas também porque, em vez de narrar, mostra-se. Essa é, sa-

354   *O LIVRO POR VIR*

bemos, a inovação de que Mallarmé desejaria orgulhar-se. Pela primeira vez, o espaço interior do pensamento e da linguagem é representado de uma maneira sensível. A "*distância... que mentalmente separa grupos de palavras ou palavras entre elas*" é visível tipograficamente, assim como a importância de tais termos, seu poder de afirmação, a aceleração de suas relações, sua concentração, seu espalhamento, enfim a reprodução, pela aparência das palavras e por seu ritmo, do objeto que elas designam.

O efeito é de grande poder expressivo: verdadeiramente espantoso. Mas a surpresa reside também no fato de que Mallarmé aqui se opõe a ele mesmo. Aqui ele devolve à linguagem, cuja força irreal de ausência havia considerado, todo o ser e toda a realidade material que ela estava encarregada de fazer desaparecer. O "*vôo tácito de abstração*" se transforma numa paisagem visível de palavras. Não digo mais: uma flor; eu a desenho por vocábulos. Contradição existente ao mesmo tempo na linguagem e na atitude dupla de Mallarmé com respeito à linguagem: ela foi muitas vezes apontada e estudada. O que nos ensina ainda *Um lance de dados*? A obra literária ali está em suspensão, entre sua presença visível e sua presença legível: partitura ou quadro que se deve ler, poema que se deve ver e, graças a essa alternância oscilante, buscando enriquecer a leitura analítica pela visão global e simultânea, enriquecer também a visão estática pelo dinamismo do jogo dos movimentos, enfim, buscando colocar-se no ponto de intersecção onde, como a junção não está feita, o poema ocupa somente o vazio central que representa o futuro de exceção.

Mallarmé quer manter-se naquele ponto anterior – o canto anterior ao conceito[14] – onde toda arte é linguagem,

---

14. "*O canto brota de fonte inata: anterior a um conceito...*"

PARA ONDE VAI A LITERATURA? 355

e onde a linguagem está indecisa entre o ser que ela exprime ao fazê-lo desaparecer e a aparência de ser que ela reúne em si mesma, para que a invisibilidade do sentido aí adquira uma figura e uma mobilidade falante. Essa indecisão móvel é a realidade do espaço próprio da linguagem, do qual somente o poema – o livro futuro – é capaz de afirmar a diversidade dos movimentos e dos tempos, que o constituem como sentido ao mesmo tempo que o reservam como fonte de todo sentido. O livro está assim centrado no entendimento que forma a alternância quase simultânea da leitura como visão e da visão como transparência legível. Mas está também constantemente descentrado com relação a si mesmo, não apenas porque se trata de uma obra ao mesmo tempo toda presente e toda em movimento, mas também porque é nela que se elabora e dela que depende o próprio *devir* que a desdobra.

O tempo da obra não é tomado de empréstimo ao nosso. Formado por ela, ele se opera nela, que é a menos imóvel que se possa conceber. E dizer "o" tempo, como se só houvesse aqui uma única maneira de durar, é desconhecer o enigma essencial desse livro e sua inesgotável força de atração. Mesmo sem entrar num estudo preciso, é evidente que, *"sob uma aparência falsa de presente"*, possibilidades temporais diferentes não cessam de se superpor, e não numa mistura confusa, mas sim porque tal conjunto (representado no mais das vezes por uma página dupla), ao qual convém tal tempo, pertence também a outros tempos, na medida em que o *grupo* de conjuntos em que ele se arranja faz predominar uma outra estrutura temporal – enquanto, "ao mesmo tempo", como uma poderosa travessa mediana, ressoa através da obra toda a firme voz central na qual fala o futuro, mas um futuro eternamente negativo – *"jamais abolirá"* –, o qual, no entanto, se prolonga duplamente: por um futuro anterior

356   *O LIVRO POR VIR*

passado, anulando o ato até na aparência de sua não-realização – *"não terá tido lugar"* – e por uma possibilidade inteiramente nova em direção à qual, para além de todas as negações e apoiando-se nelas, a obra se ergue ainda: o tempo da exceção, na altitude de um talvez.

A leitura, a "operação"

Poderíamos perguntar se Mallarmé não confia à leitura o cuidado de tornar presente essa obra, na qual se entretecem tempos que a tornam inabordável. Problema que ele não suprimiu ao suprimir o leitor. Pelo contrário, afastado o leitor, a questão da leitura se torna ainda mais essencial. Mallarmé refletiu muito a esse respeito. *"Prática desesperada"*, diz ele. É sobre a comunicação do livro – comunicação da obra a ela mesma, no *devir* que lhe é próprio – que o manuscrito póstumo nos traz novas luzes. O livro sem autor e sem leitor, que não é necessariamente fechado, mas sempre em movimento, como poderá afirmar-se, segundo o ritmo que o constitui, se não sair de alguma maneira dele mesmo e se não encontrar, para corresponder à intimidade móvel que é sua estrutura, o exterior onde estará em contato com sua própria distância? Ele precisa de um mediador. É a leitura. Essa leitura não é a de um leitor qualquer, que tende sempre a aproximar a obra de sua individualidade fortuita. Mallarmé será a voz dessa leitura essencial. Desaparecido e suprimido como autor, ele está, por esse desaparecimento, em relação com a essência do Livro, que aparece e desaparece, com a oscilação incessante que é sua comunicação.

Esse papel de intermediário pode ser comparado ao do maestro de uma orquestra ou ao do padre durante a missa. Mas, se o manuscrito póstumo tende a dar à leitura

PARA ONDE VAI A LITERATURA?

o caráter de uma cerimônia sagrada, que tem algo da prestidigitação, do teatro e da liturgia católica, é preciso sobretudo lembrar que Mallarmé, não sendo um leitor ordinário, tem consciência de também não ser um simples intérprete privilegiado, capaz de comentar o texto, de fazê-lo passar de um sentido a outro, ou de mantê-lo em movimento entre todos os sentidos possíveis. Ele não é verdadeiramente leitor. Ele é a leitura: o movimento de comunicação pelo qual o livro se comunica a ele mesmo – primeiramente segundo as diversas trocas físicas que a mobilidade das folhas torna possíveis e necessárias[15]; depois, segundo o novo movimento de compreensão que a linguagem elabora, integrando os diversos gêneros e as diversas artes; enfim, pelo futuro de exceção a partir do qual o livro vem em direção dele mesmo e vem em nossa direção, expondo-nos ao jogo supremo do espaço e dos tempos.

Mallarmé chama o leitor de *"o operador"*. A leitura, como a poesia, é *"a operação"*. Ora, ele confere sempre a essa palavra, ao mesmo tempo, o sentido que a liga à palavra "obra" e o sentido quase cirúrgico que recebe ironicamente de sua aparência técnica: a operação é supressão, é, de certa maneira, a *Aufhebung* hegeliana. A leitura é operação, é obra que se cumpre suprimindo-se, que se prova confrontando-se com ela mesma e se suspende ao

---

15. O Livro, segundo o manuscrito, é constituído de folhas móveis. "Poder-se-ia assim, diz Scherer, mudá-las de lugar, e lê-las, não decerto numa ordem qualquer, mas segundo diversas ordens distintas determinadas pela lei da permutação." O livro é sempre outro, muda e se transforma pelo confronto da diversidade de suas partes, evitando assim o movimento linear – o sentido único – da leitura. Além disso, o livro, se desdobrando e se redobrando, se dispersando e se unindo, mostra que não tem nenhuma realidade substancial: nunca está presente, não cessa de se desfazer enquanto se faz.

mesmo tempo que se afirma. No manuscrito póstumo, Mallarmé insiste no caráter de perigo e de audácia que a leitura implica. Perigo de parecer arrogar-se sobre o livro, um direito de autor que o transformaria novamente num livro ordinário. Perigo que vem da própria comunicação: do movimento de aventura e de prova que não permite, nem mesmo ao leitor Mallarmé, saber de antemão o que é o livro, nem se ele é, nem se o devir ao qual o livro corresponde, ao mesmo tempo que o constitui por sua supressão infinita, já tem agora um sentido para nós e terá algum dia um sentido. "*Vigiando duvidando rolando brilhando e meditando*", essa cadência dos tempos, em que se exprime a troca indeterminada pela qual a obra se faz, topará finalmente com o momento em que tudo deve acabar, o tempo último que, fugindo para mais adiante com relação ao livro, o imobiliza previamente, colocando diante dele "*o ponto final que o sagra*"? Momento em que todos os momentos se detêm na realização final, termo do que é sem termo. Será esse o fim? Será nesse ponto de imobilidade que devemos, desde agora, olhar a obra toda com aquele olhar futuro da morte universal, que é sempre, um pouco, o olhar do leitor?

Na altitude talvez

Mas, para além dessa parada e para além desse além, *Um lance de dados* nos ensina que há ainda algo a dizer, a afirmação cuja firmeza parece ser o resumo e o "*resultado*" do livro todo, fala resoluta em que a obra se resolve manifestando-se: "*Todo Pensamento emite um Lance de Dados.*" Essa sentença, isolada por um traço quase duro, e como se, com ela, se acabasse soberanamente o isolamento da fala, é difícil de situar. Tem a força conclusiva

PARA ONDE VAI A LITERATURA? 359

que nos proíbe de falar para além dela, mas ela mesma já está aparentemente fora do Poema, como seu limite que não lhe pertence. Ela tem um conteúdo que, pondo em comunicação o pensamento e o acaso, a recusa da sorte e o apelo à sorte, o pensamento que se põe em jogo e o jogo como pensamento, pretende deter, numa frase curta, o todo do que é possível. *"Todo pensamento emite um Lance de Dados."* É a cláusula e é a abertura, é a invisível passagem em que o movimento em forma de esfera é constantemente fim e começo. Tudo está acabado e tudo recomeça. O Livro é assim, discretamente, afirmado no *devir* que é talvez seu sentido, sentido que seria o próprio devir do círculo[16]. O fim da obra é sua origem, seu novo e seu antigo começo: é sua possibilidade aberta uma vez mais, para que os dados novamente lançados sejam o próprio lance da fala mestra que, impedindo a Obra de ser – *Um lance de dados jamais* –, deixa voltar o último naufrágio em que, na profundidade do lugar, tudo sempre já desapareceu: o acaso, a obra, o pensamento, EXCETO *na altitude* TALVEZ...

---

16. O condicional indica que não se trata aqui da última palavra de *Um lance de dados* sobre o sentido do devir que ali está em jogo. Diante desse poema, sentimos como as noções de livro, de obra e de arte correspondem mal a todas as possibilidades futuras que nelas se dissimulam. A pintura nos faz freqüentemente pressentir, hoje em dia, que aquilo que ela busca criar, suas "produções" não podem mais ser obras, mas desejariam corresponder a alguma coisa para a qual ainda não temos nome. O mesmo acontece com a literatura. Aquilo em direção a que vamos não é talvez, de nenhuma maneira, o que o futuro real nos dará. Mas aquilo em direção a que vamos é pobre e rico de um futuro que não devemos imobilizar na tradição de nossas velhas estruturas.

CAPÍTULO VI
O PODER E A GLÓRIA

Eu gostaria de resumir algumas afirmações simples, que podem ajudar a situar a literatura e o escritor.

Houve um tempo em que o escritor, como o artista, estava ligado à glória. A glorificação era sua obra, a glória era o dom que ele fazia e recebia. A glória, no sentido antigo, é o resplendor da presença (sagrada ou soberana). Glorificar, diz ainda Rilke, não significa dar a conhecer; a glória é a manifestação do ser que avança em sua magnificência de ser, liberado daquilo que o dissimula, estabelecido na verdade de sua presença descoberta.

À glória, sucede o renome. O renome é recebido de modo mais restrito, no nome. O poder de nomear, a força daquilo que nomeia, a perigosa garantia do nome (há perigo no fato de ser nomeado) tornam-se o privilégio do homem capaz de nomear e de fazer ouvir aquilo que nomeia. A escuta está submetida à repercussão. A fala que se eterniza no escrito promete alguma imortalidade. O escritor está associado àquilo que triunfa da morte; ele ignora o provisório; é o amigo da alma, o homem do espírito, o fiador do eterno. Muitos críticos, ainda hoje, parecem

PARA ONDE VAI A LITERATURA? 361

acreditar sinceramente que a arte e a literatura têm, por vocação, eternizar o homem.

Ao renome, sucede a reputação, como à verdade, a opinião. O fato de publicar – a publicação – torna-se essencial. Podemos tomá-lo num sentido fácil: o escritor é conhecido pelo público, é reputado, procura valorizar-se porque precisa daquilo que é valor, o dinheiro. Mas o que desperta o público, o qual concede o valor? A publicidade. A publicidade torna-se ela mesma uma arte, é a arte das artes, é o mais importante, pois determina o poder que dá determinação a todo o resto.

Aqui, entramos numa ordem de considerações que não devemos simplificar, por hábito polêmico. O escritor publica. Publicar é tornar público; mas tornar público não é apenas fazer passar algo do estado privado ao estado público, como de um lugar – o foro interior, o quarto fechado – a outro lugar – o exterior, a rua – por um simples deslocamento. Também não é revelar a uma pessoa particular uma notícia ou um segredo. O "público" não é constituído de um grande número ou de um pequeno número de leitores, lendo cada um para si. O escritor gosta de dizer que escreve seu livro destinando-o a um único amigo. Voto frustrado. No público, o amigo não tem lugar. Não há aí lugar para nenhuma pessoa determinada, nem para estruturas sociais determinadas, família, grupo, classe, nação. Ninguém faz parte dele, e todo o mundo lhe pertence, e não somente o mundo humano, mas todos os mundos, todas as coisas e coisa nenhuma: os outros. Por isso, quaisquer que sejam os rigores das censuras e as fidelidades às palavras de ordem, há sempre, para um poder, algo de suspeito e de malvisto no ato de publicar. É que esse ato faz existir o público, o qual, sempre indeterminado, escapa às mais firmes determinações políticas.

Publicar não é fazer-se lido, nem dar a ler qualquer coisa. O que é público não tem, precisamente, necessidade de ser lido; aquilo é sempre já conhecido de antemão, por um conhecimento que sabe tudo e não quer saber nada. O interesse público, sempre desperto, insaciável e, no entanto, sempre satisfeito, que acha tudo interessante ao mesmo tempo que não se interessa por nada, é um movimento que foi indevidamente descrito com intenção denegridora. Vemos aí, sob uma forma na verdade relaxada e estabilizada, a mesma potência impessoal que, como obstáculo e como recurso, está na origem do esforço literário. É contra uma fala indefinida e incessante, sem começo nem fim, contra ela mas também com sua ajuda, que o autor se exprime. É contra o interesse público, contra a curiosidade distraída, instável, universal e onisciente que o leitor vem a ler, emergindo penosamente daquela primeira leitura que, antes de ter lido, já leu; lendo contra ela, mas apesar de tudo através dela. O leitor e o autor participam, um numa escuta neutra, outro numa fala neutra, que eles gostariam de suspender por um instante para dar lugar a uma expressão mais bem entendida.

Evoquemos a instituição dos prêmios literários. Será fácil explicá-la pela estrutura da edição moderna e pela organização social e econômica da vida intelectual. Mas se pensarmos na satisfação que, com raras exceções, o escritor experimenta ao receber um prêmio que, freqüentemente, nada representa, nós a explicaremos não por algum prazer de vaidade, mas pela forte necessidade dessa comunicação anterior àquela que é a escuta pública, pelo apelo ao rumor profundo, superficial, em que tudo se mantém, aparecendo, desaparecendo, numa presença vaga, espécie de rio Estige que corre em plena luz nas nos-

PARA ONDE VAI A LITERATURA?

sas ruas e atrai irresistivelmente os vivos, como se estes já fossem sombras, ávidas de se tornarem memoráveis para serem mais perfeitamente esquecidas.

Ainda não se trata de influência. Não se trata nem mesmo do prazer de ser visto pela multidão cega, nem de ser conhecido pelos desconhecidos, prazer que supõe a transformação da presença indeterminada em *um* público já definido, isto é, a degradação do movimento incaptável numa realidade perfeitamente manejável e acessível. Um pouco mais abaixo, teremos todas as frivolidades políticas do espetáculo. Mas o escritor, nesse último jogo, estará sempre mal servido. O mais célebre é sempre menos nomeado do que o locutor cotidiano do rádio. E, se ele é ávido de poder intelectual, sabe que o está esbanjando nessa notoriedade insignificante. Creio que o escritor não deseja nada, nem para si, nem para sua obra. Mas a necessidade de ser publicado – isto é, de atingir a existência exterior, a abertura para fora, a divulgação-dissolução de que nossas cidades são o lugar – pertence à obra, como uma lembrança do movimento do qual vem, que ela deve prolongar incessantemente, que ela gostaria, entretanto, de ultrapassar radicalmente e ao qual dá um fim, de fato, por um instante, cada vez que é obra.

Esse reino do "público", entendido no sentido do "exterior" (a força de atração de uma presença sempre ali, nem próxima, nem longínqua, nem familiar, nem estranha, privada de centro, espécie de espaço que assimila tudo e nada conserva), modificou a destinação do escritor. Assim como ele se tornou estranho à glória, prefere uma busca anônima ao renome e perdeu todo desejo de imortalidade, da mesma forma – isto, à primeira vista, pode parecer menos certo – ele abandona pouco a pouco a ambição de poder que Barrès, de um lado, e Monsieur Tes-

364   *O LIVRO POR VIR*

te, do outro, quer exercendo uma influência, quer recusando-se a exercê-la, encarnaram como dois tipos muito característicos. Dirão: "Mas jamais as pessoas que escrevem se meteram tanto na política.Vejam as petições que assinam, os interesses que mostram, a pressa com que se crêem autorizadas a emitir julgamentos sobre tudo, simplesmente porque escrevem." É verdade: quando dois escritores se encontram, nunca falam de literatura (felizmente), mas suas primeiras palavras são sempre sobre política. Sugerirei que, sendo no conjunto extremamente privados do desejo de desempenhar um papel, ou de afirmar um poder, ou de exercer uma magistratura, sendo, pelo contrário, de uma espantosa modéstia em sua própria notoriedade, e muito afastados do culto à pessoa (é mesmo por esse traço que poderemos sempre distinguir, entre dois contemporâneos, o escritor de hoje e o escritor de outrora), eles são tão mais atraídos pela política quanto mais se sentem na vibração exterior, à beira da inquietude pública e em busca da comunicação anterior à comunicação, cujo apelo se sentem constantemente convidados a respeitar.

Isso pode resultar no pior. É o que produz "os *curiosos* universais, os *tagarelas* universais, os *pedantes* universais informados de tudo e opinando imediatamente sobre tudo, com pressa de julgar definitivamente o que acaba de acontecer, de modo que logo será impossível aprender qualquer coisa: já sabemos tudo", de que fala Dionys Mascolo em seu ensaio "sobre a miséria intelectual na França"[17]. Mascolo acrescenta: "As pessoas aqui são informadas, inteligentes e curiosas. Compreendem tudo. Compreendem tão rapidamente qualquer coisa que não

---

17. Dionys Mascolo, *Lettre polonaise sur la misère intellectuelle en France.*

PARA ONDE VAI A LITERATURA?

têm tempo para pensar em nenhuma. Não compreendem nada... Tentem pois fazer com que aqueles que já compreenderam tudo admitam que algo de *novo* aconteceu!" Encontramos, nessa descrição, exatamente os traços, apenas um pouco acentuados e especializados, deteriorados também, da existência pública, entendimento neutro, abertura infinita, compreensão pelo faro e pelo pressentimento na qual todo o mundo está sempre informado do que aconteceu e já decidiu acerca de tudo, arruinando assim todo julgamento de valor. Isso resulta pois, aparentemente, no pior. Mas oferece também uma nova situação, na qual o escritor, perdendo de certa forma sua existência própria e sua certeza pessoal, passando pela prova de uma comunicação ainda indeterminada e tão poderosa quanto impotente, tão completa quanto nula, se vê, como Mascolo observa bem, "reduzido à impotência", "mas reduzido também à simplicidade".

Pode-se dizer que, quando o escritor cuida hoje de política, com um entusiasmo que desagrada aos especialistas, ainda não cuida de política mas da relação nova, mal percebida, que a obra e a linguagem literárias gostariam de despertar, no contato da presença pública. É por isso que, falando de política, já é de outra coisa que ele fala: de ética; falando de ética, é de ontologia; de ontologia, é de poesia; falando enfim de literatura, "sua única paixão", ele o faz para voltar à política, "sua única paixão". Essa mobilidade é decepcionante e pode, uma vez mais, engendrar o pior: discussões vãs que os homens eficazes qualificam de bizantinas ou de intelectuais (qualificativos que, naturalmente, também fazem parte da nulidade tagarela, quando não servem para dissimular a fraqueza envergonhada dos homens de poder). Dessa mobilidade – cujas dificuldades e facilidades, exigências e riscos, foram

366

mostradas pelo Surrealismo, que Mascolo designa e define com justeza[18] –, apenas podemos dizer que ela nunca é móvel o bastante, nunca suficientemente fiel à angustiosa e extenuante instabilidade que, crescendo sem cessar, desenvolve em toda fala a recusa de se deter em alguma afirmação definitiva.

É preciso acrescentar que, se o escritor, em razão dessa mobilidade desviada de todo emprego de especialista, é incapaz até mesmo de ser um especialista da literatura, e ainda menos de um gênero literário particular, ele não visa entretanto à universalidade que o *honnête homme* do século XVII, depois o homem goethiano e enfim o homem da sociedade sem classes, para não falar do homem mais longínquo de Teilhard de Chardin, nos propõem como ilusão e como objetivo. Assim como o entendimento público já entendeu tudo de antemão, mas impede toda compreensão própria, assim como o rumor público é a ausência e o vazio de toda fala firme e decidida, dizendo sempre algo diverso daquilo que diz (donde um perpétuo e terrível mal-entendido, do qual Ionesco nos permite rir), assim como o público é a indeterminação que arruína todo grupo e toda classe, da mesma forma o escritor, quando cai sob o fascínio do que está em jogo, pelo fato de "publicar", como Orfeu com Eurídice nos infernos, orienta-se para uma fala que não será de ninguém e que ninguém ouvirá, pois ela se dirige sempre a outra pessoa, desper-

---

18. "É preciso insistir sobre a extrema importância do único movimento de pensamento que a França conheceu na primeira metade do século XX: o Surrealismo... Somente ele, entre as duas guerras, soube colocar, com um rigor que nada permite dizer ultrapassado, exigências que são ao mesmo tempo as do pensamento puro e as da parte imediata do homem. Somente ele soube, com uma tenacidade incansável, lembrar que *revolução e poesia são uma coisa só.*"

PARA ONDE VAI A LITERATURA? 367

tando, naquele que a acolhe, sempre um outro e sempre a espera de outra coisa. Nada de universal, nada que faça da literatura uma potência prometéica ou divina, com direito sobre tudo, mas o movimento de uma palavra despossuída e desenraizada, que prefere nada dizer à pretensão de dizer tudo e, cada vez que diz algo, não faz mais do que designar o nível abaixo do qual é preciso descer ainda mais, se desejamos começar a falar. Em nossa "miséria intelectual", há portanto também a fortuna de um pensamento, há a indigência que nos faz pressentir que pensar é sempre aprender a pensar menos do que se pensa, pensar a falta que é também o pensamento e, falando, preservar essa falta levando-a à fala, mesmo que seja, como acontece hoje, pelo excesso da prolixidade repetitiva.

Entretanto, quando o escritor se encaminha, com tal treinamento, para a preocupação com a existência anônima e neutra que é a existência pública, quando parece não ter mais outro interesse nem outro horizonte, não estará ele preocupado com aquilo que jamais deveria ocupá-lo, ou somente de maneira indireta? Quando Orfeu desce aos infernos em busca da obra, enfrenta um Estige muito diverso: o da separação noturna, que ele deve encantar com um olhar que não a fixa. Experiência essencial, a única na qual deve empenhar-se inteiramente. De volta à luz, seu papel com relação às potências exteriores se limita a desaparecer, logo despedaçado por seus delegados, as Mênades, enquanto o Estige diurno, o rio do rumor público em que seu corpo foi dispersado, carrega a obra cantante, e não apenas a carrega, mas quer fazer-se canto nela, manter nela sua realidade fluida, seu devir infinitamente murmurante, estranho a toda margem.

Se hoje o escritor, acreditando descer aos infernos, se contenta em descer à rua, é que os dois rios, os dois grandes movimentos da comunicação elementar tendem, passando um para o outro, a confundir-se. É que o profundo rumor originário – ali onde algo é dito mas sem palavras, onde algo se cala mas sem silêncio – assemelha-se à fala não falante, ao entendimento mal-entendido mas sempre à escuta, que é "o espírito" e a "via" públicos. Por isso, muitas vezes, a obra procura ser publicada antes de ser, buscando a realização não no espaço que lhe é próprio mas na animação exterior, aquela vida que é aparentemente rica mas que, quando desejamos dela nos apropriar, é perigosamente inconsistente.

Tal confusão não é fortuita. A extraordinária confusão que faz com que o escritor publique antes de escrever, que o público forme e transmita o que não entende, que o crítico julgue e defina o que não lê, que o leitor, enfim, deva ler aquilo que ainda não está escrito, esse movimento que confunde, antecipando-os a cada vez, todos os diversos momentos da formação da obra também os reúne na busca de uma nova unidade. Daí a riqueza e a miséria, o orgulho e a humildade, a extrema divulgação e a extrema solidão de nosso trabalho literário, que tem ao menos o mérito de não desejar nem o poder nem a glória.

Um pouco modificados, estes textos pertencem a uma série de pequenos ensaios publicados a partir de 1953, na *Nouvelle Revue Française*, sob o título "Pesquisas". Outra seleção seguirá talvez a esta. O que está em jogo, nessa série de "Pesquisas", pode ter aparecido aqui e ali, ou, na sua falta, a própria necessidade de manter a busca em aberto nesse lugar onde encontrar é mostrar rastros e não inventar provas. Aqui, cito René Char, esse nome que teria sido preciso lembrar a todo momento, ao longo destas páginas, não fosse o temor de obscurecê-lo ou de limitá-lo por um pensamento. No fim deste volume, inscreverei porém estas três frases: "*Na explosão do universo que experimentamos, prodígio! os pedaços que se abatem estão vivos.*" – "*Tudo em nós deveria ser somente uma alegre festa quando algo que não previmos, que não esclarecemos, que vai falar a nosso coração, por seus únicos meios, se realiza.*" – "*Olhar a noite espancada até a morte; continuar nos bastando nela.*"

ÍNDICE DE AUTORES

AGOSTINHO (santo). Doutor da Igreja latina (Tagasta, 354 – Hipona, 430).

ALAIN (Émile Chartier, dito). Escritor e filósofo francês (Mortagne-au-Perche, 1868 – Le Vésinet, 1951).

ALAIN-FOURNIER (Henri Alban Fournier, dito). Escritor francês (La Chapelle-d'Angillon, 1886 – bosque de Saint-Rémy, 1914).

AMIEL (Henri Frédéric). Escritor suíço de expressão francesa (Genebra, 1821 – *id.*, 1881).

AMOS. Profeta bíblico.

AMROUCHE (Jean). Escritor argelino de nacionalidade francesa (Ighil Ali, Cabilia Pequena, 1906 – Paris, 1962).

ANGÉLIQUE (Pierre). Pseudônimo de Georges Bataille. *Ver Bataille (Georges)*.

APOLLINAIRE (Guillaume). Escritor francês (Roma, 1880 – Paris, 1918).

ARTAUD (Antonin). Escritor e encenador francês (Marselha, 1896 – Ivry-sur-Seine, 1948).

BALL (Hugo). Escritor alemão (Pirmasens, 1886 – San Abbondio, 1927).

BALZAC (Honoré de). Escritor francês (Tours, 1799 – Paris, 1850).

BARRÈS (Maurice). Escritor e político francês (Charmes, Vosges, 1862 – Neuilly-sur-Seine, 1923).

BARTHES (Roland). Escritor francês (Cherbourg, 1915 – Paris, 1980).

BATAILLE (Georges). Escritor francês (Billom, 1897 – Paris, 1962).

BAUDELAIRE (Charles). Escritor francês (Paris, 1821 – *id.*, 1867).

BEAUNIER (André). Crítico literário e editor francês (1869 – 1925).

BECKETT (Samuel). Escritor irlandês (Dublin, 1906 – Paris, 1989).

BERGSON (Henri). Filósofo francês (Paris, 1859 – *id.*, 1941).

BIOY CASARES (Adolfo). Escritor argentino (Buenos Aires, 1914 – Buenos Aires, 1999).

BORGES (Jorge Luis). Escritor argentino (Buenos Aires, 1899 – Genebra, 1986).

BRETON (André). Escritor francês (Tinchebray, Orne, 1896 – Paris, 1966).

BROCH (Hermann). Escritor austríaco (Viena, 1886 – New Haven, Connecticut, 1951).

BUBER (Martin). Filósofo israelita de origem austríaca (Viena, 1878 – Jerusalém, 1965).

BURCKHARDT (Jacob). Historiador suíço de expressão alemã (Basiléia, 1818 – *id.*, 1897).

BURGELIN (Pierre). Escritor francês (1905 – 1985).

BYRON (George Gordon, *lorde*). Poeta inglês (Londres, 1788 – Missolonghi, 1824).

CARLYLE (Thomas). Historiador, crítico e escritor escocês (Ecclefechan, Escócia, 1795 – Londres, 1881).

CHAMFORT (Sébastien Roch Nicolas, dito Nicolas de). Escritor francês (perto de Clermont-Ferrand, 1741 – Paris, 1794).

CHAR (René). Poeta francês (L'Isle-sur-la-Sorgue, 1907 – Paris, 1988).

CHATEAUBRIAND (François René). Escritor francês (Saint-Malo, 1768 – Paris, 1848).

CLAUDEL (Paul). Escritor e diplomata francês (Villeneuve-sur-Fère, 1868 – Paris, 1955).

CONSTANT (Benjamin). Escritor e político francês (Lausanne, 1767 – Paris, 1830).

COPEAU (Jacques). Ator, diretor de teatro e escritor francês (Paris, 1879 – Beaune, 1949).

COPPÉE (François). Escritor francês (Paris, 1842 – *id.*, 1908).

CYRANO DE BERGERAC (Savinien de). Escritor francês (Paris, 1619 – *id.*, 1655).

ÍNDICE DE AUTORES

373

DANTE ALIGHIERI. Escritor italiano (Florença, 1265 – Ravena, 1321).

DESCARTES (René). Filósofo e matemático francês (La Haye, 1596 – Estocolmo, 1650).

DIDEROT (Denis). Escritor e filósofo francês (Langres, 1713 – Paris, 1784).

DOSTOIÉVSKI (Fedor Mikhailovitch). Escritor russo (Moscou, 1821 – São Petersburgo, 1881).

DU BOS (Charles). Escritor e crítico francês (Paris, 1882 – La Celle-Saint-Cloud, 1939).

DURAS (Marguerite). Escritora e cineasta francesa (Gia Dihn, Vietnã, 1914 – Paris, 1996).

ECKHART (Johannes, dito Mestre). Dominicano e teólogo alemão (Hochheim, *c.* 1260 – Avignon ou Colônia, *c.* 1327).

ELIAS. Profeta bíblico.

ELIOT (Thomas Stearns, dito T. S.). Escritor inglês de origem norte-americana (Saint Louis, 1888 – Londres, 1965).

ÉLUARD (Eugène Grandel, dito Paul). Poeta francês (Saint-Denis, 1895 – Charenton-le-Pont, 1952).

ESPINOSA (Baruch). Filósofo holandês (Amsterdam, 1632 – Haia, 1677).

ÉSQUILO. Poeta trágico grego (Elêusis, *c.* 525 a.C. – Gela, Sicília, 456 a.C.).

EZEQUIEL. Profeta bíblico.

FAULKNER (William). Escritor norte-americano (New Albany, Mississípi, 1897 – Oxford, Mississípi, 1962).

FEUILLERAT (Albert). Editor e crítico francês (1874 – 1953).

FLAUBERT (Gustave). Escritor francês (Rouen, 1821 – Croisset, 1880).

FONTANES (Louis de). Escritor e político francês (Niort, 1757 – Paris, 1821).

FRANCE (Anatole François Thibault, dito Anatole). Escritor francês (Paris, 1844 – La Béchellerie, Saint-Cyr-sur-Loire, 1924).

FREUD (Sigmund). Médico austríaco, fundador da psicanálise (Freiberg, Morávia, 1856 – Londres, 1939).

FUMET (Stanislas). Escritor, editor e jornalista francês (Lescar, 1896 – Rozès, 1983).

GENET (Jean). Escritor francês (Paris, 1910 – *id.*, 1986).

GIDE (André). Escritor francês (Paris, 1869 – *id.*, 1951).

374   *O LIVRO POR VIR*

GOETHE (Johann Wolfgang von). Escritor e político alemão (Frankfurt, 1749 – Weimar, 1832).

GREEN (Julien). Escritor norte-americano de expressão francesa (Paris, 1900 – Paris, 1998).

GREENE (Graham). Escritor inglês (Berkhamsted, 1904 – Vevey, Suíça, 1991).

GROSJEAN (Jean). Escritor francês (Paris, 1912 –).

GUÉHENNO (Jean). Escritor francês (Fougères, 1890 – Paris, 1978).

GUÉRIN (Maurice de). Escritor francês (castelo de Cayla, perto de Albi, 1810 – *id.*, 1839).

HAWTHORNE (Nathaniel). Escritor norte-americano (Salem, 1804 – Plymouth, 1864).

HEGEL (Georg Wilhelm Friedrich). Filósofo alemão (Sttutgart, 1770 – Berlim, 1831).

HEIDEGGER (Martin). Filósofo alemão (Messkirch, Baden, 1889 – *id.*, 1976).

HEMINGWAY (Ernest). Escritor norte-americano (Oak Park, Illinois, 1899 – Ketchum, Idaho, 1961).

HERÁCLITO. Filósofo grego (Éfeso, *c.* 550 a.C. – *c.* 480 a.C.).

HESSE (Hermann). Escritor alemão, naturalizado suíço (Cawl, 1877 – Montagnola, 1962).

HOFFMANN (Ernst Theodor Amadeus). Escritor e compositor alemão (Königsberg, 1776 – Berlim, 1822).

HOFMANNSTAHL (Hugo von). Escritor austríaco (Viena, 1874 – Rodaun, 1929).

HÖLDERLIN (Friedrich). Poeta alemão (Lauffen, 1770 – Tübingen, 1843).

HOMERO. Poeta épico grego.

HUGO (Victor). Escritor francês (Besançon, 1802 – Paris, 1885).

HUSSERL (Edmund). Filósofo alemão (Prossnitz, Morávia, 1859 – Freiburg im Breisgau, 1938).

HUXLEY (Aldous). Escritor inglês (Godalming, 1894 – Los Angeles, 1963).

IONESCO (Eugène). Dramaturgo francês de origem romena (Slatina, 1912 – Paris, 1994).

ISAÍAS. Profeta bíblico.

JACCOTTET (Philippe). Escritor e tradutor suíço de expressão francesa (Moudon, 1925 –).

ÍNDICE DE AUTORES

JAMES (Henry). Romancista e crítico norte-americano, naturalizado inglês (Nova York, 1843 – Londres, 1916).

JEREMIAS. Profeta bíblico.

JOÃO DA CRUZ (são). Carmelita espanhol e doutor da Igreja (Fontiveros, 1542 – Ubeda, 1591).

JONAS. Profeta bíblico.

JOUBERT (Joseph). Moralista francês (Montignac, 1754 –Villeneuve-sur-Yonne, 1824).

JOYCE (James). Escritor irlandês (Rathgar, Dublin, 1882 – Zurique, 1941).

JUNG (Carl Gustav). Psiquiatra suíço (Kesswil, 1875 – Küssnacht, 1961).

JÜNGER (Ernst). Escritor alemão (Heidelberg, 1895 – Wilflingen, 1998).

KAFKA (Franz). Escritor tcheco de expressão alemã (Praga, 1883 – sanatório de Kierling, perto de Viena, 1924).

KASSNER (Rudolf). Escritor e filósofo austríaco (1873 – Sierre, 1959).

KOHN (Albert). Tradutor francês (1905 – 1989).

LA BRUYÈRE (Jean de). Escritor francês (Paris, 1645 –Versalhes, 1696).

LA ROCHEFOUCAULD (François de). Escritor, político e moralista francês (Paris, 1613 – *id.*, 1680).

LAUTRÉAMONT (Isidore Ducasse, dito conde de). Escritor francês (Montevidéu, 1846 – Paris, 1870).

LEIBNIZ (Gottfried Wilhelm). Filósofo e matemático alemão (Leipzig, 1646 – Hannover, 1716).

LINDON (Jérôme). Editor e tradutor francês (Paris, 1925 – Paris, 2001).

LOWRY (Malcolm). Escritor britânico (Birkenhead, 1909 – Ripe, 1957).

MALEBRANCHE (Nicolas de). Filósofo francês (Paris, 1638 – *id.*, 1715).

MALLARMÉ (Stéphane). Poeta francês (Paris, 1842 –Valvins, 1898).

MALRAUX (André). Escritor e político francês (Paris, 1901 – Créteil, 1976).

MANN (Thomas). Escritor alemão (Lübeck, 1875 – Zurique, 1955).

MANSFIELD (Katherine). Escritora britânica (Wellington, Nova Zelândia, 1888 – Fontainebleau, 1923).

MAOMÉ. Profeta e fundador do islamismo (Meca, *c.* 570 – Medina, *c.* 632).

MARCEL (Gabriel). Filósofo e escritor francês (Paris, 1889 – *id.*, 1973).

MARTIN DU GARD (Roger). Escritor francês (Neuilly-sur-Seine, 1881 – Sérigny, 1958).

MARX (Karl). Teórico do socialismo, filósofo e economista alemão (Trier, 1818 – Londres 1883).

MASCOLO (Dionys). Escritor e ativista político francês (1916 – Paris, 1997).

MAUPASSANT (Guy de). Escritor francês (castelo de Miromesnil, Tourville-sur-Arques, 1850 – Paris, 1893).

MAURRAS (Charles). Escritor e político francês (Martigues, 1868 – Saint-Symphorien, 1952).

MELVILLE (Herman). Escritor norte-americano (Nova York, 1819 – *id.*, 1891).

MICHAUX (Henri). Poeta e pintor francês de origem belga (Namur, 1899 – Paris, 1984).

MOISÉS. Profeta bíblico.

MOLÉ (Mathieu). Político francês (Paris, 1781 – *id.*, 1855).

MONDOR (Henri). Cirurgião e escritor francês (Saint-Cernin, Cantal, 1885 – Neuilly-sur-Seine, 1962).

MONTAIGNE (Michel Eyquem de). Escritor francês (castelo de Montaigne, Dordogne, 1533 – *id.*, 1592).

MOORE (George). Escritor irlandês (Ballyglass County, 1852 – Londres, 1933).

MÖRIKE (Eduard). Escritor alemão (Ludwigsburg, 1804 – Stuttgart, 1875).

MUSIL (Robert von). Escritor austríaco (Klagenfurt, 1880 – Genebra, 1942).

NEHER (André). Escritor e teólogo francês (Obernai, 1914 – Jerusalém, 1988).

NERVAL (Gérard Labrunie, dito Gérard de). Escritor francês (Paris, 1808 – *id.*, 1855).

NICOLAU DE CUSA (Nikolaus Krebs, dito Nikolaus von Kues ou). Teólogo alemão (Cusa, diocese de Treves, 1401 – Todi, Úmbria, 1464).

ÍNDICE DE AUTORES

377

NIETZSCHE (Friedrich). Filósofo alemão (Röcken, 1844 – Weimar, 1900).

NOVALIS (Friedrich, barão von Hardenberg, dito). Escritor alemão (Wiederstedt, 1772 – Weissenfels, 1801).

ORTEGA Y GASSET (José). Escritor espanhol (Madri, 1883 – *id.*, 1955).

OSÉIAS. Profeta bíblico.

OSSIAN. Bardo lendário escocês do século III, do qual James Macpherson traduziu e publicou alguns poemas, na verdade em tradução muito livre.

PASCAL (Blaise). Matemático, físico, filósofo e escritor francês (Clermont, 1623 – Paris, 1662).

PÉGUY (Charles). Escritor francês (Orléans, 1873 –Villeroy, 1914).

PLATÃO. Filósofo grego (Atenas, *c.* 427 a.C. – *id.*, *c.* 348/347 a.C.).

POE (Edgar Allan). Escritor norte-americano (Boston, 1809 – Baltimore, 1849).

POLITZER (Heinz). Escritor, ensaísta e crítico austríaco (Viena, 1910 – Berkeley, 1978).

PONGE (Francis). Poeta francês (Montpellier, 1899 – Le Bas-sur-Loup, 1988).

POULET (Georges). Crítico belga de expressão francesa (Chênèe, 1902 – Bruxelas, 1991).

PROUST (Marcel). Escritor francês (Paris, 1871 – *id.*, 1922).

QUENEAU (Raymond). Escritor francês (Le Havre, 1903 – Paris, 1976).

RACINE (Jean). Poeta trágico e dramaturgo francês (La Ferté-Milon, 1639 – Paris, 1699).

REINHARDT (Max). Diretor de teatro e de cinema (Baden, 1873 – Nova York, 1943).

RENAN (Ernest). Escritor e historiador francês (Tréguier, 1823 – Paris, 1892).

RENARD (Jules). Escritor francês (Châlons, 1864 – Paris, 1910).

RESTIF DE LA BRETONNE (Nicolas Edme Restif, dito). Escritor francês (Sacy, 1734 – Paris, 1806).

RILKE (Rainer Maria). Poeta austríaco (Praga, 1875 – Montreux, 1926).

RIMBAUD (Arthur). Poeta francês (Charleville, 1854 – Marselha, 1891).

378   *O LIVRO POR VIR*

RIVIÈRE (Jacques). Escritor francês (Bordeaux, 1886 – Paris, 1925).

ROBBE-GRILLET (Alain). Escritor francês (Brest 1922 –).

ROBERT (Marthe). Crítica e tradutora francesa (Paris, 1914 – 1996).

ROMAINS (Louis Farigoule, dito Jules). Escritor francês (Saint-Julien-Chapteuil, 1885 – Paris, 1972).

ROUSSEAU (Jean-Jacques). Escritor e filósofo franco-suíço (Genebra, 1712 – Ermenonville, 1778).

ROUSSEL (Raymond). Escritor francês (Paris, 1877 – Palermo, 1933).

SADE (Donatien Alphonse François, conde de Sade, dito marquês de). Escritor francês (Paris, 1740 – Charenton, 1814).

SAINT-SIMON (Louis de Rouvroy, duque de). Escritor francês (Paris, 1675 – *id.*, 1755).

SARRAUTE (Nathalie). Escritora francesa de origem russa (Ivanovo, 1900 – Paris, 1999).

SARTRE (Jean-Paul). Filósofo e escritor francês (Paris, 1905 – *id.*, 1980).

SCHERER (Jacques). Crítico literário francês (1912 – 1997).

SCHILLER (Friedrich von). Escritor alemão (Marbach, 1759 – Weimar, 1805).

SCHLEGEL (Friedrich von). Escritor alemão (Hannover, 1772 – Dresden, 1829).

SCHOPENHAUER (Arthur). Filósofo alemão (Dantzig, 1788 – Frankfurt, 1860).

SHAKESPEARE (William). Dramaturgo e poeta inglês (Stratford on Avon, 1564 – *id.*, 1616).

SINCLAIR (Emile). Pseudônimo de Hermann Hesse. *Ver Hesse (Hermann)*.

SÓCRATES. Filósofo grego (Atenas, *c.* 470 a.C. – *id.*, 399 a.C.)

STAËL (Germaine Necker, *baronesa* de Staël-Holstein, dita Madame de). Escritora francesa (Paris, 1766 – *id.*, 1817).

STAROBINSKI (Jean). Crítico suíço de expressão francesa (Genebra, 1920 –).

Steiner (Rudolf). Filósofo e pedagogo austríaco (Kraljevic, Croácia, 1861 – Dornach, perto de Basiléia, 1925).

STENDHAL (Henri Beyle, dito). Escritor francês (Grenoble, 1783 – Paris, 1842).

ÍNDICE DE AUTORES

STEVENSON (Robert Louis). Escritor escocês (Edimburgo, 1850 – Vailima, Ilhas Samoa, 1894).

TEILHARD DE CHARDIN (Pierre). Jesuíta, filósofo e paleontólogo francês (Sarcenat, 1881 – Nova York, 1955).

TERESA DE ÁVILA (santa). Religiosa espanhola (Ávila, 1515 – Alba de Tormes, 1582).

TOLSTOI (Lev Nikolaievitch). Escritor russo (Iásnaia Poliana, 1828 – Astapovo, 1910).

TRAKL (Georg). Poeta austríaco (Salzburgo, 1887 – Cracóvia, 1914).

TROTSKI (Lev Davidovitch Bronstein, dito). Político soviético e teórico do socialismo (Ianovka, 1879 – Coyoacán, 1940).

UNTERMEYER (Jean Starr). Poeta e tradutora norte-americana (Zanesville, 1886 – 1970).

VALÉRY (Paul). Poeta, crítico literário e ensaísta francês (Sète, 1871 – Paris, 1945).

VAUVENARGUES (Luc de Clapiers, marquês de). Escritor, filósofo e moralista francês (Aix-en-Provence, 1715 – Paris, 1747).

VERLAINE (Paul). Poeta francês (Metz, 1844 – Paris, 1896).

VIGNY (Alfred de). Poeta francês (Loches, 1797 – Paris, 1863).

VILLIERS DE L'ISLE-ADAM (Auguste, conde de). Escritor francês (Saint-Brieuc, 1838 – Paris, 1889).

VIRGÍLIO. Poeta latino (Andes, perto de Mântua, 70 a.C. – Brindisi, 19 a.C.).

VOLTAIRE (François Marie Arouet, dito). Escritor francês (Paris, 1694 – id., 1778).

WAGNER (Richard). Compositor e ensaísta alemão (Leipzig, 1813 – Veneza, 1883).

WAIBLINGER (Wilhelm Friedrich). Escritor alemão (Heilbroon, 1804 – Roma, 1830).

WEBER (Max). Economista e sociólogo alemão (Erfurt, 1864 – Munique, 1920).

WEIDLÉ (Wladimir). Crítico e ensaísta russo (1895 – 1979).

WEIL (Simone). Filósofa francesa (Paris, 1909 – Ashford, 1943).

WHITMAN (Walt). Poeta norte-americano (West Hills, 1819 – Camden, 1892).

WOOLF (Virginia). Escritora inglesa (Londres, 1882 – Rodmell, perto de Lewes, 1941).

ÍNDICE DE OBRAS

A biblioteca de Babel (*La biblioteca de Babel*). Conto de Jorge Luis Borges.

A condição humana (*La Condition humaine*). Romance de André Malraux.

A educação sentimental (*L'Éducation sentimentale*). Romance de Gustave Flaubert.

A esperança (*L'Espoir*). Romance de André Malraux.

A experiência interior (*L'Expérience intérieure*). Ensaio de Georges Bataille.

A invenção de Morel (*La invención de Morel*). Romance de Adolfo Bioy Casares.

A montanha mágica (*Der Zauberberg*). Romance de Thomas Mann.

A morte de Virgílio (*Der Tod des Vergil*). Romance de Hermann Broch.

A música e as letras (*La Musique et les lettres*). Ensaio de Stéphane Mallarmé.

A náusea (*La Nausée*). Romance de Jean-Paul Sartre.

A vida e as opiniões do cavalheiro Tristram Shandy (*The Life and Opinions of Tristram Shandy, Gentleman*). Romance de Laurence Sterne.

A volta do parafuso (*The Turn of the Screw*). Novela de Henry James.

A Writer's Diary [Diário de um escritor]. Romance de Virginia Woolf.

Adolfo (*Adolphe*). Romance de Benjamin Constant.

As nogueiras de Altenbourg (*Les Noyers de l'Altenbourg*). Romance de André Malraux.

382

As ondas (*The Waves*). Romance de Virginia Woolf.

As ruínas circulares (*Las ruinas circulares*). Conto de Jorge Luis Borges.

Aurélia (*Aurélia*). Novela de Gérard de Nerval.

Beschwörungen [Conjurações], de Hermann Hesse.

Cantata a três vozes (*La Cantate à trois voix*). Peça teatral de Paul Claudel.

Carta a un aleman [Carta a um alemão]. Ensaio de Ortega y Gasset.

Confissões (*Confessions*). Obra autobiográfica de Jean-Jacques Rousseau.

Connaissance de l'Est [Conhecimento do Leste]. Poemas em prosa de Paul Claudel.

Das Abenteuerliche Herz. [O coração aventureiro], de Ernest Jünger.

Demian (*Demian*). Romance de Hermann Hesse.

Der Versucher [O tentador]. Romance de Hermann Broch.

Devaneios de um caminhante solitário (*Les Rêveries du promeneur solitaire*). Ensaio de Jean-Jacques Rousseau.

Dom Quixote (*O engenhoso fidalgo Dom Quixote de la Mancha – El ingenioso hidalgo don Quijote de la Mancha*). Romance de Miguel de Cervantes.

Doutor Fausto (*Doktor Faustus*). Romance de Thomas Mann.

Em busca do tempo perdido (*À la recherche du temps perdu*). Romance de Marcel Proust.

Emílio (*Émile*). Romance de Jean-Jacques Rousseau.

Eneida (*Aeneis*). Poema épico de Virgílio.

Entre os atos (*Between the Acts*). Romance de Virginia Woolf.

Esch ou a anarquia, 1903 (*Esch, oder, Die Anarchie*). Segundo volume de *Os sonâmbulos* (*Die Schlafwandler*), romance de Hermann Broch.

Estadia no inferno (*Une saison en enfer*). Poemas em prosa de Arthur Rimbaud.

Eureka (*Eureka*). Ensaio de Edgar Allan Poe.

Finnegans Wake (*Finnegans Wake*). Romance de James Joyce.

Geschichten Jacobs [As histórias de José]. Primeiro volume do romance *José e seus irmãos* (*Joseph und seine Brüder*), de Thomas Mann.

Górgias. Um dos diálogos de Platão.

Guerra e paz (*Vojna i mir*). Romance de L. Tolstoi.

Hamlet (*Hamlet*). Peça teatral de William Shakespeare.

ÍNDICE DE OBRAS

383

Huguenau ou o realismo, 1918 (Huguenau, oder, Die Sachlichkeit). Terceiro volume de *Os sonâmbulos (Die Schlafwandler)*, romance de Hermann Broch.

Igitur ou a loucura de Elbehnon (Igitur ou La folie d'Elbehnon). Poema de Stéphane Mallarmé.

Ilíada. Poema épico atribuído a Homero.

Jean-Jacques Rousseau, a transparência e o obstáculo (Jean-Jacques Rousseau, la transparence et l'obstacle). Ensaio de Jean Starobinski.

Jean Santeuil (Jean Santeuil). Romance de Marcel Proust.

Jonas. Tradução francesa do Livro de Jonas, por Jérôme Lindon.

Júlia ou a nova Heloísa (Julie ou la Nouvelle Heloïse). Romance de Jean-Jacques Rousseau.

L'Ère du soupçon [A era da desconfiança]. Ensaios de Nathalie Sarraute.

L'Essence du prophétisme [A essência do profetismo]. Ensaio de André Neher.

L'Ombilic des limbes [O umbigo dos limbos]. Poemas de Antonin Artaud.

La Clé des champs [A liberdade]. Coletânea de artigos de André Breton.

La Distance intérieure [A distância interior]. Ensaio de Georges Poulet.

La Philosophie de l'existence de Jean-Jacques Rousseau [A filosofia da existência de Jean-Jacques Rousseau]. Ensaio de Pierre Burgelin.

Le Balzac de M. de Guermantes [O Balzac do sr. de Guermantes]. Biografia de Balzac, por Marcel Proust.

Le Bel Aujourd'hui, de Julien Green.

Le Journal des Faux-Monnayeurs [O diário dos moedeiros falsos]. Romance de André Gide.

Le "Livre" de Mallarmé – premières recherches sur des documents inédits [O "Livro" de Mallarmé – primeiras pesquisas sobre documentos inéditos]. Projetos de Mallarmé editados por Jacques Scherer.

Le Spectateur tenté [O espectador tentado]. Tradução francesa de vários ensaios de Ortega y Gasset.

Le Square [A pracinha]. Romance de Marguerite Duras.

Le Voyageur sur la terre [O viajante sobre a terra]. Conto de Julien Green.

Le Voyeur [O *voyeur*]. Romance de Alain Robbe-Grillet.

384   *O LIVRO POR VIR*

Les Abeilles d'Aristée [As abelhas de Aristeu]. Ensaio de Wladimir Weidlé.

Les dialogues, Rousseau juge de Jean-Jacques [Diálogos, Rousseau juiz de Jean-Jacques]. Ensaio de Jean-Jacques Rousseau.

Les Prophètes [Os profetas]. Ensaio de Jean Grosjean.

Lettre polonaise sur la misère intellectuelle en France [Carta polonesa sobre a miséria intelectual na França]. Ensaio de Dionys Mascolo.

Madame Edwarda [Senhora Edwarda]. Romance de Georges Bataille.

Malone morre (*Malone meurt*). Romance de Samuel Beckett.

Mesures. Revista de instrumentação e automatização industriais, lançada em 1936.

Moby Dick (*Moby Dick or the Whale*). Romance de Herman Melville.

Molloy (*Molloy*). Romance de Samuel Beckett.

Monsieur Teste (*Monsieur Teste*). Ensaio de Paul Valéry.

Mrs. Dalloway (*Mrs. Dalloway*). Romance de Virginia Woolf.

Nadja (*Nadja*). Romance de André Breton.

No caminho de Swann (*Du côté de chez Swann*). Romance, primeiro livro de *Em busca do tempo perdido* (*À la recherche du temps perdu*), de Marcel Proust.

Nossa Senhora das Flores (*Notre-Dame-des-Fleurs*). Romance de Jean Genet.

O ciúme (*La Jalousie*). Romance de Alain Robbe-Grillet.

O contrato social (*Du Contrat social*). Tratado de Jean-Jacques Rousseau.

O culpado (*Le Coupable*). Romance de Georges Bataille.

O grau zero da escrita (*Le Degré zéro de l'écriture*). Ensaio de Roland Barthes.

O homem sem qualidades (*Der Mann ohne Eigenschaften*). Romance de Robert Musil.

O inominável (*L'innommable*). Romance de Samuel Beckett.

O jogo das contas de vidro (*Das Glasperlenspie*). Romance de Herman Hesse.

O lobo da estepe (*Der Steppenwolf*). Romance de Hermann Hesse.

O Pesa-Nervos (*Le Pèse-Nerfs*). Peça teatral de Antonin Artaud.

O processo (*Der Prozess*). Romance de Franz Kafka.

O refém (*L'Otage*). Peça teatral de Paul Claudel.

O sapato de cetim (*Le Soulier de satin*). Peça teatral de Paul Claudel.

O tempo redescoberto (*Le Temps retrouvé*). Romance, sétimo e último livro de *Em busca do tempo perdido* (*À la recherche du temps perdu*), de Marcel Proust.

Odisséia. Poema épico grego atribuído a Homero.

Os anos de aprendizagem de Wilhelm Meister (*Wilhelm Meisters theatralische Sendung*). Romance de Johann Wolfgang von Goethe.

Os Buddenbrooks (*Buddenbrooks*). Romance de Thomas Mann.

Os cadernos de Malte Laurids Brigge (*Die Aufzeichugen des Malte Laurids Brigge*). Romance de Rainer Maria Rilke.

Os cantos de Maldoror (*Les Chants de Maldoror*). Cantos em prosa de Isidore Ducasse, conde de Lautréamont.

Os inocentes (*Die Schuldlosen*). Romance de Hermann Broch.

Os moedeiros falsos (*Les Faux-Monnayeurs*). Romance de André Gide.

Os prazeres e os dias (*Les Plaisirs et les jours*). Contos e poemas de Marcel Proust.

Os sofrimentos do jovem Werther (*Die Leiden des jungen Werthers*). Romance de Johann Wolfgang von Goethe.

Os sonâmbulos (*Die Schlafwandler*). Romance de Hermann Broch.

Partilha do sul (*Partage du Midi*). Peça teatral de Paul Claudel.

Pasenow ou o romantismo, 1888 (*Pasenow, oder, Die Romantik*). Primeiro volume de *Os sonâmbulos* (*Die Schlafwandler*), romance de Hermann Broch.

Peter Camenzid (*Peter Camenzid*). Romance de Hermann Hesse.

Rumo ao farol (*To the Lighthouse*). Romance de Virginia Woolf.

Sermões (*Predigten*). Sermões de Mestre Eckhart.

Sob o vulcão (*Under the Volcano*). Romance de Malcolm Lowry.

Tête d'or [Cabeça de ouro]. Peça teatral de Paul Claudel.

Timeu. Um dos diálogos de Platão.

Traités [Tratados]. Coletânea de tratados de Mestre Eckhart.

Ulisses (*Ulysses*). Romance de James Joyce.

Um lance de dados (*Un coup de dés*). Poema de Stéphane Mallarmé.

Unterm Rad [Sob a roda]. Romance de Herman Hesse.

Viagem ao Oriente (*Die Morgenlandfahrt*). Romance de Hermann Hesse.